项目及资助信息

本书是中国社会科学院 2024 年度"长城学者计划"项目"国家老龄化战略背景下我国老年教育服务体系高质量发展研究"（项目编号：2024ccxz009；主持人：赵一红）的前期成果，同时由"长城学者计划"项目资助出版。

参与作者

参与本书调研和写作的有河南财经政法大学聂倩、云南大学吕付华、江苏师范大学王洪斌、中国社会科学院大学王宇静（按照参与调研的情况和写作的贡献程度排序）

赵一红 等 著

SUPPLY AND DEMAND,
AND
STRUCTURE

RESEARCH ON
THE CONSTRUCTION OF URBAN COMMUNITY ELDERLY
CARE SERVICES IN CHINA

供需与结构

我国城市社区养老服务体系建设研究

社会科学文献出版社
SOCIAL SCIENCES ACADEMIC PRESS (CHINA)

前 言

党的二十大报告从"增进民生福祉，提高人民生活品质"的角度阐述了养老事业和养老产业的发展方向，即"实施积极应对人口老龄化国家战略，发展养老事业和养老产业，优化孤寡老人服务，推动实现全体老年人享有基本养老服务"。

我国建立养老服务体系的指导思想和基本原则是：以习近平新时代中国特色社会主义思想为指导，全面贯彻党的二十大精神和《"十四五"国家老龄事业发展和养老服务体系规划》精神，统筹推进"五位一体"总体布局，协调推进"四个全面"战略布局，坚持稳中求进工作总基调，立足新发展阶段，完整、准确、全面贯彻新发展理念，构建新发展格局，坚持党委领导、政府主导、社会参与、全民行动，实施积极应对人口老龄化国家战略。要坚持党的全面领导，坚持和完善党领导养老服务体系发展的体制机制，坚持和完善中国特色养老服务体系发展制度，不断提高构建新发展格局的能力和水平，为实现养老服务体系高质量发展提供根本保证。坚持以人民为中心，贯彻以人民为中心的发展思想，聚焦老年人在社会保障、养老、医疗等民生问题上的急难愁盼问题，加快建设符合中国国情、顺应人口老龄化趋势的服务体系。系统谋划，整体推进。坚持应对人口老龄化和促进经济社会发展相结合，坚持满足老年人需求和解决人口老龄化问题相结合，统筹把握老年群体与全体社会成员、老年期与全生命周期、老龄政策与公共政策的关系，系统整体推进老龄事业发展。

近年来我国养老服务的需求变化速度加快，养老服务的供需缺口进一步扩大，随着新常态下经济发展和供给侧结构性改革的深入，我国养老服务需求也呈现一系列新变化。我国多样化的养老服务需求主要体现在以下几个方面：一是老年人的日常家政服务需求不断增加；二是老年人的医疗卫生保健需求不断增加；三是老年人的情感慰藉需求不断凸显；四是老年人的应急救助服务需求不断增加；五是老年教育服务需求也在逐年增加。有研究认为老年人健康医疗服务需求最高，其次是精神慰藉服务和生活照料服务。老年教育不仅有助于提升老年人的心理健康，还可以通过健康教育和技能培训，帮助老年人预防和管理疾病，提高生活质量。此外，随着信息化的发展，老年人对信息技术的学习需求也在不断增加。我国上述养老服务需求的新变化意味着我们需要加快建设和发展养老服务体系，更好地满足老年人多元化的养老需求。

针对上述我国养老服务需求变化，我们分赴全国多个省市社区及养老机构进行调查，通过调查发现目前养老服务体系发展面临的问题与困难较为明显。一是资金来源渠道单一，各地发展水平不平衡。养老服务的健康发展离不开持续稳定的资金支持，资金短缺是当前制约广大城市地区养老服务发展的普遍性问题，也是突出性问题。二是人力资源不足，服务人员水平参差不齐。养老服务提供的产品是服务，优质的服务离不开高水平的服务提供者。然而，就全国而言，养老服务发展进程依然面临着人力资源不足、专业水平难以满足需要的困境。三是各部门互动合作能力不足，养老服务监管体系不完善。养老服务是一项综合性很强的工作，它离不开社区、卫生保健、民政等诸多部门的支持和配合。四是养老服务供需结构不平衡。养老服务供需不平衡是当下我国养老服务领域亟待解决的重大问题，主要表现为养老服务供给内容与需求内容存在严重脱节，还没有实现建成居家社区机构相协调、社区医养康养相结合的养老服务体系和健康支撑体系的发展目标。五是不同养老服务供给主体均存在明显不足。我国目前主要有三类养老服务供给主体，即公益型、逐利型、联合型养老服务供给主体。养老服务供给主体的多元化可以实现优势互补，但又各自存在明显不足。

基于对调查数据的分析与研究，本书提出了关于养老服务体系发展的若干意见与建议。

首先,针对拓展养老服务体系的服务内容。随着老年人需求的多样化发展,养老服务领域也逐步扩展。具体包含以下方面。一是扩大基本生活服务。基本生活服务是养老服务体系的核心组成部分,包括食物供应、住房和日常生活辅助。二是推进社交支持与心理健康。社交互动和心理健康对老年人的幸福感至关重要。养老服务体系应包括社交支持、心理健康咨询和精神康复等服务,以帮助老年人保持积极心态。三是促进老年教育和健康服务。老年教育活动包括组织社区活动、兴趣小组等,可以帮助老年人保持活跃和学习新技能、促进老年人的社交交流和娱乐休闲。四是社区康复和医疗护理。社区康复和医疗护理服务对于老年人的健康和生活质量至关重要。

其次,优化养老服务体系,压实主体责任。优化养老服务体系涉及多个主体角色,包括政府、社区养老机构、社会组织、志愿者、家庭和社区等,不仅各主体间需要实现责任的有效分担和职能的有机协调,针对单一主体也需要压实主体责任、确保职能履行。

再次,促进养老服务体系的资源整合。资源整合是养老服务体系建设的核心,它涵盖了资金、人力、物质、信息和社会支持等多个方面。包括政府在财政、人力、设施等方面的资源投入和统筹协调,社区居民的个人和社会资源的调动和利用,社区养老机构在服务设施、专业人员等方面的资源提供,以及志愿者组织的资源整合和人力支持。

最后,充分发挥养老服务体系的功能作用。社区养老服务体系的功能作用不仅限于老年人的个体需求满足,还涵盖了对于整个社会和经济层面的影响。因此,我国养老服务体系建设研究具有重要的理论意义和实践价值。

参与本书调研和写作的有河南财经政法大学聂倩、云南大学吕付华、江苏师范大学王洪斌、中国社会科学院大学王宇静(按照参与调研和写作贡献程度排序)。

赵一红

中国社会科学院大学良乡校区

2025年3月

目 录

导 论 ·· 1
  一 研究背景及意义 ··· 1
  二 国内外养老服务研究文献综述及分析 ···························· 4
  三 当前我国养老服务体系建设概况 ································· 11
  四 研究的基本问题与框架设计 ······································· 16

第一章 养老服务体系相关概念解析与现状分析 ························ 21
  一 人口老龄化与中国特色养老服务体系的相关概念 ········· 21
  二 我国养老服务建设的总体原则与政策分析 ··················· 28
  三 我国养老服务建设的历史回顾与发展描述 ··················· 37
  四 老龄化结构下我国养老服务体系建设趋势
     及面临的问题 ··· 42
  五 我国城市社区机构养老服务供需研究的思考 ················ 45

第二章 养老服务体系供需结构现状及其个案回顾 ····················· 52
  一 养老服务体系中的需求及其结构 ································ 52
  二 养老服务体系中的供给及其结构 ································ 65
  三 S社区养老服务供给与需求的个案回顾 ······················· 81

第三章　养老服务体系供需结构的实证分析 …………………… 89
一　养老服务体系调查的研究设计与操作化 ……………… 89
二　养老服务体系的供给调查和分析 ……………………… 95
三　养老服务体系的供需关系调查和分析 ……………… 137

第四章　养老服务供需结构的供给主体分析 …………………… 158
一　对我国养老服务供需结构中供给主体的思考 ……… 159
二　基于结构化理论的视角与解释 ……………………… 161
三　养老服务供给主体的规则与资源 …………………… 163
四　养老服务供给主体的行动特征与供给效果 ………… 167
五　对于供给主体的定位 ………………………………… 174

第五章　养老服务体系寻求供需结构平衡发展 ………………… 177
一　日益增长的养老需要与养老供给的不平衡不充分发展 … 177
二　未来我国机构养老发展趋势 ………………………… 180
三　积极应对我国城市机构养老供需结构发展不平衡 … 181
四　积极应对我国城市社区养老供需结构发展不平衡 … 185
五　城市社区综合养老服务体系的建构 ………………… 187

第六章　供需平衡：我国养老服务体系建构的逻辑 …………… 197
一　供需结构平衡是建立养老服务体系的基本原则 …… 197
二　供需结构中养老服务建设的非体系化现象 ………… 198
三　基于结构化理论的方法论解释 ……………………… 199
四　养老服务体系建设的供需结构平衡与重构 ………… 201
五　我国社会福利现代化与养老服务体系的建构 ……… 205

参考文献 ……………………………………………………………… 219

附　录 ………………………………………………………………… 233
附录1　我国城市社区养老服务体系需求调查问卷
（社区老人卷） ………………………………………… 233

附录 2　我国城市社区养老服务体系供给调查问卷
　　　　（社区负责人卷） ················· 238
附录 3　我国城市社区机构养老服务需求调查问卷
　　　　（社区养老机构老人卷） ··············· 244
附录 4　我国城市社区机构养老服务供给调查问卷（机构负责人/
　　　　工作人员卷） ·················· 251
附录 5　访谈编码 ······················ 258
附录 6　参访照片 ······················ 259

导 论

一 研究背景及意义

1999年，中国60岁以上老年人比例首次超过10%，中国正式迈入老龄化国家行列。国家统计局数据显示，2023年末我国60岁及以上人口达到29697万人，占全国人口的21.1%，其中65岁及以上人口达到21676万人，占全国人口的15.4%。[①] 20多年来随着我国老龄化程度不断加深，"哪种养老服务方式更适合中国的老年人"成为学界讨论的热门话题。从老年人的选择意向来看，居家养老是最佳方式，但是由于城市化和工业化带来的现代生活方式的转变，现代家庭出现小型化的发展趋势，由家庭提供养老服务变得越来越不现实。而机构养老又由于中国传统的孝文化影响以及较高的费用而难以承担主要服务供给的责任。因此，一种既离家不远又能让老年人享受专业照护的社区养老方式最容易被人们接受。理想状态下的社区养老其实应该包含居家养老，最终实现让老年人在熟悉的环境中接受照护的目的。

2000年民政部等十一部门发布的文件《关于加快实现社会福利社会化的意见》第一次提出"在供养方式上坚持以居家为基础、以社区

[①]《2023年度国家老龄事业发展公报》，中华人民共和国民政部网站，https://xxgk.mca.gov.cn：8445/gdnps/n2445/n2451/n2458/n2681/c1662004999980001754/attr/360864.pdf。

为依托、以社会福利机构养老为补充的发展方向",设计了"三位一体"的结构。2023年末全国各类养老机构和设施数达到40.4万个,比上年增长4.39%;各类养老床位合计823万张,每千名老年人拥有养老床位27.7张。[1] 在中央投资方面,民政部本级和地方各级政府用于社会福利事业的彩票公益金加大倾斜力度,将不低于55%的资金用于支持发展养老服务;2018~2023年,全国一般公共预算直接用于养老服务的资金达2871亿元;2024年,中央财政安排54.8亿元用于支持发展养老服务。[2] 20年来,社会养老服务体系建设在大众关注下如火如荼地展开,"居家为基础、社区为依托、机构为补充、医养相结合的养老服务体系初步形成"。

社区在中国是个新事物,传统的村落城市化后成为社区,社区管理模式和职能都还在形成过程中。西方则有着成熟的社区工作的理论和实践经验,在养老服务领域也有很多可参考的案例。把西方的理论拿来对比中国的实际,有的学者把社区定义为传统意义的"熟人社会",也有学者认为现代社区是现代化的结果,是西方社会学意义上的"共同体",这也正是社区养老综合服务体系的由来(景天魁等,2014)。社区养老服务则被认为是机构和家庭养老的综合体,既具有机构养老服务集中的特征,又具有不离开家庭氛围的特点。

目前在我国社区养老服务中,老年人的需求不断增加,但面向普通老年群体的专业服务较少,社会供需严重失衡。我国现有的养老服务主要是生活方面的照顾,而对老年人精神护理、心理咨询、情感慰藉等方面的养老服务较少,且目前的养老服务供给没有充分考虑老年人实际需求多层次、异质性的特征,导致供需关系严重不平衡。一个完整的养老服务体系,其服务的内容应包括照顾老年人的生活、精神、心理等方面,并应当能够根据老年人的条件和需求,来整合社会的各种资源,从而不断完善养

---

[1] 《2023年度国家老龄事业发展公报》,中华人民共和国民政部网站,https://xxgk.mca.gov.cn:8445/gdnps/n2445/n2451/n2458/n2681/c1662004999980001754/attr/360864.pdf。

[2] 陆治原:《国务院关于推进养老服务体系建设、加强和改进失能老年人照护工作情况的报告——2024年9月10日在第十四届全国人民代表大会常务委员会第十一次会议上》,中国人大网,http://www.npc.gov.cn/npc/c2/c30834/202409/t20240911_439362.html。

老服务的内容体系。供需关系的不平衡促使养老服务逐渐从日常生活料理向精神关爱方向发展、从单一型逐步转向多元化，这些转变成为我国建设养老服务体系的关键。

我国社会保障体系中重要的一项内容就是社区养老服务。社区养老服务的规划必须由政府主导且必须纳入社会整体发展规划中，同时也要在规划中引入市场管理机制。但是市场管理机制的营利性，使得市场主体难以成为社区养老服务的主要力量。政府可以采用购买服务和提供优惠补贴等方式，发动社会资源参与到社区养老服务之中，以此构建政府、市场和社会多方联动的服务系统，逐步形成良性养老机制，以此促进我国社区养老服务发展。

有必要充分发挥基层组织和社区组织的作用，我国的基层组织和社区组织，如街道办事处、居民委员会等，具有进行行政管理、为群众排忧解难和兴办公益福利事业的职责。因此，充分发挥基层组织和社区组织的职能，动员一切力量为老年人提供养老服务，既可以降低服务价格，也便于群众就业；但是，就现状来看，虽然很多社区设立了日间照料中心等养老服务平台，并在这一平台上开展了免费体检、送餐服务等服务项目，但实际运行效果一般，并没有真正解决家庭养老的难题。具体来说，社区养老面临若干困难：没有专门的人员配置，缺少专业人员提供定期的上门服务；缺乏规范的资金支持；整合来自各种渠道的服务资源存在困难。养老机构发挥专业优势在社区进行微进驻，可以为社区提供技术支持和专业指导，但人员、资金等的缺口仍难补齐。

如今我国面临严峻的老龄化形势，社会各界应重视养老服务体系建设中社区和机构发挥的关键作用。老年人当前的养老服务需求具有多元化、多层次的特点，单一的机构养老或家庭养老都已不适应现今的养老需求，而政府、家庭、社会机构等多方面合作提供的服务，就恰好可以满足多元化的社区居家养老服务需求，这无疑是今后的发展方向。在社区养老服务方面，我国可参考国外的经验，充分发挥政府、社区和公众的力量，以此完善现有的服务系统，并探索更好的社区养老服务模式，来促进我国社区居家养老服务的可持续发展。

二 国内外养老服务研究文献综述及分析

（一）国际研究

1. 养老实践研究

从实践层面看，人口老龄化是随着社会经济发展和科学技术进步出现的。1965年法国出现了人口老龄化，是世界上第一个老年型国家，随之瑞典也出现人口老龄化。20世纪后，一些欧美发达国家陆续进入老龄化阶段。此时的西方国家经济实力较强，因此，受居家形态等诸多因素影响，其养老政策主要是社会养老。在发达国家较为完善的社会保障制度下，老年人有独立生活能力且能获得政府经济支持，因此这些国家针对老年人的生理状况，设计出不同层次、类别的福利设施、服务体系和居住环境。例如美国的养老居住设施有五类，分别为独立式住宅、老年公寓、护理院、养生社区和养老院，每一种设施都有不同的服务管理体制。继西方发达国家之后，日本、新加坡等亚洲国家也逐步进入人口老龄化阶段。日本、新加坡经济实力较雄厚，其养老保障制度汲取了西方发达国家养老保障制度优点，老人退休后有丰厚的社会保障。在此基础上，由于亚洲国家的东方家庭观念浓厚，居家养老成为重点开发对象，出现了"多代同住"的居家养老模式。此外，英国作为老龄化最早的国家之一，采取了社区照顾模式。社区照顾是英国在福利国家陷入困境之后提出的一种福利政策，也可被看作一种社会福利的实践模式（赵一红，2019）。"1963年英国卫生部颁布了被称作'社区照顾的蓝皮书'的《健康及福利：社区照顾的发展计划》，这标志着英国社会福利政策的重大转变。"（房列曙等，2005：113）英国社区照顾的福利模式，起初是为了尝试减轻地方政府的福利供给负担，鼓励更多的社会组织提供正规服务及私有化服务。社区照顾的福利供给对象是老年人、残疾人、儿童、精神病患者等；福利供给主体是管理人员、专业工作人员和照顾人员；社区照顾的福利供给目标是维持有需要的人士在社区或者自然生活环境内的独立生活。社区照顾的终极目标是协力让社区人士可以在自己的生活上获得最大限度的独立自主（夏学銮，

1996：48）。"社区照顾的福利供给模式有：社区活动中心、老人公寓、家庭照顾、居家服务、暂托处、老人院等等。这些社区服务性设施主要是由英国政府举办或由政府资助的，提供的服务是免费或低收费。"（赵一红，2013）

社区养老模式最早起源于英国的社区照顾，后来发展到美国的就地养老和瑞典的居家养老等，逐渐演变为在老年人熟悉的生活环境中向老年人提供养老照护服务的模式。中国进入老龄社会后，积极探索养老服务体系的构建，提出了社区养老服务模式，与西方发达国家有所不同。以英国为例，英国早期选择了机构养老的方式应对人口老龄化带来的服务需求，而且机构不仅仅面向老年人提供服务。随着机构服务因过于独立逐渐暴露出缺乏社会交流等缺陷，英国社会逐渐走向"去机构化"，整体转为社区照顾模式，即将养老服务投递到社区乃至老年人家中，满足老年人对亲情等社会支持的需求。而我们国家发展社区养老的起因与英国截然不同。中国经历了40年快速发展后，规模不断缩小的现代家庭已经难以承载老年人的照护需求，同时快速推进的城市化和现代化，也给中国尚处于完善阶段的社会保障体系带来了巨大压力。社区养老，无论对政府还是市场、对社会还是家庭，乃至对老年人本身而言，都是一个新鲜事物，仍处于探索阶段，政府的角色不可或缺，远不是转移政府压力的阶段。当前中国最需要的是政府的顶层设计和市场培育与引导，是政府对老年人需求的全方位评估和对养老服务供给的全面监督。

西方国家的社区养老服务体系相比于其他社会福利制度形成发展得比较晚，而且还在不断地完善和改革。西方学者对此进行了大量的实证研究和比较研究。

自20世纪80年代以来，"社区服务"的理念常被学者作为"国家福利"模式的对立物进行倡导（Schmidt，1995）。Bord 和 Bayley（1973）对社区照顾理念进行了分类研究，认为社区照顾有两个重要理念，分别是 care in community 和 care by community，后来又发展出 care with community。其中, in community 强调正式照顾地点转移到社区，老年人在自己居住的地方、家庭或者社区内接受养老机构的专业服务和正式照顾，例如社区日间照料中心等。与之不同，by community 则是相对于正式照顾而言的，强调照顾主体是社区或亲属，旨在让老年人在熟悉的环境中接受更具人性化的非正式照顾。而 with community 顾名思义就是多元照顾的整合，是多元福利主义的产物。苏珊·特斯特认为社区照顾可以综合物质支持、行动照护、健康护理、心理精神支持和整体关怀等多个层面，是结合家庭照护和机构照护的最佳平台（特斯特，2002）。Bihan 和 Martin（2006）对地方政府的一些重要变量进行了进一步分析，他们认为地方政府在执行养老社会福利政策和提供社区长期照护服务过程中具有重要地位。"就地养老"近年来开始在国际上流行，甚至作为社区照顾发源地的英国也开始采用这种模式（Copley，2016）。美国则重点发展和推动养老服务产业，老龄化下庞大的老年人群体和"婴儿潮"的需求导致市场存在巨大的消费群体（Vasunilashorn et al.，2011）。

（1）正式照顾与非正式照顾的区分及关系

老年人的需求满足从专业程度看可以分为专业照顾服务和非专业照顾服务。非专业服务可以由传统的家庭提供，其次是社会组织提供的帮助；专业服务基本由政府提供，其次是市场的服务供给。按照接受服务的地点分，也可以分为家庭养老服务、社区养老服务、机构养老服务。Esping-Andersen（1999）提出"去家庭化"的社会福利经由政府"去商品化"后可以提供三个指标：非正式照护提供者的比例、机构正式照护提供者的比例、老年人接受正式和非正式照护的比例。这是西方国家制定本国老年福利政策的基本依据，不同的照护模式正是因为不同国家对于这三点的偏好而具有不同的特点。总体来说，将家人、亲属朋友在家中提供的照料归为非正式服务，把政府提供或政府购买社会服务归为正式服务基本上是没有争议的。Pfau-Effinger（2005）的研究也证明了这一点，研究发现老年人在选择照顾服务的来源时，他们对于政府、家庭以及养老机构的认知和态度是一个重要影响因素。

（2）养老社会服务的需求与满足效果

与东亚集体主义文化不同，受个人主义价值观影响，西方国家老年人倾向于以机构照顾为主，家庭照顾为辅。尤其是失能老年人，他们更多地倾向于选择机构提供的长期照护服务。那些入住养老机构的老年人中，7.1%的年龄在65岁以上，21.5%的老年人是85岁以上（Krumholz et al.，

2006)。绝大多数老年人还是愿意住在自己家中和在社区熟悉的环境中养老，这是西方和中国的老年人一致的选择。Roit 等（2007）对欧洲各国长期照护服务的支付方式进行了比较分析。从照顾成本来看，Lipson 和 Simon（2010）研究了不同照顾方式的费用成本，发现政府用于老年人长期照顾的财政支出有 90% 流向照顾机构。而且，机构照顾多数是私营组织，对于多数老人来说费用较高（Harris-Kojetin et al.，2004）。Jegermalm 和 Welfare（2013）以及 Dahlberg（2010）认为志愿者组织在参与老年人照顾服务中与政府提供的照顾福利界线并不明显，不同的照顾服务的供给者并不是仅仅提供和执行符合自身特点的服务，而是相互之间会有服务内容的重叠。Harrison 等（2014）通过研究老人在社区护理服务方面的实际需求和预期需求之间的关系，发现两者存在差异，主要是老年人在社会娱乐活动、饮食照料、身心健康方面的养老服务需求得不到实际满足。通过研究政府养老金对老年人养老的影响，发现政府养老金不仅能够缓解老年人退休后的经济压力，也能提高其社会地位、独立生活能力、自尊和生活质量。

2. 养老理论研究

从理论层面看，目前关于老年人服务与福利的国际性理论研究主要集中在需要理论、福利多元主义理论、社会交换理论、责任负担理论等方面。需要理论与老年人基本需求分析紧密相关。需要理论的基本观点有如下两点。一是马克思主义的需要观，对于需要理论的研究可以追溯到马克思主义需要观。马克思认为，人和动物的本质区别是他们的需要和满足需要的方式不同，需要是人的本质属性。人的需要构成了人的实践活动的内在动力，是社会发展的动力源泉（张明等，2012：7）。二是英国学者莱恩·多亚尔和伊恩·高夫（2008：30）的人的需要理论。多亚尔和高夫认为需要是人类的必然性。人有其基本需要，个人有权利最大限度地满足这些需要，衡量所有人类解放的标准应该是评估这种满足的程度。福利制度必须以某种方式把个人满足需要的权利以及决定这种满足如何得到实现的参与权利结合起来。福利多元主义理论在西方养老理论研究方面产生了巨大作用。第二次世界大战之后，西方发达国家在经济复苏的情况下纷纷建立社会保障体系，各国用于社会福利的开支不断增加，但随着 20 世纪 70 年代西方经济低迷，由政府包办的社会福利制度导致了严重的财政危机，在此情况下，西方提出了福利多元化理论。西方福利发展史上先后经历了古典自由正义、凯恩斯主义、福利多元主义等三大范式。尤其是福利多元主义的代表 Rose 提出福利多元组合理论，认为一个社会总体福利主要来源于家庭、市场、国家三个部分（胡薇，2012：15），在此 Rose（1986）实际提出了一个社会福利三方责任分担的问题。随后福利多元主义理论不断得到修正和发展并充分表现在老年社会福利政策中，尤其表现在养老照顾相关政策中。社会交换理论和责任分担理论提供了解释老人照顾在家庭和社会结构中所涉及关系和过程的分析框架。社会交换理论认为，代与代之间的互惠主要表现在老年父母与子女之间的相互支持和帮助中，包括有形的物质、金钱和家务活动等（赵一红，2019）。

（二）国内研究

1. 养老实践研究

"从实践层面看，我国在老年社会工作服务的实践方式上突出表现在社区服务方面。1986 年，民政部首次提出开展社区服务工作、满足人民生活需要的策略，社区服务正式载入中国城市改革的史册。英国社区照顾的养老视角，强调的是社区意识和社区支持网络对于受照顾者的意义；我国社区服务强调的是在政府领导下，各街道、居委会为协助，满足社区居民日益增长的物质文化生活需求，发动和组织社区各方面力量，开展公益性、福利性和互助性的社会化服务。目前社区需要承担的社会福利责任比任何一个时期都更为重要。但是相对西方国家来说，我国社区服务的福利供给来源和供给机制都比较单一，社会化程度较低；社区的行政化倾向比较严重，社区福利供给主体大多表现为政府行为；社区福利供给的专业化程度也较低，大多数地区还依赖于传统的行政化手段，虽然目前一些沿海城市已经提高了社区福利供给的专业化水平，但我国社区服务的总体还处于较低水平；社区服务模式的供给视角更多注重的是宏观政策的实施，例如：最低生活保障制度的实施、社会医疗保险网点的建设、失业人员的再就业服务与培训、残疾人的社区康复、社会养老体系的建构、军烈属的优抚与社区矫治等等，而缺少福利供给的微观层面即专门针对养老模式的具

体社会服务方式的提供。"（赵一红，2015a）

2. 养老理论研究

"从理论层面看，我国目前关于老年社会工作理论的研究，大多集中在社会福利与社会政策视角，尤其以普惠型的中国社会福利发展模式为主要内容，同时研究社会福利发展的政府与社会责任分担问题，缺少系统的关于老年社会工作的理论研究。"（赵一红，2015a）从国内的研究现状来看，随着我国进入老龄化社会，学者们先是介绍并研究西方那些早于我国进入老龄化社会的国家社区养老模式的经验，并就我国发展社区养老服务的可行性展开讨论，再是根据我国养老服务需求的现状提出了许多促进城市社区养老服务体系健康可持续发展的建设性意见和建议。

李晟伟等（2011：43）认为，在人口老龄化的情况下，老年人照顾的专业性和科学性需要重视，老年服务的社会政策和未来发展值得期待。陈社英（1988）认为我国应对老龄化应该发挥社区服务投资少、覆盖面广、方便群众的优势，就医疗、康复、家务、助餐、文娱活动等多方面助老服务提出了建议。王思斌（1994）通过介绍英国社区照顾，为我国对当时高就业、高保障、高福利式的城市社会保障进行改革以应对人口老龄化加速提供了经验借鉴，他认为社区照顾的本质是全方位提高照顾对象的生活质量，而不是仅限于经济支持和生活照料。桂世勋（1995）预测中国老龄化会面临经济水平较低、独生子女照顾能力有限等问题，同时提出要适度放宽计划生育政策，发展社区志愿互助服务等措施来加以应对。夏学銮翻译了英国学者史蒂文森的论文《社区照顾——概念与理论》全面系统地介绍了英国社区照顾理论和实践的具体情况。

进入 21 世纪，中国正式进入老龄化社会，同时随着我国养老服务社会化改革的推进，中国城市社区养老服务的研究开始大量出现。钱宁（2002）提出我国经济体制由计划转向市场的过程中，福利供应单一化的弊端不断凸显，福利为适应市场经济发展逐步社会化也成为必然。林卡和仲鑫（2008）介绍了北欧的社区服务，与英国为摆脱过去政府负担而发展社区社会服务不同，北欧的社区服务依然由政府主导，政府负责动员各种社会力量进入发展社会福利的行动中来并面向所有有需要的残疾人、老年人、儿童提供服务。北欧的发展模式为我国在改革中使政府和公共机构协调发挥各自的作用、寻找一条适合于中国社区服务发展的独特道路具有积极意义。

2008年我国正式出台了《关于全面推进居家养老服务工作的意见》，进一步明确了养老服务体系构建的内容和目标，尤其是明确了应当发挥社区在养老服务中的重要作用。2010年以来大量社区养老服务的文献讨论我国社区养老面临的困境、发展方向及应对措施。盛见（2019）则从提高有效需求的角度提出，在短期内应实施"精准养老"策略，提高社会养老服务有效供给和有购买能力的养老需求；从长远看则需要全面持续改善供需经济支撑条件，从根本上提高社会养老有效需求。

景天魁（2015）认为社区养老服务应该朝着"资源下沉、系统整合、服务综合"的目标发展，实现养老服务传统方式与现代方式相结合。全面应对老年人口总量位居世界第一、养老服务需求层次千差万别、养老服务供给能力不尽相同的中国国情，强调养老服务责任的多主体性、养老服务内容的多层次性、养老服务供给方式的多样性。赵一红（2019）认为影响我国老年社会政策的意识形态是社会主义的人民观，这就决定了我国社区养老服务体系发展秉持的是"以人民为中心"的发展目标，而不是在取舍中用成本和财政负担来做出决策。穆光宗和朱泓霏（2019）针对社区养老服务"叫好不叫座"表现出的养老服务产品供给匮乏、供求错位、市场培育缓慢等困局，通过细分养老服务的五大类别，指出有针对性的"有效服务"应该重点关注老年人失能护理的刚性需求、安养乐活的精神需求和有待发现的沉默需求，发展有本土特色的"低成本-高品质-广福祉"的依托社区、整合资源的现代化社区养老服务体系。

综上可见，按照老年人的居住地划分，养老只有居家和机构两种形式。城市社区养老就是以社区为平台和纽带，整合家庭、社会、市场、政府乃至第三部门的资源，将正式照顾传递到不愿意或者不必去专业养老机构接受照顾的老年人身边，使得老年人既能生活在自己熟悉的环境中、接受家人的陪伴与照料，又能得到高质量的专业护理服务。城市养老服务体系提倡居家养老，通过提高居家养老服务水平可以提升老年人生活质量。目前，城市社区养老服务也面临许多困境，例如国家层面的制度和法律不健全，行业规范与标准欠缺，从业人员水平、数量有限，相关人才培育面临巨大压力。如何在社区养老服务体系的构建过程中实现供需平衡，实现政府、社会、市场、家庭等各方面资源的多元配置，最终实现可持续发展，是本书在以上研究基础上将继续进行讨论的方向。

三 当前我国养老服务体系建设概况

养老服务体系的建立是在养老服务本身得以充分发展的基础上实现的，只有在养老服务发展到一定程度的时候才能统筹建立起养老服务体系。2000年之前的养老服务一般通过两种形式提供，最常见的是在家庭范围内由家属提供的日常照料，此外一些特殊的老年人群体会进入养老院或敬老院。总体来看，养老服务一般仅包括生活照料等基本服务。我国在2000年正式进入老龄化社会，由于老龄化的负担加重以及传统养老模式无法满足不断增长的养老需求，国家开始更多地关注养老服务事业的发展，养老服务供给的主体从国家这一单一主体向政府、家庭、社区、机构等多元主体过渡，养老服务资金的来源从政府统一划拨到更加社会化的多种资金来源，养老服务的对象从一些特殊老年人群体转向所有老年人，养老服务的内容从只有生活照料、休闲娱乐到增加了精神慰藉、紧急救助、临终关怀等各个方面。

2006年，全国老龄委等十部门联合出台的《关于加快发展养老服务业的意见》指出要"逐步建立和完善以居家养老为基础、社区服务为依托、机构养老为补充的服务体系"，明确了通过三种模式发展养老服务，且提出了不同模式的定位。2010年，国务院政府工作报告中正式提出"养老社会服务体系"这一概念，意味着我国养老服务体系已初具框架。2011年发布的《社会养老服务体系建设规划（2011—2015年）》指出养老服务体系建设是一项长期的战略任务。在近些年的发展过程中，养老事业取得了很大的发展，居家养老覆盖面逐渐扩大，社区服务内容不断拓展，养老机构数量增加明显。但随着老龄化和高龄化的快速发展，老年人的需求表现出新的特点，目前的养老服务还无法完全满足；地区间不同的经济发展水平和发展路径也导致发展不平衡不充分的问题，表现为资源分配的不均衡和服务水平参差不齐的状况。

（一）当前我国养老服务体系现状

养老服务体系不是简单的、单一的内容，而是具有多重内涵，因此，为阐明我国养老服务概况，本小节分别从养老服务补贴、养老机构及床位数、养老专业人才、养老服务建设、养老规范化标准等方面概述。

在养老服务补贴方面，根据《2023年民政事业发展统计公报》可知，截至2023年底，全国共有4334.4万老年人享受老年人补贴，其中享受高龄津贴的老年人3547.8万人，享受护理补贴的老年人98.5万人，享受养老服务补贴的老年人621.4万人，享受综合补贴的老年人66.7万人，全国共支出老年福利资金421.7亿元，养老服务资金223.2亿元。[①] 2023年我国60周岁及以上老年人口达到2.97亿人，80周岁及以上老年人口近4000万人，省级高龄津贴实现了全覆盖。

在养老机构及床位数方面，截至2023年底，全国共有各类养老机构和设施40.4万个，养老床位合计823.0万张。其中：全国共有注册登记的养老机构4.1万个，比上年增长0.5%，床位517.2万张；社区养老服务机构和设施36.3万个，床位305.8万张。[②] 平均每千名老年人养老床位数为27.7张，[③] 这样的现实状况甚至与民政部在《民政事业发展第十三个五年规划》中提到的"到2020年每千名老年人口拥有养老床位数达35~40张"的目标还有不小的差距，更不用说与发达国家每千名老人50~70张床位的基本建设相比。不仅如此，目前养老床位的平均利用率总体较低。且据目前的调研状况来看，不同养老机构的床位利用率差别显著，这种情况是由多种原因造成的，主要是机构之间在建设状况方面存在差距，在下文中会进行相关的探讨。

在养老专业人才方面，2022年，全国共有16.5万人通过助理社会工作师考试，2.8万人通过社会工作师考试。截至2022年底，全国持证社会

[①] 《2023年民政事业发展统计公报》，中华人民共和国民政部网站，https://www.mca.gov.cn/n156/n2679/c1662004999980001204/attr/355717.pdf。

[②] 《2023年民政事业发展统计公报》，中华人民共和国民政部网站，https://www.mca.gov.cn/n156/n2679/c1662004999980001204/attr/355717.pdf。

[③] 平均每千名老年人养老床位数=全国养老床位数（张）/全国60周岁及以上老年人数（千人）。

工作者共计93.1万人，其中助理社会工作师72.5万人，社会工作师20.4万人。① 全国养老服务机构和设施共有床位800多万张，按照国家标准，养老护理员与老年人的比例应为1∶4，也就是至少需要200万名护理员，但目前相关从业人员还不足100万人。② 现有的养老服务从业人员过少，对于需要服务的2.67亿老年人来说远远不够，同时这些从业人员进行养老护理和服务的专业水平也有待考察。在养老服务领域，专业人才的不足以及人才流失率高的问题同时存在。

在养老服务建设方面，我国"以居家养老为基础、社区服务为依托、机构养老为补充"的中国特色养老服务体系建设过程中，不同地区走出了不同的发展路径。在形式上，由居家养老、社区养老和机构养老三种模式提供服务；在责任分担上，主要形成了"9073""9064"等的分工模式③；在服务内容上，由仅满足低层次的生活照料需求过渡到也能满足高层次的精神慰藉以及权益保障等需求，并开始了养老与医疗结合的尝试；在老年人福利资金方面，继续扩大养老保险的覆盖面，同时开始长期照护保险的试点工作。

在养老规范化标准方面，文本上的总结主要是民政部2017年开始着手制定的《养老服务标准体系建设指南》，该建设指南的体系包括通用基础标准、服务提供标准、支撑保障标准三个部分。但目前为止，虽然已经有全面的养老服务体系的建设总规划，但具体规范的内容还有待完善，暂时还没有一套成熟的评估体系可以全面执行。为了形成完善且合理的建设指南，同时纳入一些行之有效的实践经验，政府有关部门以及学界对于养老服务体系建设的研究和探讨是十分必要的。

（二）当前我国养老服务体系研究

2013年国务院发布的《关于加快发展养老服务业的若干意见》提出，

---

① 《2022年民政事业发展统计公报》，中华人民共和国民政部网站，https://www.mca.gov.cn/n156/n2679/c1662004999979995221/attr/306352.pdf。
② 张洪祯、郑苗苗：《全国政协委员安阿玥：提高养老从业人员综合素养，推动"健康养老"》，澎湃新闻，https://www.thepaper.cn/newsDetail_forward_16975134。
③ "9073""9064"表示不同服务模式下养老服务在不同服务主体间的分工比例，例如"9073"表示90%的老年人接受居家养老服务，7%的老年人接受社区养老服务，3%的老年人接受机构养老服务。

到 2020 年，要全面建成以居家为基础、社区为依托、机构为支撑的，功能完善、规模适度、覆盖城乡的养老服务体系。目前应达到该目标的年份已过，基本养老服务的建设如何、三种养老模式发展的状况如何、目前的供给总量是否与老年人的数量和结构相匹配，有很多学者在关注并进行着相关的研究。

一是养老服务体系建设角度。相关研究多从养老服务体系出发，再到其"开枝散叶"的各个分支的建设，将建设过程看作整体来进行分析。贾玉娇（2017）以"嵌入"式的老年人分析范式为基础，从理念、结构、制度、政策、实践五个角度指出当前养老服务体系在达到合理的"嵌入"式的养老模式前需要改进的内容。辜胜阻等（2017）采用访谈的方式调研了各地多家养老机构，通过对养老服务总体需求与供给现状的把握提出构建科学合理养老服务体系的思考与建议。魏文斌等（2013）、孙宏伟和孙睿（2013）从政策规划出发来分析社会养老服务体系的模式构建及实现路径。董红亚（2012a）通过需要理论来阐释养老服务的特质，从系统论出发，提出要以为老人提供有效照护为核心对养老服务体系的概念进行重构。王宏禹和王啸宇（2018）提出建设养护医三位一体的智慧社区居家精细化养老服务体系，强调医疗服务在养老服务体系中的重要性。

二是养老模式角度。目前我国养老模式主要是居家、社区和机构三种，相关研究多分析其整体或某一种模式的发展现状，再针对发展过程中遇到的障碍和问题提出对策，应用于分析某一具体城市的较多。沈毅（2018）是通过对大连市不同主体参与的养老服务模式作分析来总结社会化养老服务体系的建设状况的。杨永等（2018）从政府这一体系构建中的主体出发，采用 SWOT 分析法探究了广西壮族自治区社区养老服务体系建设中的优势、劣势、机遇和挑战。

三是养老服务供给角度。相关研究多通过分析某些客观指标度量我国养老服务供给水平，如养老床位数、养老机构及设施数、社区养老服务设施数、工作人员和社会工作师的数量、享受养老补贴的人数等；也有研究通过梳理政策发展历程等内容对养老服务体系进行分析。钟慧澜（2017）从养老服务体系建设的理论逻辑出发，提出社会养老服务体系的建设应该是由"市场化""个性化""去机构化""非正式化"组成的四核驱动系统,指出应以此为基础产生社会养老服务的供应逻辑。郭丽娜（2019）将经济学中的"弹性"概念引入居家养老服务中,分析各供给主体如何利用弹性的属性分析更好地完成对老年人的服务供给。毛佩瑾（2019）采用以史鉴实的方式,通过梳理总结新中国成立以来我国养老服务体系的政策发展过程,从政策和制度方面提出了养老服务体系创新发展的建议。

四是养老服务需求角度。相关研究多通过分析养老服务需求的影响因素及当前老年人对养老服务的满意度情况入手来考察养老服务供给是否能够满足需求,以此对养老服务体系建设的状况进行研究。石园等（2019）采用元分析的方法,通过对"社区养老服务需求影响因素"相关文献的二次分析,概括出社区养老服务需求的影响因素,以此得到老年人的群体差异和养老服务需求,为社区养老服务供给指明了方向和重点。

五是养老服务供需平衡的角度。相关研究多通过分别分析养老服务需求和养老服务供给的状况,来考察供需是否平衡,为之后养老服务体系建设指出调整的方向。对供给和需求的分析主要采用上述分析单方面的某种方法进行,在此基础上进行对应和整合。边恕等（2016）先采用政策分析、客观指标进行养老供给的研究,再通过定量分析进行养老需求的研究,最后找出养老服务需要完善的和缺乏的内容,并提出政策改进的建议。顾静（2014）将养老服务看作准公共产品,以供需均衡的理论来分析养老服务的供需状况并提出相关的解决对策。张新辉和李建新（2019a）通过对 CLHLS（中国老年人健康影响因素纵向调查）的数据分析 2005～2014 年全国社区老年服务的供需动态变化和平衡性,指出各方面的不平衡现象十分显著。

综上所述,国内有关学者的研究大多围绕养老服务体系建设展开,通过不同的理论和分析路径提出养老服务体系建设的整体目标和主要内容。这些研究对养老模式以及养老需求影响因素的相关分析,主要通过选取几个指标进行相关性检验,或者选取某地的养老服务发展状况作为案例进行研究的方式展开,最终提出的解决方法较具体、微观,很难形成可供推广适用的体系。由于我国制度的特殊性,养老服务最初是以公共产品定位来发展的,目前在向社会化方向过渡,但最初的以及核心的主体还是政府,对于养老服务供给的研究是比较多的,研究方法上以政策的评估及指标的定性描述为主。但是单独分析供给和需求的话，可能还是会出现因信息掌握不全、不能完整反映养老服务体系发展状况而提出有偏差的发展建议的现象，因此，近年来有不少学者开始将二者结合进行研究，分别研究供给和需求再评估供需平衡的状况，这是一种更为全面的办法。但已有研究更多的只是展示了相互独立的供需两个部分，最终得出的结论往往较为宏观，大多是仅通过主观判断得出的，关于供需匹配的评估暂时没有比较成系统的标准。就目前来讲，针对养老服务体系发展情况的评估以及调整方向的确定，供需关系的研究仍是最行之有效的一种方法，至于如何更好地评估需求和供给的状况、如何定义二者之间的匹配程度以及如何确定调整方向等，还需要进一步的研究和探讨。

四 研究的基本问题与框架设计

（一）研究的基本问题与需求分析

目前我国养老服务体系存在的问题是：一方面，老龄化日趋严重，养老的社会服务供给无法满足需求；另一方面，受经济社会发展状况及传统文化的制约，我国的养老模式依然以居家养老为主，且大部分老年人在养老过程中需要社区提供养老照料与支持。这说明我国养老服务体系建设仍然存在问题，养老服务供给责任需要明确，社会化的养老服务体系有待进一步完善。养老是一个社会问题，同时也存在责任分担问题。政府应积极制定有关养老制度的法规和政策以发挥其引导和监督作用，社会组织应积极协助政府充分发挥养老服务的功能与作用，社区及家庭则应充分发挥其参与养老服务的积极性与责任感。在责任结构中，政府责任应该是主导，即在我国养老服务体系的建立过程中，积极倡导中国特色的养老服务体系。在此情况下，本书对城市社区综合养老服务体系建设状况进行了调查，尤其是对我国目前社区服务体系支持下居家养老模式的需求与供给情况进行了深入探讨，其目的在于深入了解目前我国养老服务尤其是养老服务体系建设、养老服务模式、养老服务设施、养老服务地方政策等方面存在的问题。

(二) 调查实施的基本框架与内容

围绕城市社区综合养老服务体系的设施配置、管理、服务、评价等方面，本书以城市社区养老服务体系设施配置技术与标准的研究为切入点，以城市社区养老服务体系与制度体系为研究重点，以城市社区养老服务责任监督与服务保障为支撑，展开养老需求与供给调查，着重调查政府养老设施布局与规划，包括政府政策与资金投入、社区养老服务资金落实与硬件设施配套情况、社区养老服务体系的服务内容与质量、城区困难老人需求等问题，努力探讨城市社区养老服务体系标准化建设，从而研究和总结中国特色的养老服务体系与养老服务模式。

(三) 城市社区养老服务体系建设调查的基本任务

任务一：重点调查城市社区居家养老服务需求，包括影响需求的因素、供需之间的差距。

任务二：调查城市社区机构养老服务的现状、问题和机构的需求。

任务三：调查城市社区养老服务供给方式，着重调查城市社区养老服务的组织体系、服务监督、服务保障、服务质量与水平等情况。

任务四：调查城市社区养老服务供给及其影响因素，从而提高服务效率，探讨城市社区综合养老服务体系建设的现状及其发展前景。

任务五：调查政府养老政策与资金投入及其养老布局规划，从而明确政府在养老问题上分担的责任，为建立合理的养老服务供给体系提供政策建议。

(四) 调研方法与样本选取

1. 调研方法

(1) 文献收集整理

本书进行调查访谈时以国家和地方政府政策文件、国内外相关论文和研究报告、统计报表信息和数据为参考资料，部分文献的内容在本书中也有所呈现。

（2）个别访谈和焦点小组访谈

本书通过个别访谈和焦点小组访谈，了解城市社区养老服务的利益相关者（老年人、养老服务机构负责人、管理人员、服务人员、政府部门相关人员）对社区养老服务的认识，对供给现状及存在的问题进行定性分析。访谈设计如下。

① 社区或机构养老服务管理人员访谈和焦点小组访谈。分别对养老服务提供方的负责人、主要管理人员，养老机构负责人进行个别访谈，将不同机构的管理者组成 4 个焦点小组，进行访谈。养老服务提供方负责人：访谈主要内容围绕提供方的基本情况和条件，对养老的理念和定位的认识；关于养老服务资源提供及软硬件设施的提供；具体服务方面除了生活照料，在医疗康复、心理疏导、文化娱乐、情绪如何、老年人的满意度及现有服务存在的问题等。

② 社区养老服务人员访谈和焦点小组访谈。分别对每一个社区养老服务人员进行个别访谈，将不同社区的养老服务人员组成 4 个焦点小组进行访谈，了解养老服务的种类、数量和质量、老年人对养老服务的利用情况、养老服务人员的数量和技术水平、社区养老服务发展中的问题等。

③ 政府人员访谈和焦点小组访谈。对政府相关部门（包括民政局社会福利处、卫生局医改处、社区卫生站、老干部、街道干部等）人员进行个别访谈和 1 个焦点小组访谈，了解近些年关于养老的政策和举措，有关政策和举措实施的状况，以及面临的困境等。

（3）社区问卷调查

主要获取相关城市社区 60 岁以上老年人的基本情况、生活现状和养老需求等方面的资料，以分析老年人对社区养老服务的需求，以及人口学特征、家庭情况、经济状况、健康水平、社会交往情况等对老年人社区养老服务需求的影响。

① 抽样方法：采用目的抽样的方法，由社区居委会相关人员召集 60 岁以上的老人来填答问卷，每个社区的样本量为 25。

② 调查工具：工具为老年人社区养老服务需求评价调查表，该调查表系根据老年人社区养老服务需要评估工具，结合我国城市现状编制而成。通过预调查发现问题并对调查表进行了修改、定稿。

③ 调查表内容包括基本信息、家庭和朋友、住所和出行、经济状况、身体健康状况、日常生活能力、社区养老服务需求等七部分。

(4) 养老服务机构问卷调查

问卷调查主要内容包括：基本情况（包括兴办主体、主管部门、服务资质、启动时间、人员规模等）；服务设施（服务用房的数量、种类，以及娱乐、健身和医疗设施的数量、种类等）；工作人员情况（人员数量、构成、学历、技术水平、培训情况等）；养老服务情况（服务的内容、提供服务的方式、服务的数量等）；服务对象情况（接收服务老人的人数、年龄构成、健康状况、慢性病患病情况、费用支出方式等）；财务运行情况（包括机构年收入、收入来源、年支出、收费标准等）。

从方法上来说，问卷调查的结果作为我们了解机构养老供给和老年人养老需求基本情况的参考，访谈的资料是我们分析的重点。所以，本书以定性研究为主，定量研究为辅。

2. 调研的技术线路

技术线路如图 0-1 所示。

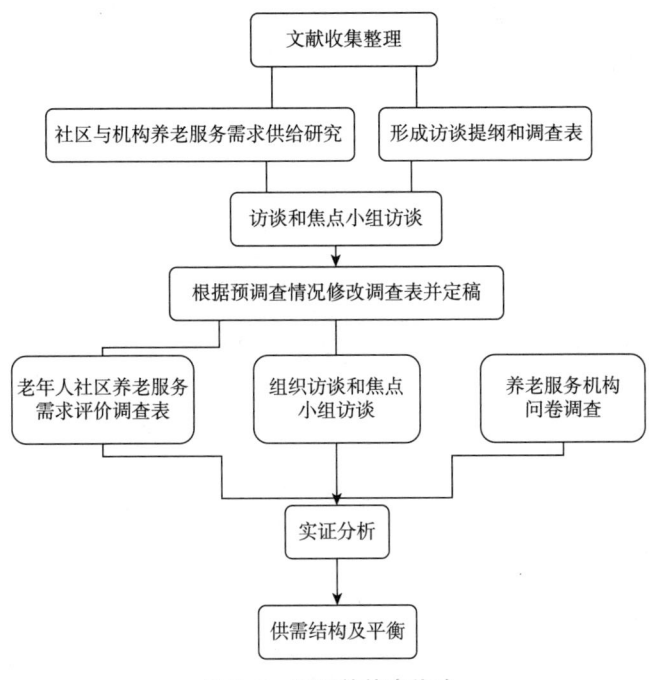

图 0-1　调研的技术线路

3. 调研地点及样本选取

调研组采用目的抽样的方法选取样本。抽样依据三个原则：一是代表性，二是前瞻性，三是调研的可操作性。首先，调研地点的选择要能够比较全面地反映我国城市社区养老服务体系建设的基本状况，具有代表性，以此原则，本书选择了上海市、南京市、杭州市等经济发达城市，以及西部地区的昆明市、东北地区的哈尔滨市和长春市。其次，所选择的调研城市社区养老服务体系建设的状况和具体做法等应该能够预示今后城市社区养老服务体系建设发展的方向。上海市和南京市近些年在养老政策和社区养老服务体系的建设与运行方面有很多的改革和创新，而杭州市近些年依托社会工作的推进也有诸多的创新。最后，调研地点的选择要考虑到地方相关部门对调研的配合，从而保证调研数据获取的便利性和真实性。对于访谈对象和问卷调查对象（老年人、养老服务机构负责人、管理人员、服务人员、政府部门相关人员）的抽样也主要考虑到便利性，由相关政府人员、社区居委会负责人或高校教师予以安排，所以抽样不是概率抽样，不具有推论总体的意义。依据这三个原则，本书确定并调查了上海市、南京市、杭州市、昆明市、哈尔滨市、长春市、深圳市、无锡市、扬州市等9个城市多个社区与机构，进行问卷与访谈，获取了相关研究的第一手资料。

第一章
养老服务体系相关概念解析与现状分析

一 人口老龄化与中国特色养老服务体系的相关概念

概念明晰是任何研究得以持续开展的前提要求和必要条件。对于正在成长、建设中的中国特色养老服务体系来说,清晰的概念界定有助于我们明确我们要做什么、已经做了什么、还差什么、未来应该如何做等问题。因此,以下将围绕"中国特色养老服务体系建设"与"人口老龄化"这两个核心来明晰本书之后会涉及的诸多概念。

(一) 中国特色养老服务体系

1. 养老

"养老"这一概念包含两个方面:"老"与"养"。其中,"老"是条件,它既可以表现为生理年龄,如从60岁开始以后的人;也可以表现为心理年龄,如80岁都不服老的人。但无论如何,"老"年都意味着比起"青""壮""中"年来,年龄的增大,身体机能的衰减,以及被家庭、社会加以照顾的需要的增长。

人上了年纪以后要"养"。这个"养"包含两层含义,第一层是自己养自己，第二层则是被供养。后者不仅是管吃管住，更多的是传统文化中的孝顺和尊重老人。譬如，孔子曰："今之孝者，是谓能养。至于犬马，皆能有养；不敬，何以别乎？"（孔子，1980a：14）进一步，孝敬的结果就是"安"——"老者安之，朋友信之，少者怀之"（孔子，1980b：52）。

简而言之，本书认为，"养老"即指达到了"老"的条件的人首先能被供养，其次得到尊重，最后能够心有所安。

2. 养老服务

养老服务是伴随着从传统社会向现代社会的转型而出现的。正如有学者指出的那样，在中国传统以农业为主的社会中，老年人的养老主要是由家庭及在家庭基础上发展起来的家族这一独特社会组织完成的（杨善华，2015）。它们恰如萧公权（2014：400）所言："宗族的福利事业以许多方式来办理。最普遍的做法是用宗族财产的增值所得或宗族谷仓所储藏的粮食，帮助或救济年老或贫困的族人。"自然，在家庭或者家族担负主要养老职责的情境下，是谈不上养老服务尤其是养老服务事业的。

只有到了近代尤其是中华人民共和国成立后，养老服务及其事业才得以孕育与发展（董红亚，2010）。特别是在2000年2月，民政部等十一部门发布的《关于加快实现社会福利社会化的意见》明确老年人养老"在供养方式上坚持以居家为基础、以社区为依托、以社会福利机构养老为补充的发展方向"。[①] 当养老服务开始社会化供给时，人们开始逐步了解养老服务，这一概念得到广泛讨论与传播。

3. 养老服务体系

体系指的是将若干个相互之间有关联的事物串联在一起构成一个完整系统。按照老年人居住场所分类，养老服务体系可分为社区养老服务、机构养老服务、居家养老服务。按照老年人生理机能、服务内容和支付方式等分类，则还可以有很多不同的分法。无论如何分类，养老服务都必须作为一个整体看待。而在2006年全国老龄委等十部门出台的《关于加快发

[①] 《关于加快实现社会福利社会化的意见》，中国政府网，http://www.gov.cn/gongbao/content/2000/content_60033.htm。

展养老服务业的意见》确定我国将建立"以居家养老为基础、社区服务为依托、机构养老为补充的服务体系"[①]后,我国养老服务体系在概念上逐渐明晰起来。

进一步,随着党的十九届四中全会通过的《中共中央关于坚持和完善中国特色社会主义制度 推进国家治理体系和治理能力现代化若干重大问题的决定》明确指出,"加快建设居家社区机构相协调、医养康养相结合的养老服务体系"。可以说,我国养老服务体系发展有了清晰方向。

4. 中国特色养老服务体系

当今既是一个民族国家时代,也是一个全球化时代。这意味着,中国的养老服务体系既要参考世界通行标准加以建设,如它需要为我国老年人提供基本的养老服务、满足老年人养老的基本需求,也要和我国的经济社会发展水平相匹配,使大众有机会公平地获得使用养老服务,如基本医疗、基本养老保险等。此外,这还意味着,中国的养老服务体系建设必须从中国国情出发,形成中国特色。这一点,党的十九大报告已有透彻表述,我国在未来除了做好兜底工作外,还要建成全民覆盖、城乡统筹一体化、权责界限清晰、保障程度恰当、可持续发展的养老服务体系。

关于养老服务体系中居家养老和社区养老的区别,目前并没有明确的定义(徐倩、周沛,2016)。有的学者把居家养老和社区养老视为同一种养老模式,即老人在家中或者社区接受养老服务(张文娟,2016)。若从养老服务供给者角度划分,则需要区分家庭和社区养老,依据是家庭成员提供非正式服务还是接受正式服务。因此,本书在探讨社区养老服务体系时,参考全国人大内务司法委员会调研组(2017)对居家养老的定义,即"以家庭为基础,在政府主导下,以城乡社区为依托,以社会保障和社会服务制度为支撑,由政府提供基本公共服务,企业、社会组织提供专业化服务,基层群众性自治组织和志愿者提供公益互助服务,满足居住在家的老年人社会化服务需求的养老服务模式"。养老服务的这种投送方式对应的就是老人在熟悉的环境中接受正式养老服务的居家养老和社区养老模

[①] 《关于加快发展养老服务业的意见》,中国政府网,http://www.gov.cn/zhengce/content/2008-03/28/content_6372.htm。

式，以区别于机构养老。

中国特色城市社区养老服务体系是在充分借鉴国外养老服务经验的基础上，根据我国城市社区养老服务的需求情况提出的概念。我国社区养老服务的概念起源于 20 世纪 80 年代，改革开放以后，单位制向社会管理转变，城市社区成为国家对社会进行管理的最基层行政单元。这不同于西方的社区概念，我国提出的社区建设是由政府主导的，是国家权力在新的社会形势下向基层的延伸。因此，中国在老龄化程度不断加深的时代，必然选择政府主导的社区养老服务体系建设模式。因此，社区养老在中国的语境中，就是在最小规模的行政区划的单元内，更方便组织和管理的前提下，由代理政府权力的居委会组织提供养老服务，这对养老服务的行政和运行方式有着深刻的影响，凸显了政府的主导和主体责任，完全不同于英国式"社区照顾"所彰显的共同体、非正式照顾等情感取向和价值取向。

就实际情况来看，《"十三五"国家老龄事业发展和养老体系建设规划》以"居家为基础、社区为依托、机构为补充、医养相结合的养老服务体系更加健全"为发展目标之一。从居住所在的角度划分可以分为住在家中和住在养老机构（董红亚，2012a）。然而社区养老也应当是社区内的专业养老机构以嵌入式发展的方式为生活在家中的老人提供服务，因此这一区分目前看来还不是很清晰。这一提法的意义在于指出为老年人提供服务的前提是尊重老年人在熟悉的环境中接受服务的意愿，实现就地、就近养老，家庭优先，社会力量作补充，机构托底支撑。

（二）人口老龄化

如果说"中国特色养老服务体系建设"是本书将要聚焦的一大概念体系的话，那么"人口老龄化"就是本书要聚焦的另一大概念体系。进而言之，若"中国特色养老服务体系建设"要研究的是当下中国养老服务"能动性"的一面，那"人口老龄化"要研究的就是当下中国养老服务"结构性"的一面。

广义而言，"老龄化（aging）"一词有两种含义：一种指个体的老龄化（individual aging），另一种则指群体的老龄化（population aging）。对个体而言，老龄化是不可逆转的；但对群体而言，则存在与"老龄化"相反的趋势——"年轻化"或"成年化"（详见下文）。进而言之，人口老龄化是描述一个社会中人口构成也即老年人占总人口百分比以及这种百分比未来如何变动的相对概念，是一个历史的、社会过程的概念。而按联合国人口与发展委员会的标准，当一个国家或地区60岁以上老年人口占总人口比例超过10%，或者65岁以上老年人口占总人口比例超过7%后，这个国家或地区就进入了老龄化社会。

综上所述，中华人民共和国成立初期，由于人民生活改善带来的死亡率下降特别是婴幼儿死亡率的下降，以及鼓励生育的政策，使得我国少儿人口在总人口中所占比例不断增加，以致在20世纪60年代中期以前，我国人口不仅没有出现老龄化现象，相反，一度出现了人口年轻化趋势。不过，随着我国改革开放以及计划生育基本国策的施行，1990年第四次全国人口普查时，我国65岁及以上老年人口占总人口的比重已达5.6%。2000年，我国60岁及以上老年人口占总人口的比重达10.33%，其中65岁及以上人口占6.96%，我国从此正式进入了老龄化社会。2010年，根据第六次全国人口普查公布的数据，我国65岁及以上老年人口占总人口的比重已达13.26%，其中65岁及以上人口占比8.87%（穆光宗、张团，2011）。这说明，我国正步入一个人口老龄化快速发展的时期。

（三）养老模式的分类和定义

社区养老最早起源于英国的社区照顾。关于养老服务可以从广义和狭义两个方面分析其内容。广义的养老服务包括实物和照顾两大类。实物即经济支持和服务，包括养老金、医疗保险、各种商业保险、社会救助等社会保障体系的内容；照顾即来自家庭、社会、政府、志愿组织的照顾服务，如生活照料、医疗康复、精神慰藉、娱乐学习等。而狭义的养老服务则仅指照顾，不包括经济方面的收益和保险（Meredith，1993）。从图1-1可以看出，要想给社区养老下一个严格的定义并不容易，但它明确的意义在于在社区能为老人提供养老服务的同时，这些老人还能继续生活在原有居住环境下，而不用长期留住康复机构（nursing homes）、专业养老机构（Rossiter & Wicks，1982）。

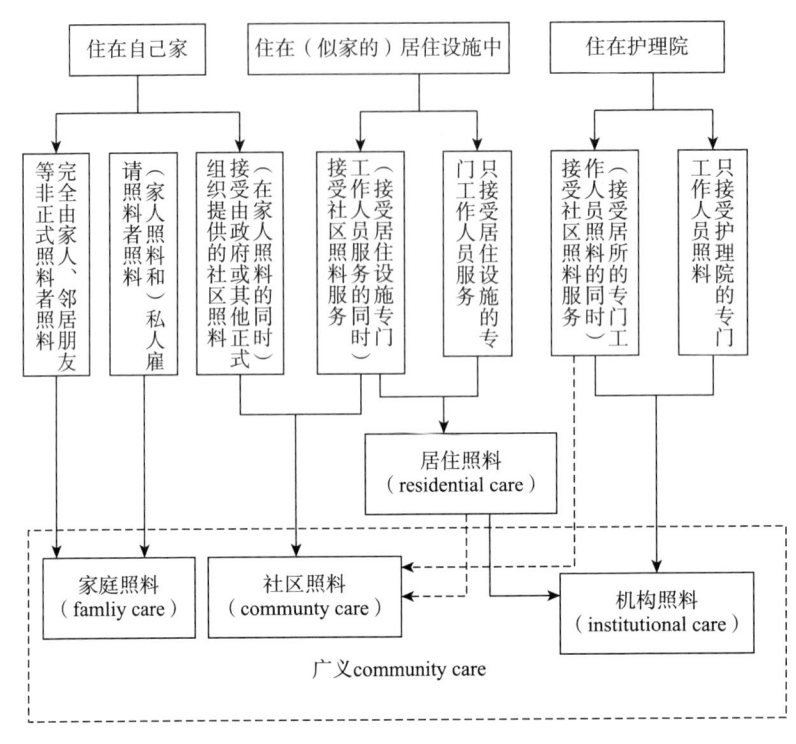

```
住在自己家                住在(似家的)居住设施中           住在护理院
    │                              │                           │
┌───┼───┬───┐              ┌───────┴───────┐            ┌──────┴──────┐
完  请  组  （              （工   只                    （接   工
全  （  织  在              接作   接门                    接受   作只
由  家  接  家              受人   受工                    受居   人接
家  人  受  人              社员   居作                    社住   员受
人  照  由  照              区服   住人                    区设   照护
、  料  政  料              照务   设员                    照施   料理
邻  者  府  和              料的   施服                    料的                   院
居  和  或  ）              服同   的务                    服同                   的
朋  ）  其  私              务时   专                      务时                   专
友  私  他  人                     门                            ）工            门
等  人  正  雇                                                   作
非  雇  式                                                       人
正      组                                                       员
式      织                                                       照
照      提                                                       料
料      供
者      的
照      社
料      区
        照
        料
```

居住照料
(residential care)

┌───┐
│ 家庭照料   社区照料   机构照料   │
│ (famliy care) (communty care) (institutional care) │
│   │
│   广义community care   │
└───┘

图 1-1 养老模式的分类

资料来源：田青，2010。

（四）社区照顾的历史解释

从历史的角度看，在一个社会中能促成主流养老服务模式从以机构养老为主向社区养老回归的因素有很多，相关社会政策重心由政府资助的机构照顾模式向社区照顾模式转变是众多因素综合作用的结果。英国于1601年颁布的《济贫法》是世界上第一部济贫法，它是第一部将老年人照顾制度化的法案，也是第一次将照顾老年人的义务和责任从传统的家庭和教会公益组织转移到社区的探索。因此，社区老年服务的起源无论如何也绕不开英国。《济贫法》的实施使得英国建立了大量的大型照护机构，收养了大量的老年人、精神病人以及残疾人，虽然这些机构的经济管理多数由宗教社团和慈善机构负责，但是资金几乎全部来源于政府。"二战"以后，战时政府管制的惯性将这一社会救济模式发展到了顶峰，建立了大量照顾机构集中照护战争受害

者，50年代扩展到老年人群体（Olson，1994）。英国学者Johnson（1987）指出，社区照顾诞生于战后社会福利大发展或"福利主义"（welfarism）盛行时期。随着时代的发展和进步，院舍照顾的封闭性和非人性化的管理日益遭到诟病，去院舍化和去机构化的呼声渐起，虐待丑闻不断被曝光。直到70年代经济危机爆发，机构照护所需要的财政支出成为政府的沉重负担，社会普遍认为福利国家走过了头。去机构化思潮主张鼓励社区照顾，节约照护成本，节省财政支出，这成为政府制定政策时的考量因素（景天魁，2015）。

70年代以后，一系列的社区照顾政策法规陆续出台，开始将政府承担的照顾责任转移到地方政府和社区，鼓励家庭承担非正式的照顾责任。到20世纪80年代，福利国家招致更猛烈的指责，福利多元主义这一新思潮，强调社会赡养及健康照顾可以从四大方面获得，即政府、志愿组织、市场化服务以及家庭等非正式照顾（Johnson，1987）。这在理论上似乎较为全面。而在实际上，"福利多元主义意在使国家不再独揽或统领福利责任，认为其并非集体提供福利服务的唯一工具"（Hatch & Mocroft，1983）。社区照顾（community care）则改变了原本由政府主导的方式，从"在社区内提供照顾"（care in community）转变为"由社区来照顾"（care by community）。

90年代的私有化改革，允许政府向私有机构和养老院提供资金支持，建立资产评估制度，需要个人购买私人部门或志愿者组织提供的服务。这一时期，政府出于节省开支的目的，调整责任主体分工，大量推进社区照顾，将其发展成一种完全以节省政府开支为目的的混合照护体系。

进入21世纪以来，混合福利制度模式稳定下来，政府负责监督管理和评估，向地方政府下拨资金。多元福利主义的照护体系形成。

1990年英国政府颁布了《全民健康服务与社区照顾法案》，该法案不仅是英国社区照料的改革蓝图，更是恢复社区照料重要的战略措施。法案颁布以后，英国经过数年的实践与评估，发现社区照料没有达到法案的目的，只留下"陷入混乱的照顾"（care in chaos）（Atkin，1996）。其原因在于政府作为福利国家的引领者，未能履行责任与义务，给予社区照料相应的扶持。英国最新适用的照顾法案是2014年颁布的《2014照顾法案》，该法案依然在鼓励居家养老，强调家庭责任。

二 我国养老服务建设的总体原则与政策分析

尽管按联合国人口与发展委员会的标准，我国在2000年才正式进入老龄化社会，与此同时，我国养老服务事业也才进入一个新的体系化建设时期，但实际上，从中华人民共和国成立伊始，我国政府就高度重视老年人的养老问题，并逐渐发展形成了一系列具有中国特色的养老服务事业建设的总体原则与相关政策。

（一）总体原则

1954年中华人民共和国成立后颁布的第一部宪法第九十三条，对养老服务就明确规定："中华人民共和国劳动者在年老、疾病或者丧失劳动能力的时候，有获得物质帮助的权利。国家举办社会保险、社会救济和群众卫生事业，并且逐步扩大这些设施，以保证劳动者享受这种权利。"[①] 这一规定奠定了我国从新中国成立后至改革开放初期养老服务的总体原则。

1978~2000年，其间，我国开始进行社会主义市场经济体制改革。这一阶段，通过探索构建独立于企事业单位、集体的社会保障体系，我国解决了公民年老时基本生活困难的问题；以福利机构改革为突破口，推进养老服务社会化发展，成为我国这一阶段重要的规划。

2000年至今，我国养老服务迈入体系化建设的新阶段。2000年2月，我国明确养老服务要走"在供养方式上坚持以居家为基础、以社区为依托、以社会福利机构养老为补充的发展方向"[②] 的社会福利社会化路子。进一步，2006年我国确定养老服务体系建设的总体原则为"以居家养老为基础、社区服务为依托、机构养老为补充"[③]。此后，虽然总体原则的个别

---

① 《中华人民共和国宪法（1954年）》，共产党员网，https://news.12371.cn/2015/03/18/ARTI1426665514681575.shtml。
② 《关于加快实现社会福利社会化的意见》，中国政府网，http://www.gov.cn/gongbao/content/2000/content_60033.htm。
③ 《关于加快发展养老服务业的意见》，中国政府网，http://www.gov.cn/zhengce/content/2008-03/28/content_6372.htm。

表述有过变化,如 2011 年,民政部曾有表述将机构的"补充"作用改为"支撑"(董红亚,2012a),学界也对上述原则多有讨论,① 但在实践中,2006 年确定的总体原则已然成为通行原则。

2019 年 10 月 31 日,党的十九届四中全会通过的《中共中央关于坚持和完善中国特色社会主义制度 推进国家治理体系和治理能力现代化若干重大问题的决定》,关于我国养老服务体系建设的未来方向,提出了"积极应对人口老龄化,加快建设居家社区机构相协调、医养康养相结合的养老服务体系"的总体原则。

(二) 政府相关政策

为更加清晰地梳理出中华人民共和国成立以来与养老服务相关的政策规定,以下首先将以图表方式把相关法律法规和政策文件进行集中呈现,继而再对其中的部分重要政策加以进一步说明。

1. 政府政策概览

表 1-1　我国养老服务建设相关法律法规和政策概况

年份	名称	发布机关	与养老相关内容
1954	《中华人民共和国宪法》	第一届全国人民代表大会	提出中华人民共和国劳动者在年老、疾病或者丧失劳动能力的时候,有获得物质帮助的权利
1958	《关于人民公社若干问题的决议》	中国共产党第八届中央委员会第六次全体会议	提出要办好敬老院,为那些无子女依靠的老年人("五保户")提供一个较好的生活场所
1983	《关于老龄工作情况与今后活动计划要点》	中国老龄问题全国委员会	提出建立有关老年人的各种协会,并首次提出开设老年人日间公寓等内容

---

① 例如,董红亚就提出:"'以居家养老为基础、社区服务为依托、机构养老为支撑'的社会养老服务体系表述,没有揭示养老服务的本质特点,存在核心功能不够明确、目标人群较为模糊、内部诸要素呼应性较差、运行机制开放性不足等问题。"进而他提出对未来我国社会养老服务体系建设原则的表述可以重构为"为老人提供有效照护,以居家为基础,机构为支撑,社区为平台,社会服务为依托"。

续表

年份	名称	发布机关	与养老相关内容
1994	《中国老龄工作七年发展纲要（1994—2000年）》	国家发展计划委员会等十部门	提出实现老有所养，建立起适合我国国情的国家、社区、家庭、个人相结合的社会养老保障体系等目标
1996	《中华人民共和国老年人权益保障法》	第八届全国人民代表大会常务委员会第二十一次会议通过	提出地方各级人民政府应当根据当地经济发展水平，逐步增加对老年福利事业的投入，兴办老年福利设施
1997	《农村敬老院管理暂行办法》	中华人民共和国民政部	提出农村敬老院供养对象、院务管理、财产管理、生产经营、工作人员等细则
1999	《社会福利机构管理暂行办法》	中华人民共和国民政部	提出关于包括养老服务机构在内的社会福利机构审批、管理、法律责任等的规定
2000	《关于加快实现社会福利社会化的意见》	中华人民共和国民政部等十一部门	提出在城市进行社会福利社会化试点，并作为第三产业推进
2001	《老年人社会福利机构基本规范》	中华人民共和国民政部社会福利和社会事务司	提出加强老年人社会福利机构的服务、管理、设施设备等的规范化运作
2005	《关于开展养老服务社会化示范活动的通知》	中华人民共和国民政部社会福利和社会事务司	提出决定在全国城市开展养老服务社会化示范活动
2006	《关于加快发展养老服务业的意见》	全国老龄委办公室等十部门	提出要充分认识加快发展养老服务业的重要意义，突出工作重点、明确政策措施，加强组织领导、认真落实责任等
2008	《关于全面推进居家养老服务工作的意见》	全国老龄委办公室等十部门	提出居家养老服务的重要意义、基本任务、保障措施等
2011	《社会养老服务体系建设规划（2011—2015年）》	国务院办公厅	提出构建我国养老服务体系建设的基本框架，明确我国养老服务体系建设的目标、任务、方式、运行机制、资金筹措、保障措施等内容
2012	《中华人民共和国老年人权益保障法》	中华人民共和国第十一届全国人民代表大会常务委员会第三十次会议修订通过	提出国家要建立和完善以居家为基础、社区为依托、机构为支撑的社会养老服务体系

续表

年份	名称	发布机关	与养老相关内容
2013	《国务院关于加快发展养老服务业的若干意见》	国务院办公厅	提出要充分发挥市场在资源配置中的基础性作用，逐步使社会力量成为发展养老服务业的主体，营造平等参与、公平竞争的市场环境，大力发展养老服务业等
2018	《中华人民共和国老年人权益保障法》	中华人民共和国第十三届全国人民代表大会常务委员会第七次会议修正	提出深化养老服务"放管服"改革，不再实施养老机构设立许可
2019	《关于进一步扩大养老服务供给 促进养老服务消费的实施意见》	中华人民共和国民政部	提出到2022年，力争所有街道至少建有一个具备综合功能的社区养老服务机构
2020	《关于制定与实施老年人照顾服务项目的意见》	国务院办公厅	提出20项针对养老服务实施的具体任务
2020	《关于开展养老院服务质量建设专项行动的通知》	中华人民共和国民政部等六部门	全国统一的养老服务标准和评价体系初具雏形
2021	《"十四五"积极应对人口老龄化工程和托育建设实施方案》	国家发展和改革委员会等三部门	提出国家"十四五"期间，建立养老服务工程和失能与半失能老年人的养育问题
2022	《"十四五"健康老龄化规划》	国家卫生健康委员会等十五部门	提出到2025年，老年健康服务资源配置更加合理，综合连续、覆盖城乡的老年健康服务体系基本建立

上述养老服务相关法律法规和政策明确告诉我们：2000年以前，我国出台的有关养老服务政策是零散、相对稀少的；而自2000年以来，我国养老服务政策出台十分密集，并且越来越成体系。

2. 政府政策重点

在上述所列相关政策文件中，有几份对我国养老服务行业的建设与发展产生了十分重要的指导作用。

一是《关于加快实现社会福利社会化的意见》。这一文件"就社会福利事业发展的指导思想、奋斗目标、具体发展指标、政策措施等作出了明确的规定和说明，是我国今后一个时期发展社会福利事业的指导性文件"（闫青春，2000）。特别是，该文件专门就养老服务提出了"在供养方式上坚持以居家为基础、以社区为依托、以社会福利机构养老为补充的发展方向"的路线。

二是《关于加快发展养老服务业的意见》。这一文件进一步把我国养老服务的发展路线修订为"以居家养老为基础、社区服务为依托、机构养老为补充的服务体系"。这一修订使得我国养老服务业建设原则的表达更加简洁、更易传达与传播，进而推动了相关政策的实施。

三是《国务院关于加快发展养老服务业的若干意见》。虽然《关于加快实现社会福利社会化的意见》《关于加快发展养老服务业的意见》相继提出与完善了我国养老服务体系建设的基本原则，促进了养老相关政策的施行；但相关政策如何落实、如何运行一直没有得到清晰明确的表述。《国务院关于加快发展养老服务业的若干意见》明确提出了"以政府为主导"且"充分发挥市场在资源配置中的基础性作用，逐步使社会力量成为发展养老服务业的主体"的运作模式。与此同时，我国养老服务体系建设的基本路线也明确修订为"以居家为基础、社区为依托、机构为支撑"。

（三）我国养老服务基本状况与发展

1949年以前，中国的工业化程度很低，是典型的传统农业大国。传统社会的养老责任在家庭，传统文化也推崇孝悌品质。直到新中国成立后，我国才开始系统、全面的工业化进程，由于新中国成立初期社会主义生产关系的确立，社会福利的职责由政府和单位承担。这属于典型的补缺型社会福利体制，老年人的赡养义务依然在家庭，城市的"三无"人员和农村的"五保"人员由所在地方政府照顾。

改革开放后，单位制社会福利体制随即停止，企业卸掉包袱投入市场，养老服务等一系列福利被剥离。养老金制度也发生了很多变化，大量的国有企业和集体经济职工失业下岗，失去工作单位的公民没有后续的养老保障，他们的养老问题便会成为社会问题。随着城市化率进一步提高，我国开始进入老龄化社会，养老问题越来越成为家庭难以负担的社会问题（钱宁，2015）。加之新中国成立后生育政策的剧烈变动，老龄化和城市化叠加，导致养老难题在中国社会尤其严重。

1978年中国实行社会福利社会化，社会福利机构向社会开放注册。1994年发布的《中国老龄工作七年发展纲要（1994—2000年）》部署了应对老龄社会的战略部署，基本思路就是大力发展社区养老服务与机构养老两条线并举。但由于社区建设也处于起步阶段，功能建设尚有待明确和完善，而养老机构的目标和管理更易实现，因此地方政府的努力大多投向养老机构的建立和发展（王莉莉，2013）。

2000年中国正式进入老龄化社会，2000年《关于加快实现社会福利社会化的意见》由国务院办公厅转发，第一次提出了"以居家为基础，以社区为依托，以社会福利机构为补充的发展方向"。依然强调家庭的赡养老人的照护功能，辅助以社区和专业机构的服务。8月中共中央、国务院发布的《关于加强老龄工作的决定》对该表述做出了微调，即"家庭养老为基础，社区服务为依托，社会养老为补充"。

2005年3月民政部在《关于开展养老服务社会化示范活动的通知》中的表述是"以居家养老为基础，以社区老年福利服务为依托，以老年福利机构为骨干"的老年福利服务体系。可以看出政府在强调提供专业照护服务的养老机构的重要作用，目标在于推动实现养老服务社会化。同时居家替代家庭意味着居家养老不同于家庭养老的非正式照护，而是专业照护进家门、进社区，满足老年人在熟悉的环境中接受照护服务的意愿和需求。

2006年全国老龄委办公室等十部门发布《关于加快发展养老服务业的意见》，国务院发布《关于加强和改进社区服务工作的意见》。同年底发布的《中国老龄事业的发展》白皮书将养老服务体系表述为"以居家养老为基础、社区服务为依托、机构养老为补充"，明确了养老机构、家庭、社区在我国养老服务体系中的不同作用。但是社区在非正式照护的家庭和提供正式专业照护的养老机构之间承担怎样的责任，发挥怎样的作用，仍是学界和社区工作者探索的问题。

2008年1月，全国老龄委办公室等十部门在对各地居家养老服务工作调研总结的基础上，联合颁布《关于全面推进居家养老服务工作的意见》，提出全面重点推进"居家养老服务"工作，通过社区平台，政府和社会力量为以居家方式养老的老人提供多元化的养老服务，重新回归以人为本的价值取向，尊重老年人的养老意愿和服务需求，提出居家养老和医养结合的概念，并正式提出要重视精神层面的服务，中国养老服务业进入快速发展阶段。

《2010年国务院政府工作报告》（十一届全国人大三次会议通过）中正式提出了"养老社会服务体系"的概念，这一概念在政府工作报告中出现意味着我国养老服务体系已基本形成。

2013年《国务院关于加快发展养老服务业的若干意见》指出"以居家为基础、社区为依托、机构为支撑的养老服务体系初步建立，老年消费市场也初步形成"，老龄事业发展进入质量提升阶段。2016年发布《关于全面放开养老服务市场 提升养老服务质量的若干意见》，支持市场力量发展社会服务补充政府养老服务供给。

2017年2月国务院发布的《"十三五"国家老龄事业发展和养老体系建设规划》提出在"十三五"期间进一步完善多支柱、全覆盖、更加公平、更可持续的社会保障体系，打造更加健全的居家为基础、社区为依托、机构为补充、医养相结合的养老服务体系。

2019年召开的党的十九届四中全会通过了《中共中央关于坚持和完善中国特色社会主义制度 推进国家治理体系和治理能力现代化若干重大问题的决定》，首次提出民生保障制度概念并做出部署。养老服务是民生保障制度的重要内容，提出要"积极应对人口老龄化，加快建设居家社区机构相协调、医养康养相结合的养老服务体系"。

2022年国家卫生健康委员会等十五部门联合印发《"十四五"健康老龄化规划》，其中明确提出"到2025年，老年健康服务资源配置更加合理，综合连续、覆盖城乡的老年健康服务体系基本建立"，该文件不仅指出加快健全养老服务体系的重要性，也将健康作为首要因素加入养老服务体系构建当中。

有很多国家较早认识到人口老龄化带来的社会问题，经过多年不断探索和根据经济社会发展变化推进的改革实践，很多国家选择了为社区居家老人提供养老服务这种模式，并将这种模式列入公共福利政策支持项目，在财政资金、法律上给予强有力的支持。欧洲国家普遍重视法律法规的建设，英国最早于1601年颁布《济贫法》，1908年出台第一部养老金法；在1977年颁布了《全面健康服务质量》，提出了地方政府对老人提供照顾方案；1990年颁布的《全民健康服务与社区照顾法案》在制度上为照顾服务提供了依据和保障。在行业规范方面，英国的家计调查，德国的等级评估，都有明确的标准参照。欧洲国家通过不断给予立法保证从而逐渐健全养老事业，从欧洲各国对养老金进行立法开始，养老事业的发展和不断改革就有了法律的保障（王贵林等，2012）。

近几年来，我国不断改善和完善关于养老保障的规定，但是在这方面仍有许多缺陷：第一，我国没有为养老服务制定颁布专门的法律；第二，一些与社区养老有关的法律，覆盖面也比较窄，这些法律法规主要针对城镇居民，而对随子女进城的老年人则缺乏相关规定；第三，约束力差，很多地方政府的养老保障工作以中央政府的细则和意见等文件为直接依据，并没有上升到地方性法规。这方面可以参考瑞典的养老服务，瑞典的养老模式能够运行数十年，与其完备的法律保障有很大关系。由此可见，只有出台更为周密的法律，更加明确的规范和保障政府机构、社会团体的权责以及个人的权利，才能确保居家养老服务更加有序地发展。

我国的养老保障制度初建于20世纪50年代，现行《中华人民共和国老年人权益保障法》是2012年12月28日第十一届全国人民代表大会常务委员会第三十次会议修订，自2013年7月1日起施行，根据2018年12月29日第十三届全国人民代表大会常务委员会第七次会议《关于修改〈中华人民共和国劳动法〉等七部法律的决定》第三次修正。中国老龄科学研究中心王莉莉研究员研究我国养老政策发展历程发现，早在80年代我国就开始发展社区服务，并出现了在社区中建老年人日间公寓的提法（王莉莉，2013）。2000年中共中央、国务院出台的《关于加强老龄工作的决定》第一次提出了要建立"家庭养老为基础，社区服务为依托，机构养老为补充的养老机制"，改变过去由家庭和政府来承担养老服务供给的理念，开始推动养老服务体系建设，鼓励社会服务和机构养老共同应对老龄化压力（董红亚，2010）。随后相关部门的意见、建议，"十一五"规划、"十二五"规划、"十三五"规划等都对养老服务体系建设做出了要求。

在养老机构的规范管理和统一服务标准方面，我国主要由民政部负责制定相关标准与规范，到目前为止制定出台了《养老机构设立许可办法》《养老机构管理办法》等规章，同时发布了《养老机构基本规范》《养老机构安全管理》《养老机构服务质量基本规范》等国家标准或行业标准。目前养老服务领域已发布执行12项标准，有19项标准正在制定。

在评估和标准要求方面，民政部和国家标准委编制了《养老服务标准体系建设指南》，该文件明确了我国养老服务体系的四个维度：老年人自理能力、养老服务形式、服务、管理。该文件还明确了养老服务标准体系的三个子体系：通用基础标准、服务提供标准、支撑保障标准。通用基础标准中的《老年人能力评估规范》已发布实施。青岛市、上海市在长期照护试点工作中将失能老人评估体系分为六个等级，地方政府可以参照国家标准根据地方实际设计评估标准，确保有据可依。养老服务提供标准中的《老年社会工作服务指南》已发布实施。支撑保障标准中《社区老年人日间照料中心服务基本要求》《老年人社会福利机构基本规范》等九个标准规划文件已经制定发布。《养老服务标准体系建设指南》在养老服务标准体系框架的指导下，根据我国养老服务发展趋势和需求，总共设计68个养老服务体系目录。这些规范和标准的实施将有力推进养老服务的开展和高质量运行。以上海为例，上海把养老服务类型分为基本生活照料和医疗护理两大类，每一项服务内容都制定规范标准，提供服务的人员需要什么资质明确规定。提供了很好的示范。

我国养老服务标准体系的构成因素如图1-2所示。

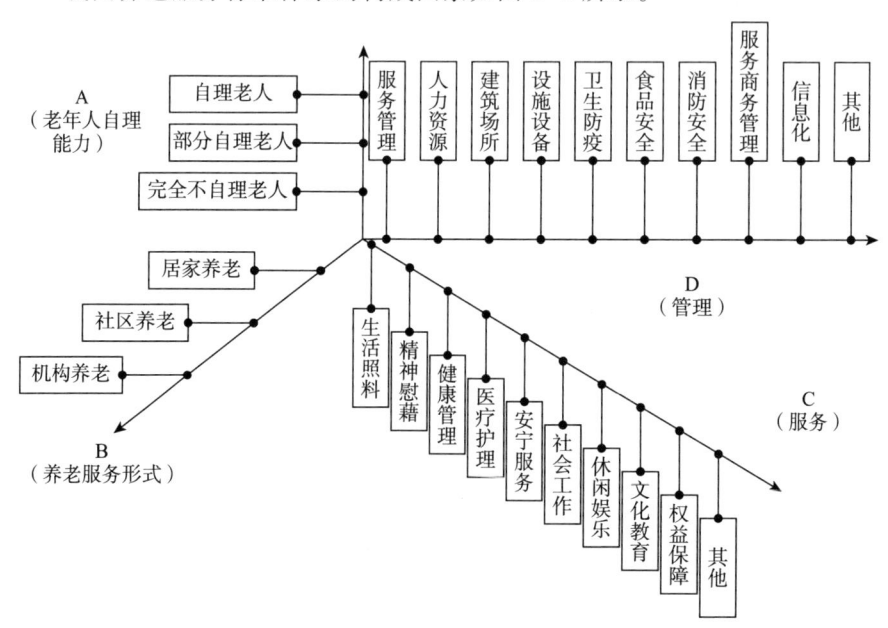

图1-2 养老服务标准体系构成因素

三 我国养老服务建设的历史回顾与发展描述

上文梳理了我国养老服务建设至今秉持的总体原则与颁布的相关政策。某种程度上，它们体现了我国对养老服务事业"应该如何"建设的美好构想。那么，在历史与现实实践中，我国养老服务事业"实际如何"发展呢？

（一）历史过程回顾

1. 我国养老服务的孕育

上文已述，在1954年中华人民共和国成立后颁布的第一部宪法中，我国就明确提出要在劳动者年老的时候，保证其享受获得物质帮助的权利。但是，由于这一时期我国养老服务尚处于孕育期，党和政府着力解决的主要是人民群众的基本生活保障问题，老年人的养老主要仍由家庭负责。只有那些鳏寡孤独的老人，才由零星的相关机构提供较为粗放的养老服务。在广大农村，党和政府通过在土地改革中适当给那些鳏寡孤独者多分一些土地，确保他们能够获得一定的养老保障。

在我国农村实行合作化与人民公社后，由集体分配劳动成果以保障老年人生活的做法成为通行办法。当然，具体实行中，家庭仍然是为大部分老人提供赡养照料等养老服务的主体，邻里互助等合作化组织则作为家庭外的重要补充。此外，1951年，我国内务部还通过推广河南省唐河县安置孤寡老人的办法——被安置老人将房屋、土地和财产带到安置者家中，生养死葬由安置者全部负责，遗产由安置者继承——开启了农村除家庭、邻里外的养老服务自愿联合提供的先河。进一步，1956年黑龙江省拜泉县兴华乡兴办了我国第一所敬老院，以此解决农村合作化改革后年老体弱者尤其是"五保户"的生活照料问题。此举之后得到了各地的纷纷肯定和积极响应。可能正是在这些因素的促进下，1958年中国共产党第八届中央委员会第六次全体会议通过的《关于人民公社若干问题的决议》才特意指出："要办好敬老院，为那些无子女依靠的老年人（"五保户"）提供一个较好的生活场所。"由此，截止到1958年，全国共建立15万所农村敬老院，

300余万"五保"对象得到了养老保障(陈景亮,2014)。

与此同时,在城镇中,生产教养院等机构在经过社会主义改造后,一方面排除了其中有劳动能力的人员,另一方面其名称也转变为养老院等,工作内容也逐渐从以改造、教育、救济为主转向以救济、教育为主。不仅如此,在1961年,当时的内务部还专门对养老院等机构进行了整顿,明确要求这些机构不得虐待收养对象,并要求它们向提供社会福利性质服务的机构转变(董红亚,2010)。也就是说,政府全面包揽为机构养老的老人提供低水平的救济和服务,经费由国家财政全额拨款,工作人员属行政事业单位编制(陈景亮,2014)。除此之外,在城镇中,为了收养无亲属照顾的烈属老人,1958年还创建了烈属养老院(后更名为"光荣院"),其接收对象包括孤老伤残军人、孤老复员军人等。于是,我国城镇机构养老形成了养老院为主、光荣院为辅的格局。

2. 我国养老服务的发展

改革开放后,我国养老服务开始进入探索发展的新时期。这一时期,随着我国农村实行家庭联产承包责任制改革以及在城市中各单位逐步推进的福利社会化改革,虽然家庭依然是我国承担老年人养老职责的最重要主体,但同时社区养老服务逐渐兴起并发挥日益重要的作用,机构养老服务也取得了长足进步,我国养老服务整体上开始真正朝着福利社会化的方向转变。

上述转变在城市中体现得淋漓尽致。1984年,我国启动城市经济体制改革后,绝大部分企事业单位的社会保障功能被剥离,其中的"单位人"开始向"社会人"转化,伴随这一过程,特别是伴随20世纪90年代的国企改革或企业重组等,大量退休人员、下岗失业人员和流动人员进入社区。由此,"社区服务"逐渐兴起。

改革开放后,我国机构养老服务的局面也出现了一系列变化。1979年,民政部重申我国养老机构的福利性质和服务方向,并出台一系列相关政策支持(陈景亮,2014)。之后,养老服务机构数量和规模均出现了迅速增长。1978年我国各类养老服务机构仅有8365个,而到1999年已增长为40030个;收养人口上,1978年我国各类养老机构收养人员仅为14万人,而到1999年则达到77.6万人(张洋,2016:35)。仅从养老机构及其收养人数的增长即可看出，我国机构养老在这一时期取得了长足进步。

几乎与上述社区服务兴起、机构养老进步同时，我国民政部门在社会化福利道路上开始了积极探索，试图转变过去"政府包办社会福利""企业包办社会"的市场格局，从而形成政府、市场、家庭和第三部门共同营办社会福利服务的新局面（田北海，2008）。1994 年，第十次全国民政会议部长报告提出了"深化福利事业单位改革，加快社会福利社会化……在政府倡导、支持下，广泛动员和依靠社会力量兴办社会福利事业，吸引外资兴办社会福利设施，探索政府资助、社团经办、企事业单位入股合办、法人承包等发展福利事业的路子，使福利事业单位向民办公助、法人治理的方向发展"①的要求。1998 年 3 月，民政部在全国 13 个城市进行"社会福利社会化"试点，此后，由社会力量兴办的养老机构大量出现。

（二）我国养老服务体系发展描述

2000 年至今，我国养老服务步入了体系化建设的新时代。

很多学者认为，这一时代开始的标志有两个：一是 2000 年《关于加快实现社会福利社会化的意见》的出台，二是 2006 年《关于加快发展养老服务业的意见》的出台。因为，这两个文件不仅首次明确了我国养老服务中家庭、社区、机构三者间的关系，即"以居家为基础、社区为依托、机构为补充"；而且，这两个文件的出台，表明我国政府已经意识到在我国进入老龄化社会的背景下，加强加快养老服务体系化建设的必要性和重要性（董红亚，2010；张洋，2016：35；黄清峰，2014）。

本书基本同意上述观点。不过，除此以外，本书还认为，2000 年以来，我国养老服务产业化发展尤其是私营机构养老的大发展，也在说明我国养老服务进入了一个新时期。

上文曾述，从 1978 年到 1999 年，我国养老服务机构数量及其收养老年人人数都出现了较大幅度的增长，然而，这一时期我国的养老机构大多属于政府和集体兴办的养老院、敬老院、光荣院等，具有公办性质。与之

---

① 《社会福利社会化：迎接老年人社会福利需求变化的挑战》，中国养老网，http://www.cnsf99.com/Detail/index.htm/? aid = 45212。

相比，民办或私营的养老机构十分稀少。而 2000 年《关于加快实现社会福利社会化的意见》的出台，大力促进了养老服务特别是民办或私营养老机构服务的产业化发展。到 2003 年底，我国民办社会福利机构已增长到 996 家，床位 6.3 万张，服务对象 4.3 万人。①

2006 年《关于加快发展养老服务业的意见》提出："地方各级人民政府和有关部门要采取积极措施，大力支持发展各类社会养老服务机构。引导和支持社会力量兴建适宜老年人集中居住、生活、学习、娱乐、健身的老年公寓、养老院、敬老院，鼓励下岗、失业等人员创办家庭养老院、托老所，开展老年护理服务，为老年人创造良好的养老环境和条件。"毫无疑问，这一意见进一步鼓励、刺激了民办或私营养老机构服务的产业化发展。

不仅如此，2013 年 9 月，《国务院关于加快发展养老服务业的若干意见》更是提出了"全国社会养老床位数达到每千名老年人 35-40 张，服务能力大幅增强""养老服务业增加值在服务业中的比重显著提升，全国机构养老、居家社区生活照料和护理等服务提供 1000 万个以上就业岗位"的发展目标。由此，中国的养老服务产业迎来了前所未有的发展机遇。

根据《中国民政统计年鉴 2023》统计结果，截至 2022 年末，我国社会养老机构和设施已达 387410 个；机构职工数达 133.8 万人。其中，提供住宿的养老机构单位数为 43410 个；它们中拥有 0~99 张床位的有 24338 个，拥有 100~299 张床位的有 15395 个，拥有 300~499 张床位的有 2405 个，拥有 500 张以上床位的有 1272 个（中华人民共和国民政部，2023）。

（三）中国特色养老服务体系建设的基本逻辑

社会福利与社会保障的争论，在西方国家建成福利国家几十年以后中国开始构建中国的社会保障体系时依然没有统一的结论。有学者认为社会保障和社会福利是同义词，根据缴费与否或者缴费比例以及再分配的覆盖人群分为社会保障、社会救济和专项福利（周弘，2002）。国内学者都在

---

① 《民政工作概况及新进展》，中国政府网，http://www.gov.cn/test/2005-07/01/content_11572.htm。

各自的话语体系内分析介绍国外经验并以此为中国福利制度建设提供建议。基于我国人口众多、经济发展处于快速发展向高质量发展转变阶段的基本国情，学界在具体的政策层面基本能够达成共识，那就是由补缺型向政府主导下的多元适度普惠型发展。2013 年 7 月 30 日召开的中共中央政治局会议提出"宏观政策要稳，微观政策要活，社会政策要托底，努力实现三者有机统一"①。

中国共产党的宗旨是全心全意为人民服务，以人民为中心的执政理念是对其的创新发展。中国共产党是马克思主义政党，中国有不同于英国、德国的资本主义议会选举的民主制度，也有不同于瑞典北欧式的社会民主主义体制，在以人民为中心的立场下旗帜鲜明地为老年人谋福利首先就有制度优势。党的十九大宣布中国特色社会主义进入新时代，人民日益增长的美好生活需要和不平衡不充分的发展之间的矛盾成为主要社会矛盾，中国特色的社会政策首先就体现在社会主义的人民观上，具体体现为，在老年社会政策方面，遵循尽力而为、量力而行的原则，建立托底的老年社会保障（赵一红，2019）。在社会保险方面，加快全国统筹养老和医疗保险，积极实施长期护理保险试点工作；在社会救助方面，对空巢、失独老人给予关心和社会救济；在上述基础上，社会福利政策要符合适度普惠特征（景天魁等，2016）。党的十九大报告将老龄工作的内容放在实施健康中国战略下，要求"积极应对人口老龄化，构建养老、孝老、敬老政策体系和社会环境，推进医养结合，加快老龄事业和产业发展"（习近平，2017）。

欧洲的养老服务制度是立法先行，各国都有养老保险立法。中国关于养老服务的政策多是由相关部门出台指导性政策文件。我国的养老保障制度初建于新中国成立初期，即 20 世纪 50 年代。《中华人民共和国社会保险法》自 2011 年 7 月 1 日起施行，该法是保障公民经济权益的专门法，规定了我国建立养老、医疗、工伤、失业和生育保险，并规定了养老保险的相关责任和具体办法。但是由于我国正处于社会政策建设完善时期，对于实

---

① 周楚卿：《习近平主持中共中央政治局会议 分析研究经济形势》，新华网，http://www.xinhuanet.com//politics/2013-07/30/c_116745232.htm。

现养老保险全面覆盖，缩小养老金差距和推进全国统筹等没有做出具体明确的规定，还需要实践过程中的探索完善。

现行《中华人民共和国老年人权益保障法》是2012年12月28日第十一届全国人民代表大会常务委员会第三十次会议修订，自2013年7月1日起施行，根据2018年12月29日第十三届全国人民代表大会常务委员会第七次会议《关于修改〈中华人民共和国劳动法〉等七部法律的决定》第三次修正。我国老年政策令出多门，人力资源社会保障部、民政部、卫健委等都会涉及养老领域，而面对突如其来的老龄化社会，我国需要的大量法律法规和标准，又难以在短时间内全面设计实施，所以许多政策以"意见"和"规划"的形式推出。

四 老龄化结构下我国养老服务体系建设趋势及面临的问题

通过对我国养老服务建设历史的回顾与现实状况的描述，可以看到，我国已经初步建立起了系统化多层次的养老服务体系。但是，随着我国正式步入老龄化社会，未来相当长一段时期内人口老龄化将越趋严重并保持高位，我国养老服务体系建设正面临一系列前所未有的问题。

（一）我国人口老龄化的发展历程与未来趋势

1. 发展历程

我国自新中国成立以来一共进行了七次全国人口普查，从这七次全国人口普查中，可清晰看出我国人口老龄化的发展历史。

1953年第一次全国人口普查时，我国60岁及以上老年人口占总人口的比重为7.32%，65岁及以上老年人口占总人口的比重为4.41%（唐钧、刘蔚玮，2018）。以联合国人口与发展委员会提出的65岁及以上老年人占总人口比重4%~7%为成年型社会而言，此时期我国的人口结构属成年型。

1964年第二次全国人口普查时，我国60岁及以上老年人口占总人口的比重减少为6.08%，65岁及以上老年人口占总人口的比重减少为3.54%（唐钧、刘蔚玮，2018）。显然，若再按联合国人口与发展委员会提出的65

岁及以上老年人占总人口比重4%以下即为年轻型社会而言，到20世纪60年代，我国人口结构从成年型转变成了年轻型。

但到1982年第三次全国人口普查时，我国60岁及以上老年人口占总人口的比重已从1964年的6.08%增长到7.63%，65岁及以上老年人口占总人口的比重也从3.54%增长到4.91%（唐钧、刘蔚玮，2018）。两个数据都超过了1953年时的数据。

到1990年第四次全国人口普查时，我国60岁及以上老年人口占总人口的比重已达8.36%，65岁及以上老年人口占总人口的比重达5.57%（唐钧、刘蔚玮，2018）。

2000年第五次全国人口普查显示，我国60岁及以上老年人口占总人口的比重达10.46%，65岁及以上老年人口占总人口的比重达6.96%（唐钧、刘蔚玮，2018）。按联合国人口与发展委员会的标准，一个国家或地区无论是60岁以上老年人口占总人口比例超过10%，还是65岁以上老年人口占总人口比例超过7%，皆意味着该国家或地区已经进入老龄化社会。可以说，我国在2000年正式跨入了老龄化社会。

2010年第六次全国人口普查，我国60岁及以上老年人口占总人口的比重已经上升到了13.26%，比2000年时增加2.8%；65岁及以上老年人口占总人口的比重上升到8.87%，比2000年时增加1.91%（唐钧、刘蔚玮，2018）。

2020年第七次全国人口普查，全国60岁及以上老年人口为2.64亿人，占总人口的比重达18.70%，其中65岁及以上老年人口为1.9亿人，占总人口的比重达13.50%。与2010年第六次全国人口普查相比，60岁及以上老年人口的比重上升5.44个百分点，65岁及以上老年人口的比重上升4.63个百分点。[①] 毫无疑问，我国老龄化趋势日益明显。

2. 未来趋势

关于我国人口老龄化发展的未来趋势，学界目前主要有两种观点：一种以党俊武（2005）、李建新（2005）为代表，认为在未来50年里，中国人口

---

① 《第七次全国人口普查公报（第五号）——人口年龄构成情况》，国家统计局网站，https://www.stats.gov.cn/xxgk/sjfb/zxfb2020/202105/t20210511_1817200.html。

年龄结构将急剧老化，并将在 2040~2050 年达到峰值，然后开始下降。另一种以董克用为代表，认为我国人口老龄化会在未来相当长一段时期内保持高位而不下降（董克用、张栋，2017；董克用等，2020）。本书基本倾向后一种意见。

（二）我国养老服务体系建设面临的问题

我国高速发展的老龄化以及老龄化在未来相当长一段时期内保持高位而不下降的严峻态势，已经并将在未来持续给成长中的中国养老服务体系建设带来新的挑战与问题。

第一，养老服务体系建设面临来自城乡差异的巨大压力。世界卫生组织在《中国老龄化与健康国家评估报告》中曾指出：在中国，60 岁及以上老年人多数生活在农村地区而不是城市（唐钧、刘蔚玮，2018）。与此同时，还有学者指出：在当今中国，虽然已经有半数人口生活在城市，但有 57% 的老年人口仍然生活在农村（杜鹏，2013）。也就是说，我国养老服务体系化建设不仅要面对来自人口结构老龄化趋势严峻带来的挑战，同时还要面对因我国城乡差异而产生的社会保障体系不够健全和完善，养老、照料、医疗资源不足和分配不均等压力。

第二，养老服务体系建设还面临社区、机构养老服务发展不充分的问题。在上文对我国养老服务发展历史过程的回顾中可以看到，我国老年人长期以来都是依靠家庭养老的，直到 20 世纪 90 年代后，社区养老才逐渐发展起来。虽然 2000 年以后，机构养老取得了长足进步，但相比于人口结构老龄化加速发展背景下人民群众日益增长的对美好老年生活尤其是高质量养老服务的需求，我国养老服务特别是社区、机构养老服务的发展还远远不够。

第三，养老服务供给需求不平衡是当下我国养老服务最亟待解决的问题。首先，这一问题表现为养老服务供给内容与需求内容存在严重脱节，矛盾突出。譬如，在优质公办养老机构床位"紧俏"与一般民办养老机构床位"滞销"之间，就存在突出的结构性矛盾（张园，2018）。又如，在基本生活照料和医疗护理等方面，现行养老服务供给充足，而在养生护理、医养结合、精神慰藉等养老服务方面，现行养老服务明显供给不足。

其次，问题还表现为优质养老服务供给不足。随着我国经济的发展和人民生活水平的逐步提高，老年人养老服务需求升级态势明显。具体而言，在保障充分物质生活之余，老年人越来越追求精神生活的高品位、社会生活的深参与，其对养老服务的需求越来越向多层次、多样性、个性化转变。这样的需求转变必然给优质养老服务供给带来严重挑战。最后，养老服务专业人才短缺的同时人才流失严重，也是问题重要的表现之一。一方面，我国现有各类养老服务人员不到50万人（张明敏，2018），专业人才短缺。另一方面，根据实地调研（参见后文有关章节），在专业人才短缺之余，我国养老服务人才由于保障不足、地位不高、责任大、压力大、劳动强度高等原因又流失严重。

五　我国城市社区机构养老服务供需研究的思考

既然在人口老龄化日趋严重结构下，我国养老服务体系化建设正面临一系列问题，那么，如何应对与解决这些问题？

我们的研究即是应对与解决上述问题的初步尝试之一。为了更有针对性、更具操作性，本书特别聚焦"城市社区""机构养老""供给-需求""实证研究"四个方面，以构建研究的基本逻辑。

（一）建立我国养老服务体系任重道远

"老有所养"是一个我们在面对千千万万年迈父母那一双双渴望帮助而又忐忑不安的眼睛时所必须考虑的问题，但是，我们拿什么让他们老有所养？我们能否担当起"老有所养"的重任？这不是一个简单的话题。笔者从事养老问题研究多年，早期在教学中常常带领学生去社区进行实践教学，同时在建立学院教学实习基地的过程中，也需要经常与社区打交道。在社区中我们遇到的最突出问题就是养老。社区对于养老问题的理解从最初为老年人提供娱乐场所、组织文体活动发展到建立老年日间照料中心和老年康复服务中心，再后来发展到建立医养结合、采用医疗与社区养老服务相结合的方式为老年人服务的专门机构，使得半自理与不能自理的老人有所依托。后续本书的调查团队在几年内又先后奔赴全国各地十几个省市和地区共五十多个社区和养老机构，进行了深度访谈和问卷调查，获得了十分珍贵的第一手资料。在此基础上，笔者对我国目前存在的几种养老模式例如社区服务体系与机构服务体系在需求与供给方面的情况进行了调查与研究，也写了几篇关于养老服务的文章。但经过多年的实践与研究，笔者至今仍然感到有些问题没有解决，研究依然停留在养老服务表面，难以深入，而实践中的养老服务也没有真正深入本质。近年来我国养老服务各方面建设已经突飞猛进，但老年人的养老需求一直处在上升趋势，因此我国一直没有从根本上满足目前2亿多老年人的养老需求。多年来，养老模式问题曾经困扰了我们很长时间，随着我国老龄化程度不断加深，哪种养老服务方式更适合我国老年人，成为学界讨论的热门话题。从老年人的选择意向来看，居家养老是最佳方式，但是由于城市化和现代工业与科技带来的生活方式的转变，现代家庭出现小型化的发展趋势，由家庭提供养老服务变得越来越不现实。而机构养老又由于中国传统的孝文化影响以及自身较高的费用而难以承担主要服务供给的责任，因此，一种既离家不远又能让老年人享受专业照护的社区养老方式被人们所接受。然而这样我们的养老问题就解决了吗？实际上养老问题及养老政策、制度如何设计的问题依然没有解决，养老服务仍然呈现出笔者此前在论文中谈到的非体系化与碎片化态势。

上述问题直接引发了笔者对于养老服务体系如何建立的深度思考。关于是否应建立养老服务体系，人们容易达成共识，但面对如何建立养老服务体系问题时，人们却常常陷入困境，因为摆在我们面前的养老问题已经形成系统，不再是碎片化形式，而我们的养老服务体系却常常以非体系化和碎片化形式出现。这里涉及诸多问题，其中一个关键问题就是养老服务体系中的供需结构如何平衡。众所周知，"养老服务体系"是一个内涵比较丰富的概念，是一个"使老年人在生活中获得全方位养老服务支持的系统"，在这种系统结构中养老服务体系供需结构平衡便是一个重点。然而，已有的研究更多关注的是养老服务的模式、内容、供给等方面，而忽略了老年群体的实际养老需求，导致养老机构出现服务供需不匹配、资源难整合、管理效率低下、满意度不尽如人意等问题。因此，只有了解当前养老服务内容、老年人需要何种服务，才能从根本上解决老年人养老问题、促进我国养老服务事业的可持续发展。从我国多年来的养老服务实践经验来看，我国在养老服务体系建构方面的整体部署与设计还需要优化改善，目前还没有构成合理体系，未能从供需结构平衡的角度进行养老政策设计与制度安排。尽管近年来我国社会养老服务体系建设有了一定发展，例如养老机构数量不断增加、服务规模不断扩大、老年人的精神文化生活日益丰富，养老服务的运作模式、服务内容、操作规范、标准化的服务评价体系等也在不断进行探索并相继建立，积累了有益的经验。但是，在养老服务体系建构过程中，还有诸多实践问题与理论问题需要研究和解决，其中比较突出的就是养老服务体系建设的结构问题，比如供需结构、供给主体结构、政策结构、行动结构等，这些结构放在什么样的框架下去思考，是基于老年人的需求还是国家供给模式，是基于政策制度框架还是大众对于养老服务体系的认同，都缺乏深入研究。这些方面既是研究的问题也是研究的难点，正如前文所讲，当我们在面对无数老年人渴望的眼睛时，常常会感受到沉重与艰难。

（二）对养老供给主体与非供给主体的思考

之所以说养老需要系统性服务、需要建立服务体系，是因为养老本身既是一个系统性问题，又是一个责任结构问题。政府应积极制定有关养老制度的法规和政策以发挥其引导和监督作用，社会组织应积极协助政府充分发挥养老服务的功能与作用，社区及家庭应充分发挥其参与养老服务的积极性与责任感，各方共担责任。我们应如何建立这种服务系统、如何把各方责任整合为一种服务体系，这是笔者一直思考的问题。目前各方责任的分配仍然是以服务供给方为出发点，从服务主体结构来研究服务体系的建构。

当然，伴随我国老龄化趋势加剧，养老服务供给主体的建构被赋予了历史的责任，养老服务供给主体及其结构同样是民生问题的研究重点。笔者的调查团队曾经在全国多个社区进行实地调研，在此基础上，笔者试图把社区养老服务供给主体作为养老服务体系建构的一种视角，以结构化理论为解释框架，梳理结构化原则对养老服务供给主体形成具有的决定性作用。笔者集中研究了养老服务供给主体的行动特征与供给效果，从结构化理论出发分析主体行动对于社会结构具有的影响、三种养老服务供给主体对于服务体系或制度存在的影响等,后续又研究了主体的角色定位对于养老服务供给机制的影响与作用、养老服务供给主体的行动在强化社会结构中的作用。

但是,笔者在研究中发现,上述研究视角只考虑到我国养老服务体系的供给问题,并没有把老年人的需求考虑进去。这种思路没有把老年人作为养老服务体系中的主体来看待,只把他们作为被动接受供给主体服务的客体,这样就很难建立起真正可持续发展的养老服务体系。实际上老年人在养老服务体系中应该作为主体被重视、被关注、被研究,不应只有供给方才是具有主动权的主体。我们只有在供给与需求平衡中才能建立起良性循环的养老服务体系,才能保障养老服务体系是作为系统而不是以碎片化和非体系化形式存在。

(三) 在供给与需求之间达到平衡

我国是人口大国,养老问题一直都是我国的重要问题之一,在当前人口老龄化的背景下,这一问题的矛盾更加突出。通过多年以来的多次调研,我们可管中窥豹,大致掌握我国养老服务体系中供需失衡的状况。在养老服务供给方面,机构养老服务资源和人力集中,能较好地提供专业性服务,因此主要提供日常照料和医疗保健服务,但可能会导致对老人的关怀不够。此外,家庭养老和机构养老都很难满足老年人对于实现自我价值、积极进行社会参与的需求。相比之下,社区居家养老服务供给就比较全面地满足了老年人多样化的需求:社区的日间照料中心可以提供日常照护,社区医院、诊所能满足老年人的医疗保健需求,文化活动和交流也为老年人提供了丰富的精神滋养,同时老年人再就业平台等中介组织为其社会参与提供了机会。但是,在全国范围内,有条件居住在这种社区的老年人并不多,相当一部分老年人没有这种社区居家养老的基本条件。在养老服务需求方面,随着高龄老人、失能老人的比重增长,照料老年人日常生活的负担会增加;随着老年人寿命的延长,生理机能下降,老年人对医疗需求大大增加;老年群体受教育程度、综合素质的提高,也导致其精神文化需求、社会参与需求的增加,这些都要求我国快速建立起供需平衡的养老服务体系。

根据本书的实证调查结果，满意度、子女数、年龄、机构获知途径、居住时间、居住习惯度等各项变量对供需差的平均边际效应为负，性别、费用支付者等各项变量对供需差的平均边际效应为正。比如在机构入住老人中，满足以下条件之一的，其对养老服务的需求紧迫感就强：养老服务满意程度低、子女数少、低龄、其他方式获知养老院、居住时间短、居住习惯度低、男性、自己付费。最后，根据经济学供需原理，人口老龄化背景下我国城市养老服务体系建设研究表明，要实现供需平衡，就应该同时调整供需量使其相等。老年人对养老服务的需求是他们正当利益诉求的表达，不容忽视，因此我们必须增加对老年人真实需求的服务供给，而不是忽视老年人视角盲目供给。

供给和需求是养老服务体系的两个重要环节，虽然养老服务生产即消费的特点使得其供给不具有弹性、无法依据需求的状况随时进行调整，二者很难达到完全匹配的状态，但当二者的匹配程度较高时，服务就会得到较为充分的"消费"，就代表整个养老服务体系趋于完善并可以持续发展。因此在研究中要尽可能地用合理科学的方式来了解老年人的需求，并按照需求的内容来提供养老服务，以期在更大程度上实现供需之间的平衡。这个过程的前提是要对服务需求方的特征以及需求内容有整体上的认识和了解。本书的调查就是在此基础上选择养老机构作为调查对象，因为，在养老服务供给主体中，养老机构能直接为当前庞大的老年群体提供更有针对性的服务。然而，本书通过调查发现，机构养老服务需求巨大，但机构养老服务发展仍然存在整体滞后、针对性不足、精准性较差等问题，其原因是我国养老机构无法准确地识别老年人的实际服务需求，无法将潜在需求转化为有效需求。因此，本书通过实地调研和问卷调查，对我国机构养老服务供需做出准确甄别、客观论述，探讨如何实现养老服务资源的有效配置。本书的其中一项讨论结果就是要加快制定我国机构养老服务评估体系与标准，将其纳入养老机构考核范畴。本书调查所发现的供需结构失调、匹配度差异的问题，需要我国在未来养老服务体系建设中更多地加以关注。一方面，随着时代发展，传统的养老方式受到挑战，老年人期待更高层次的服务，这里所说的更高层次的服务不是仅指硬件设施的升级，而是也包括更加精准的标准化服务；另一方面，从发达地区到中等发达地区再到落后地区，都需要建立起全方位的、立体式的、共享共治且适合本地区的养老服务体系。

（四）在体系化与非体系化之间的努力

笔者体会最为深刻的是，对于养老服务体系的建立，我们始终在路上。上文针对政府相关文件精神的梳理，以及国家发展和改革委员会等三部门颁布的《"十四五"积极应对人口老龄化工程和托育建设实施方案》等文件，都说明了这一点。2021年6月国家发展和改革委员会等三部门颁布的《"十四五"积极应对人口老龄化工程和托育建设实施方案》提出到2025年，在中央和地方共同努力下，坚持补短板、强弱项、提质量，进一步改善养老、托育服务基础设施条件，推动设施规范化、标准化建设，增强兜底保障能力，增加普惠性服务供给，提升养老、托育服务水平，逐步构建居家社区机构相协调、医养康养相结合的养老服务体系，健全县乡村衔接的三级养老服务网络，不断发展和完善托育服务体系。

然而，从我国目前养老事业发展情况来看，情况并不尽如人意。一方面我国面临"未富先老"的问题，另一方面我国也面临区域经济发展不平衡的问题。东部、中部、西部之间由于经济发展不平衡，养老服务发展也很不平衡，这种不平衡在城乡之间表现得更加突出。这种情况下，养老服务体系如何避免非体系化现象就有必要研究讨论。随着我国老龄化和高龄化的快速发展，老年人的需求表现出一些新的特点，目前的养老服务体系还无法回应这些新特点。更为显著的现象是，不同的经济发展水平和发展路径也造就了地区间发展不平衡的问题，表现为资源分配的不均衡和服务水平参差不齐的状况。此外，随着养老产业化的发展，养老的阶层化也比较明显，即高收入老年人能够享受更加优质的养老服务。真正的养老服务体系的建构是以各种制度因素、组织因素、社会关系因素形成的联合体为标志。

正因为我国地域发展不平衡，养老资源的分配也表现出阶层间上的差距与地区间的差距，如何改变这种结构失衡与公共资源不均，如何在社会再生产过程中运用规则与分配资源，正是社会结构视角关注和解决的问题，也是本书标题"供需与结构"的含义。它想说明的是，结构与行动构成了社会实践中再生产过程的维度,在这种维度下行动者对社会结构能够产生积极影响。这种影响主要表现在社会制度下再生产的互动过程中,即表现在供给主体各自行为的互动结构及其对于养老服务供给制度的影响中。因此,当前养老服务实践过程中的行动者对于养老服务制度乃至体系的建构都起着关键性的作用。

首先,本书聚焦城市社区养老服务。如上文所述,我国养老服务体系建设是在城乡社会经济二元结构的背景下展开的,因此,城市无论在保障体系还是在养老、照料、医疗等资源方面,都要远远领先于农村。特别在社区和机构养老服务产业化、市场化发展上,城市相较农村更加迅速,规模更大,影响更广,所暴露的问题也更加多样、更为复杂。所以,开展聚焦城市社区养老服务的研究在当前更为迫切。

其次,本书聚焦于社区和机构养老服务,尽管当下我国养老服务发展的总体原则仍是"以居家为基础、社区为依托、机构为支撑",其中机构养老地位经过了从"补充"到"支撑"的变化,已经有所提高,但是,我国机构养老服务发展不充分的问题仍然十分突出。因而,未来如果要想真正把《国务院关于加快发展养老服务业的若干意见》提出的"充分发挥市场在资源配置中的基础性作用,逐步使社会力量成为发展养老服务业的主体"机制运转起来,那么,就必须大力推进机构养老的发展。在此背景下,针对机构养老进行调查研究也就大有裨益。

最后,养老服务的供给需求是本书的另一个焦点。前文已述,养老服务供需不平衡是当下我国养老服务最亟待解决的问题。那么,在我国当下城市社区机构养老的真实运行中,老年人究竟有哪些需求?它们是什么样的需求?如何表现?与此同时,养老机构提供了什么样的养老服务?它们是如何提供的?在老年人需求与养老机构的供给之间,有没有落差矛盾?如果有,该怎么应对与解决?这些问题驱动着本书研究的持续开展。

第二章
养老服务体系供需结构现状及其个案回顾

  基于前文对中国特色养老服务体系的指导思想和相关政策的梳理，可以总结出养老服务体系的供给主体仍然是家庭、社区和机构，三者同时推进医养结合的发展。如果要进一步发展和完善养老服务体系、更好地为老年人服务，在探讨相关学理内容的基础上，还需要分析养老服务体系在现实实践中具体的开展、目前建设的程度以及效果等各个方面。养老服务体系的核心是服务，因此肯定会涉及供给和需求两方面。对现实生活中养老服务体系实现的程度以及效果的评估，仅根据单方面的供给数据并不能完全地呈现，而应该同时对老年人口的养老服务需求进行分析研究，评估供需双方的匹配程度，从而对比得出养老服务体系建设的程度，以期对养老服务体系发展和完善的方向提出建议。

一　养老服务体系中的需求及其结构

  供给和需求是养老服务体系重要的两个环节。二者的匹配程度越高，对服务的"消费"越充分，就代表整个养老服务体系越完善。因此在研究中要尽可能用合理科学的方式来了解需求，并按照需求的内容来提供服务，以实现供需之间的平衡。实现这个过程的前提是要对服务需求方的特征以及需求内容有整体上的认识。

(一) 养老服务需求

关于养老服务需求的内容，不同学者在研究的过程中会有不同的表述及划分方式。本书参照马斯洛需求理论将老年人的需求从低到高分为五个层次，即日常照料需求、医疗保健需求、文化娱乐需求、精神慰藉需求、社会参与需求。有关养老服务需求影响因素的内容，上一章已经介绍了实证分析结果，得出的结论是老年人的年龄、子女数量、性别、健康状况等因素会对养老需求产生一定程度的影响。对于老年人人口特征的总体分布状况会如何影响养老服务体系的整体规划，也有必要进行研究。同时还有一些可能在老年人选择养老方式的过程中起到关键性作用的影响因素，也有必要提出来加以分析。

1. 养老服务的需求划分

最基本的养老需求其实应该是生活保障方面的。随着经济社会的发展和人民生活水平的不断提高，再加上多年来城乡居民养老保险制度的推进，以及某些地区实行的为一些特殊老年人群体提供补贴的政策，越来越多的老年人摆脱了老年贫困的状况，收入至少可以保证其正常生活。同时伴随着经济收入的差异化，老年人开始逐渐显现出多样化多层次的养老服务需求。但不可否认的是，一定还会存在基本生活需求暂时还没有办法满足的老年人。自2020年脱贫攻坚完成之后，老年人群体整体的经济状况已总体上得到改善。因此我们所讨论的是在老年人正常生活状态下可能出现的养老服务需求。

(1) 日常照料需求

日常照料需求是最基本的需求。年龄的增长、身体机能的退化及疾病的出现给老年人的生活带来了很大的影响，部分老年人甚至连行动都成问题，日常生活在一定程度上要依赖他人的帮助。最初的养老服务建设就是为了满足老年人基本生活需求的，使老年人有饭吃、有地方住，提供的多是最基本的生存需求的内容。随着社会的发展和人们生活水平的提高，当老年人的生活得到保障之后，出现了更多方面的需求，也随之出现了多样化的服务方式，如老年小饭桌和送餐服务等。日常照料需求通常包括助餐、照顾起居、助浴、代办代取、家政服务等。

（2）医疗保健需求

年龄增长会造成身体机能的衰退，老年人患病的概率明显高于其他年龄段的人。得益于医疗服务的快速发展，老年人的平均预期寿命在不断延长，但同时也存在老年人很长时间内与疾病相伴的现象，甚至有些时候各种医疗手段仅能用于延续生命而难以使老年人重获健康。患有慢性疾病的老年人、失能失智的老年人数量越来越多，所需服务的专业性和长期性的特点逐渐显现。因此不管是哪种养老服务模式，医疗保健服务的提供都是十分必要的。医疗保健需求通常包括健康建档、看诊拿药、陪同就医、定期体检、康复治疗、长期护理、紧急救助、健康咨询、医疗知识讲座等内容。

（3）文化娱乐需求

老年人对文化娱乐的需求是与日常照料需求、医疗保健需求密切关联的，受到身体状况的影响。身体状况较差的老年人会有较高的日常照料和医疗保健需求，这样他们的文化娱乐需求就会减少。但身体状况较好的老年人可以自己照顾自己，不需要或较少需要医疗保健方面的服务，只需要文化娱乐方面的服务。文化娱乐需求大致包括社区健体设施、电视电台节目、旅游、参与节日活动、棋牌类项目、兴趣小组活动等，主要是老年人为了放松身心、精神上得到满足才会去进行的活动。合适且足够的活动场地是满足老年人文化娱乐需求的前提，老年人的活动空间需要得到最基本的保证。

（4）精神慰藉需求

精神慰藉需求是在物质方面的需求得到满足的基础上出现的更高层次的需求，能够使老年人感受到幸福。随着经济社会的快速发展，子女的家庭和工作压力较大，很多时候对父母的陪伴不足。再加上独生子女父母逐渐步入老年阶段，在"421"的家庭结构重压下，子女难免忽略对父母的陪伴。这就使许多老年人在心理上感到空虚，甚至出现老年抑郁的状况。撤退理论指出，老年人退休后会产生很多不适应新生活的状况，既需要情感上的寄托，也期盼着精神上的关爱。尤其是丧偶老人、空巢老人、失独老人，需要更多的支持与关爱。精神慰藉需求主要包括与配偶、子女、其他亲属、朋友的交流，心理辅导服务等。

（5）社会参与需求

除以上需求外，近些年来，由于人口平均预期寿命的提高，更多的老年人可以保持健康到较大的年龄，他们想继续为社会做出自己的贡献。除了某些岗位可以适当延长退休年龄或者退休后返聘，大部分老年人会在法定退休年龄退休，但有些老年人仍有继续实现自我价值的工作需求。社会参与需求一般包括继续工作、参与志愿服务、发挥艺术特长、领导兴趣小组、进入老年大学学习等。部分老年人可能还有其他与社会生活相关的需求，如法律咨询、婚姻介绍、权益保障等。

2. 养老服务需求的影响因素

由于老年人的身体状况和经济基础不尽相同，其需求也会相应地表现出差异性，大致可以分为前述几个类别。在此基础上，本小节将对我国所有老年人的基本状况分类进行介绍，从整体上了解老年人的需求结构。在客观需求之外，还存在一些影响因素，虽然很难用数据统计的方式去证明，但有时会在个人养老需求的形成和养老方式的选择中起到关键作用，如文化观念、家庭关系、经济状况等。对这些影响因素的分析将有利于研究者掌握具有某些共同特征的老年人群体选择养老方式的情况，对规划养老服务的供给总量和方式具有指导作用。

（1）老年人的基本状况

2023年末，全国60周岁及以上老年人口29697万人，占总人口的21.1%，其中65周岁及以上老年人口21676万人，占总人口的15.4%。[①] 联合国《世界人口展望2022》报告中的人口预测结果显示，到2050年，我国60周岁及以上老年人口规模将超过5亿人，占比将达到38.81%，80岁及以上高龄老年人口占比将超过10%，老年抚养比上升至78.02。[②] 对养老服务需求的掌握是建设养老服务体系的前提，而对老年人基本人口指标的分析是掌握养老服务需求的前提。

[①] 《2023年度国家老龄事业发展公报》，中华人民共和国民政部网站，https://xxgk.mca.gov.cn：8445/gdnps/n2445/n2451/n2458/n2681/c1662004999980001754/attr/360864.pdf。

[②] 《世界人口展望2022》，联合国数字图书馆网，https://digitallibrary.un.org/record/3992030?/n=Z/2 CN&v=pdf。

(2) 性别结构

根据 2022 年全国人口变动情况抽样调查数据可知，我国 60 岁及以上的男性和女性占总人口的比例分别为 9.52% 和 10.31%，女性老年人口数要大于男性老年人口数。如表 2-1 所示，女性老年人口较多的状况主要体现在高龄女性老年人口数要比高龄男性老年人口数多，低年龄段老年女性人口占总人口比例虽略高，但二者基本持平。这一比例同样也是我国人口平均预期寿命的反映，2020 年，男性的平均预期寿命为 75.37 岁，女性的平均预期寿命为 80.88 岁。[①] 因此在提供养老服务的过程中，要考虑到服务人员的性别配比问题，同时也要关注到高龄女性老年人丧偶的状况，她们需要更多的心理慰藉和陪伴。

表 2-1　2022 年不同年龄和性别老年人口占总人口的比例

单位：%

年龄段	男性占总人口比例	女性占总人口比例
60~69 岁	5.2	5.31
70~79 岁	3.13	3.42
80~89 岁	1.06	1.36
90 岁及以上	0.13	0.22

资料来源：《中国统计年鉴 2023》，https://www.stats.gov.cn/sj/ndsj/2023/indexch.htm。

(3) 年龄结构

如图 2-1 所示，2022 年我国在对 60 岁及以上人口按 1.023‰ 的抽样比抽取的样本群体（286840 人）中，60~69 岁的占 53%，70~79 岁的占 33%，80~89 岁的占 12%，90 岁及以上的占 2%。随着老年人的年龄不断增长，其身体机能衰退的可能性增加，更容易受到疾病的困扰，他们的需求会减少、需求层次会降低，其需求会逐渐集中在日常照料和医疗保健两个方面。不同年龄段的老年人对养老服务的需求不同，掌握老年人口的年龄结构可以对老年人的补贴预算和某类养老服务供给的大致规模进行控制。

[①] 国务院第七次全国人口普查领导小组办公室编《中国人口普查年鉴 2020》，中国统计出版社，2020，https://www.stats.gov.cn/sj/pcsj/rkpc/7rp/zk/indexch.htm。

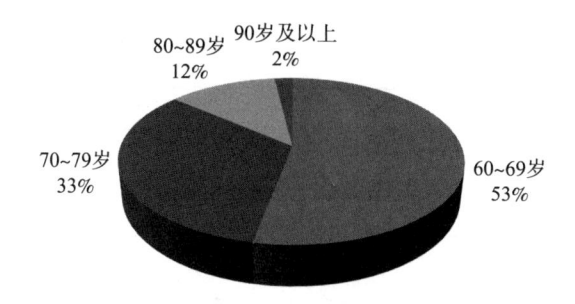

图 2-1　老年人口年龄结构

资料来源：2022 年全国人口变动情况抽样调查样本数据。

（4）受教育程度

本书基于 2020 年第七次全国人口普查数据整理出不同年龄段老年人口的受教育程度，如表 2-2 所示。在所有年龄段中，受教育程度为小学和初中的比例相对较高。特别是初中受教育程度，在 50~59 岁年龄段中占比最高（47.76%），但随着年龄的增长，其比例逐渐下降。小学受教育程度则在 70~79 岁年龄段中占比最高（52.97%），表明这一代人中有更多人只接受了基础教育。从 50~59 岁年龄段的 2.42% 到 80 岁及以上年龄段的 27.53%，未上过学的老年人口比例随着年龄的增长显著提高，这表明在较大的年龄段中，有更多的人没有接受过正规教育。此外，高中、大学专科、大学本科和研究生受教育程度的比例大体上随着年龄的增长而下降，这反映了随着时间的推移，接受更高层次教育的人群比例在逐渐减少，这与历史上的教育普及程度和教育资源分配有关。在所有年龄段中，接受研究生教育的人数比例都非常低，最高也仅为 0.30%（50~59 岁）。

另外，高中及以上受教育程度的老年人在老年人口中总体比例较低，但相比更大的年龄段，较年轻的老年人口（如 50~59 岁）中接受这些层次教育的老年人比例更高。这表明随着时间的推移，受教育程度在逐渐提升。结合实地调研和传统认知，我们发现受教育程度更高的老年人表现出更多样化的和更高层次的需求，他们更能理解和接纳新的养老方式，对于养老方式的选择可能也会表现出与以前不同的偏好。

表 2-2 2020 年老年人口受教育程度

单位：%

年龄段	未上过学	学前教育	小学	初中	高中	大学专科	大学本科	研究生
50~59 岁	2.42	0.10	27.92	47.76	14.27	4.37	2.85	0.30
60~69 岁	6.85	0.27	42.16	33.61	12.82	2.97	1.23	0.09
70~79 岁	13.65	0.51	52.97	22.60	6.76	2.27	1.20	0.04
80 岁及以上	27.53	0.82	49.65	13.13	5.10	1.91	1.81	0.04

资料来源：《中国人口普查年鉴 2020》。

（5）健康状况

表 2-3 为 2020 年不同年龄段老年人口健康状况的分布情况。从 60~69 岁到 100 岁及以上的 5 个年龄段中，"健康"老年人的比例呈现明显的随年龄升高而下降的趋势。例如，60~69 岁"健康"老年人的比例为 65.54%，而 100 岁及以上的"健康"老年人比例仅为 14.41%。随着年龄增长，"基本健康"老年人的比例在 70~79 岁和 80~89 岁年龄段有所上升，分别达到 38.97% 和 41.19%。然而，在 90~99 岁和 100 岁及以上年龄段，"基本健康"老年人的比例又有所下降。这可能与老年人的身体机能逐渐衰退有关。此外，在 60~69 岁年龄段，"生活不能自理"老年人的比例仅为 0.98%，但这一比例随着年龄增长而显著增加。在 100 岁及以上年龄段，"生活不能自理"老年人的比例高达 31.05%。这表明高龄老年人更容易失去自理能力。

由此可见，60~69 岁年龄段的老年人健康状况相对较好，"健康"和"基本健康"比例合计超过 90%。这一年龄段的老年人通常能够保持较高的生活质量和较强的自理能力。随着年龄增长，70~79 岁年龄段老年人虽能够保持基本的健康状态，但开始逐步面临更多的健康问题。80~89 岁及 90~99 岁年龄段的老年人的健康状况进一步恶化，"不健康，但生活能自理"和"生活不能自理"的老年人比例显著增加。100 岁及以上年龄段老年人的健康状况最差，"健康"比例最低，"生活不能自理"比例最高。这表明高龄老年人需要更多的医疗和护理支持。对老年人健康状况的分析可以为养老服务模式的规划提供参考，如果仅按照老年人的健康状况进行养老服务模式的划分的话，目前一些地区在实行的"9073"的责任承担方式符合现实中老年人口总体的健康状况。

表 2-3 2020 年老年人口健康状况

单位：%

年龄段	健康	基本健康	不健康，但生活能自理	生活不能自理
60~69 岁	65.54	27.41	6.07	0.98
70~79 岁	45.50	38.97	13.14	2.39
80~89 岁	29.21	41.19	22.60	7.01
90~99 岁	19.58	35.59	27.18	17.65
100 岁及以上	14.41	29.32	25.22	31.05

资料来源：《中国人口普查年鉴 2020》。

（6）空间分布

依据《中国人口普查年鉴 2020》整理得出的表 2-4 的数据显示，华东地区不仅在老龄化程度上居全国前列，地区老龄化程度高达 20.16%，且其 60 岁及以上老年人口占全国老年人口比例高达 26.24%，也居全国之首。紧随其后的是华中地区和西南地区，这两个区域同样承载着较为庞大的老年人口群体，且老龄化程度也相对较高。东北地区的情况较为特殊，尽管其老年人口总数并非最多，但老龄化程度相当高（24.30%），这在一定程度上反映了该地区因传统工业衰退而引发的年轻人外流现象，这种现象加剧了老龄化趋势。相比之下，华北地区、华南地区以及西北地区虽然也面临老龄化问题，但老龄化程度相对较低或 60 岁及以上老年人口规模较小，不过依然达到老龄化社会的标准。综上所述，各地区在制定老龄事业发展规划时，必须充分考虑本地的老年人口数量与老龄化程度，确保养老服务体系的发展既符合实际需求，又能够有效应对未来挑战。

表 2-4 2020 年老年人口空间分布

单位：人，%

地区	60 岁及以上老年人口数	本地区老龄化程度	60 岁及以上老年人口占全国老年人口比例
华北	3245420	19.71	12.72

续表

地区	60岁及以上老年人口数	本地区老龄化程度	60岁及以上老年人口占全国老年人口比例
东北	2238609	24.30	8.77
华东	6697617	20.16	26.24
华中	4955926	17.95	19.42
华南	3009591	14.05	11.79
西南	3806808	18.16	14.92
西北	1569130	16.06	6.15

资料来源：《中国人口普查年鉴2020》。

（7）流动状况

老年人口的空间分布和流动状况共同影响着地方具体的养老服务规划，根据2020年第七次全国人口普查的数据得到表2-5的内容，在户口登记地非所居住乡镇街道（"人户分离"）的60岁及以上老年人口中，有86.33%的老年人的户口所在地在居住地所在省份以内，其中有35.92%的老年人的户口所在地在居住地所在市辖区内，此外还有13.67%的老年人的户口所在地在所居住的省份以外，这些"人户分离"的老年人群体是养老服务规划中的变数，同时现实中异地养老也遇到了很多的问题，尤其是与医疗相关的方面。"人户分离"现象主要是由于老年人到子女所在的城市帮忙照顾孙辈，或子女将父母接到身边养老。现在存在的一大难题是大多医疗保险异地不能有效使用。通常情况下，医疗保险异地就医的报销规定是住院可以使用医疗保险报销、门诊不可以使用医疗保险报销，但老年人的一些慢性病的治疗确实需要到医院门诊开药。很多城市老人在年轻时按照要求缴纳医疗保险金，在其最需要的时候却无法使用医疗保险，服务没能真正落到实处。老年人本身就处于身体状况变差的阶段，需要医疗部门和民政部门合力解决就医难的问题。整体来看，养老服务的供给也需要多部门通力合作来更好地为老年人服务。

表2-5 2020年老年人口流动状况

单位：人，%

	省份以内	市辖区内	省份以外
60岁及以上"人户分离"老年人口数	44821246	18648793	7100082

续表

	省份以内	市辖区内	省份以外
60 岁及以上"人户分离"老年人口占比	86.33	35.92	13.67

资料来源：《中国人口普查年鉴2020》。

3. 其他影响因素

从总体上了解老年人不同人口指标下的比例，有助于了解老年人群体总体的需求倾向。在此基础上，有助于确定供给的资源配置形式与数量。但仅凭借比例的划分来进行养老服务体系的设计，是不完善的，这种方式忽略了个体差异性。比例仅代表同属群体的一种倾向，意味着选择特定养老服务模式的可能性更高，却不能完全等同于选择的结果，在现实生活中还有许多因素会在老年人选择养老服务模式的过程中起作用，甚至有的会起到决定性作用。

（1）文化观念

在我国历史积淀的孝文化及"养儿防老"的观念下，人们普遍认为子女必须承担赡养父母的义务，并且要尽可能地让父母的晚年生活过得快乐幸福。老年人更愿意在家庭中去接受家庭成员提供的养老方面的服务，因为家庭环境是他们所熟悉的。因此家庭养老方式是较为普遍的选择，既能让老年人继续身处熟悉的人文和社会环境，又能让子女完成赡养父母的义务。社区养老的发展更是为这样的选择提供了保障。传统的节约思想使老年人在养老消费方面普遍倾向于保守，很多人甚至把机构养老的选择看作是子女不孝的表现。有研究表明，崇尚节俭和为子女着想的传统文化观念确实抑制了老年人的居家养老服务需求，甚至可能会阻碍养老服务产业的发展（王琼，2016）。但由于年轻人口的流动以及快节奏生活带来的负担，机构养老也是减轻子女赡养压力的一种方式。而且调研中我们了解到，教育程度较高且生活在较发达的城市的老年人更愿意为了减轻子女压力而选择到养老机构养老，这可能与新观念的传播以及这些老年人较强的个人支付能力有关。总体来看，随着时间流逝和社会环境的变化，文化观念的变化是会对养老服务需求产生影响的。

(2) 经济能力

经济能力影响着老年人的养老服务需求，因为支付能力是消费者进行服务消费的前提条件之一。据中华人民共和国人力资源和社会保障部发布的《2023年度人力资源和社会保障事业发展统计公报》，截至2023年底，我国基本养老保险参保人数达10.66亿人。[①] 在养老机构市场化发展的过程中，收入较高的老年人有机会探索并满足更多样化的养老需求，有机会接受更专业更全面的养老服务，还可以选择旅居养老、老龄化社区养老等新兴养老方式。但对于收入较低的老年人来说，一方面他们只能倾向于选择满足比较紧急的基本的养老需求的养老服务项目，另一方面他们选择养老方式的空间有限。

(3) 家庭因素

家庭因素主要包括子女的数量、家庭关系状况、家庭经济状况几个方面。

首先是子女的数量。大多数老年人愿意选择家庭养老，子女通常是父母养老服务的主要提供者，也可能有专门照顾者作为补充。养老服务一般是与父母同住的子女需要承担更多。多个子女可以分担养老服务的压力，独生子女的赡养压力较大。独身老人和空巢老人的养老需求则只能由政府和社区予以满足。

其次是家庭关系状况。子女孝顺的意识及和谐的家庭关系更利于老年人养老服务需求的满足。近年来，由赡养问题引发的父母与子女间的法律纠纷层出不穷，一方面这使得老年人开始需要法律咨询、法律援助等形式的养老服务，另一方面这也提醒我们加强孝文化的宣传。家庭养老、社区养老方式下家庭关系的重要性自不必多说，机构养老方式也需要服务人员和家人的共同关心才能让老人获得更高的幸福感。

最后是家庭经济状况。不仅老年人自己的收入会对老年人养老服务模式的选择产生重要影响，家庭整体的收入也会影响老年人对养老服务模式

[①]《2023年度人力资源和社会保障事业发展统计公报》，中华人民共和国人力资源和社会保障部网站，https://www.mohrss.gov.cn/xxgk2020/fdzdgknr/ghtj/tj/ndtj/202406/W020240617617024381518.pdf。

的选择。有条件的家庭可以自由地选择养老服务方式，子女也能够补贴老年人的生活。但经济状况较差的家庭选择较为有限，同时可能会增加老年人的生活风险。因此无论是采取向经济状况较差的家庭提供补贴还是提供低价服务的方式，更多地关注这类老年人都是十分必要的。

（二）对一些特殊老年人群体的重点关注

具有同样特征的老年人在养老资金、日常照料或精神慰藉等方面通常具有一些普遍的需求，养老服务供给方应该重点去关注这类老年人群体养老问题的解决。这些特殊的老年人群体主要包括高龄老人、失能半失能老人、失智老人、空巢老人和失独老人。

1. 高龄老人

高龄老人一般指的是80岁及以上的老年人口，这部分老年人在大部分地区都能享受到高龄补贴。随着生活方式的改善和医疗水平的提高，我国人口的平均预期寿命在不断地提高，不仅人口老龄化的状况日益明显，而且出现了人口高龄化的趋势。《2023年度国家老龄事业发展公报》数据显示，截至2023年末，我国享受高龄津贴的老年人有3547.8万人。[①] 随着年龄的增长，人的身体机能不断衰退，高龄老年人需要更多的社会照料，而且高龄老人患病的可能性更大，需要配套的医疗服务。对于高龄老人，我们应该重点集中社会力量提供全方位的服务。

2. 失能半失能老人、失智老人

失能半失能老人、失智老人通常无法自己照顾自己，需要日常照料、医疗护理以及精神慰藉服务，一般情况下要配备一名专业人员提供服务。第四次中国城乡老年人生活状况抽样调查数据显示，2015年我国失能半失能老人数量约4063万人，占老年人口的18.3%。[②] 中国老龄科学研究中心发布的《中国老龄产业发展报告（2021~2022）》显示，截至2022年末，我国失能半失能老人大约4400万人，在80岁及以上的老年人群中，失能半失能老人

[①] 《2023年度国家老龄事业发展公报》，中华人民共和国民政部网站，https://xxgk.mca.gov.cn：8445/gdnps/n2445/n2451/n2458/n2681/c1662004999980001754/attr/360864.pdf。

[②] 成绯绯：《从第四次全国城乡老年人生活状况抽样调查数据看养老服务业发展五大趋势》，人民网，http://gongyi.people.com.cn/n1/2016/1017/c152511-28785395.html。

约占40%，他们不同程度地需要医疗护理和长期照护服务（党俊武、王莉莉，2023）。然而，对失能半失能老人、失智老人的照顾不同于基本的养老服务，对服务的专业性要求很高。养老服务人员需要在了解失能、失智出现的原因及表现的基础上，掌握护理和陪伴这类老人的重点，最好是能有在老年学、临床医学和心理学方面都具备专业知识的复合型人才提供服务。此外，《中国老年健康报告》指出，2021~2023年，我国60岁以上失能人口规模达4654万人，失能率16.2%，失能总经济成本达到13511亿元，占2023年全国GDP的1.07%，人均失能人口的经济负担约为每月2420元，其中最重要的部分是非正式家庭照料，占总负担的82.2%。因此，增进人口健康、提供适老化设施以及发展养老护理产业可继续作为降低失能人口规模和经济负担的政策着力点。①

3. 空巢老人

第五次中国城乡老年人生活状况抽样调查数据显示，截至2021年，我国老年人生活在空巢家庭（包括独居家庭、仅与配偶居住家庭）的比例达59.7%。其中，独居老年人占比为14.2%，仅与配偶居住的老年人占比为45.5%；分城乡看，城镇老年人中独居的占12.4%，仅与配偶居住的占45.5%，农村老年人中独居的占16.3%，仅与配偶居住的占45.6%。② 与此同时，据全国老龄委办公室的调查统计数据，预计至2030年空巢老人将超过2亿人。③ 空巢化进一步加重，这将严重弱化家庭养老的功能，父母和子女两地分居，子女对父母的照顾多来自经济支持，而生活照护、情感支持等家庭养老保障减少。

4. 失独老人

失独老人一般是指其独生子女死亡，且之后不再生育、不能再生育也

---

① 《中国老年失能人口规模和经济负担——中国老年健康报告（2024）》，新浪财经网，https://finance.sina.cn/hy/2024-04-30/detail-inatrchx0495710.d.html；宋承翰：《老年健康报告：全国失能老人超四千万，农村失能率远高于城市》，腾讯网，https://news.qq.com/rain/a/20240408A076V700。

② 《第五次中国城乡老年人生活状况抽样调查基本数据公报》，中华人民共和国民政部网站，https://www.mca.gov.cn/n152/n165/c1662004999980001877/part/19971.pdf。

③ 周冉冉：《全国政协委员焦斌龙：让空巢老人有所依、有所乐、有所为》，中华人民共和国民政部网站，https://www.mca.gov.cn/n152/n166/c45657/content.html。

没有收养子女的人。由于失独老人已无法再生育子女，他们不仅面临着养老与医疗保障问题，还承受着当今社会日益复杂的个人安全风险，不得不面对多种多样的生存挑战。

二 养老服务体系中的供给及其结构

按照养老服务体系发展规划的设计，老年人的养老服务需求可以通过居家养老、社区养老和机构养老三种模式来满足，老年人的年龄、身体状况、共同居住情况以及经济状况等制约着其养老模式的选择以及所需养老服务的种类。由于老龄化不断加剧，我国的养老压力也越来越大。为了让老年人的老年生活得到保障、为了养老事业的进一步发展，我国在解决当前发展过程中遇到的问题的同时，也要在实践的基础上更准确地划定各类养老服务供给主体的服务范围和服务内容，再通过对服务的挖掘和完善来实现服务的多样性与专业化，最后建立起在整体上有机联系的全面的社区综合养老服务体系。

（一）居家养老

从我国独特的社会结构和传统文化出发，尤其是在孝文化的影响下，我国实际上保有悠久的家庭养老传统，子女在家庭范围内为父母提供经济保障和照护服务被看成是重要的责任。即使有在经济发展影响下的家庭结构的变化，传统的家庭养老模式也仍然作为最主要的养老模式存在。家庭基本上承担了所有的养老服务责任，父母习惯于通过家庭成员来满足自己的养老服务需求，子女也会承担起大部分养老责任，从经济支持到日常照料，再到精神慰藉，甚至长期照护服务也往往通过家庭来提供。但要注意的是，子女与父母不同住的比例的提高、子女工作生活压力的增大以及年轻人口流动性的增强使得全靠子女来提供养老支持的状况无法长期维持，有时选择家庭养老的方式不符合家庭的现实状况。在这样的社会背景下，家庭养老的服务方式及其作用会发生怎样的变化，还需要进一步探讨。

1. 从家庭养老到居家养老

家庭养老作为我国老年人首选且至关重要的养老模式，其深厚的历史文化底蕴和广泛的社会接受度不容忽视。这一模式不仅体现了老年人在熟悉环境中由亲人提供养老服务的普遍社会习惯，也反映了在新型养老方式完全成熟之前，家庭作为养老责任主要承担者的现实状况。家庭养老的独特价值在于，它能为老年人提供子女日常的陪伴、家人的问候与关心，以及生活的自在感，这是其他养老方式所难以替代的。

然而，随着社会的快速发展和人口老龄化的加剧，家庭养老模式面临着前所未有的挑战。在此背景下，结合国外关于社区照料的先进理念与实践经验，我国创新性地提出了"居家养老"模式。这一模式旨在让老年人在家中安心养老，同时享受来自社区、社会组织和企业等多元化主体的上门服务。居家养老可以看作家庭养老的升级版，它融合了家庭养老的温馨与社区服务的便捷，可以为老年人提供更加全面、细致的养老服务。

我国老年人自有住宅比例较高，为居家养老模式的推广提供了有力支撑。第五次中国城乡老年人生活状况抽样调查数据显示，2021年，我国70.1%的老年人拥有产权属于自己或配偶的住房，且城镇老年人的住房拥有率（72%）高于农村（67.8%）。在住房满意度方面，超过七成的老年人对住房表示非常满意（38.6%）或比较满意（33.2%）。在社区人际关系与居住环境方面，62.1%的老年人与邻居保持着密切的关系，76.1%的老年人认为所在社区（村）的交通十分便利。关于居住体验，75.7%的老年人认为所在社区居住舒适，69.7%的老年人认为所在社区环境优美，60.0%的老年人认为所在社区和谐安康，43.0%的老年人认为所在社区设施齐全，42.8%的老年人认为所在社区服务完善，41.5%的老年人认为所在社区活动便捷，而认为所在社区管理队伍健全的老年人比例为37.1%。同时，我国老年人的家庭住房面积较大，且农村老年人家庭住房面积（124.0平方米）略高于城镇（119.7平方米）。[①] 这些条件为老年人居家养老提供了舒适的生活环境。

在居家养老体系中，服务提供主体由家庭和其他社会力量构成，具体

[①] 《第五次中国城乡老年人生活状况抽样调查基本数据公报》，中华人民共和国民政部网站，https://www.mca.gov.cn/n152/n165/c1662004999980001877/part/19971.pdf。

服务主体及服务内容的差异性主要源于家庭供养能力。尽管社区和其他社会力量在居家养老中发挥着重要作用，但家庭仍然是承担大部分养老责任的主体。为了保障老年人的合法权益，《中华人民共和国老年人权益保障法》以法律形式明确了家庭成员对老年人的赡养义务，并规定了对虐待老人等违法行为的处罚要求。同时，该法还鼓励建立健全家庭养老支持政策，以进一步强调家庭养老的重要作用。其中，社区或其他社会力量主要通过上门服务的形式为老年人提供服务，内容涵盖生活照料、家政服务、康复护理、医疗保健和精神慰藉等多个方面。针对不同身体状况的老年人，服务内容的侧重点也有所不同。例如，向身体状况较好的老年人提供的主要是家政服务、送餐服务及法律咨询等；而针对高龄、独居、失能老人则提供更为全面的服务，包括家政服务、康复护理、适老设施配置、送餐服务及紧急救助等。这些服务的提供不仅会满足老年人的多样化需求，也会提高他们的生活质量。

居家养老模式不仅让老年人在熟悉的环境中度过晚年的愿望得到了满足，而且为不同养老服务主体的合作创造了机会。通过资源共享、优势互补等方式，居家养老可以优化利用有限的社会养老资源，促进养老服务行业的健康发展。然而，在实际操作中，养老服务资源的有效利用仍面临一些挑战。这主要包括对老年人宣传不足、老年人难以主动获取社会资源以及社会养老服务质量不高等。为了解决这些问题，我们需要进一步加强宣传教育，提高老年人对居家养老模式的认知度和接受度；同时加大监管力度，确保社会养老服务的质量与效率；此外，还需要鼓励更多的社会力量参与到居家养老中来，共同为老年人创造一个更加美好的养老环境。

2. 目前面临的挑战和问题

综上所述，居家养老是一种融合了家庭温馨环境与社区服务便利性的养老模式，其核心在于使老年人能够继续居住在自己熟悉的环境中，同时享受到来自家庭与社区的支持。这一模式构建了一个以家庭为核心、社区养老服务为辅助、社会基本养老制度为兜底的全方位养老服务体系。在政策的有力推动和社区建设的持续加强下，我国居家养老事业取得了显著的发展成就，成功为众多老年人提供了优质的服务。然而，在这一快速发展的过程中，居家养老服务也面临着以下挑战和问题。

(1) 家庭供养能力的差异性

由于家庭情况的不同，以及家庭内老年人健康状况的不同，不是所有老年人的晚年生活都能在家庭内部得到保障，家庭对老年人的供养能力存在着很大的差异。差异的产生主要是由于以下的一些情况：一是各种原因造成的老年人无子女这一客观上无法供养的状况；二是由于地理位置或家庭关系等原因，子女无法供养甚至不供养的状况；三是家庭的经济条件或人员条件不允许子女承担老年人由于身体健康等原因造成的沉重供养负担的状况。虽然国家对特殊的需要花费时间和金钱来照顾的老人给予了补贴，但是补贴的发放根据各地的政策来执行，还没有能够实现全覆盖。在家庭供养能力有差异的状况下，老年人需要寻求外部社会资源来满足养老需求，他们对社会养老资源的依赖性更强，但他们是否愿意及是否有能力去寻求外部的养老服务资源还不得而知。

(2) 对社会养老服务认识的差异性

除了家庭供养，老年人实际上还可以通过其他方式来满足养老服务需求，这主要受到老年人对社会养老服务认识的差异性的影响。老年人可能存在通过其他方式来获得养老服务是子女不孝的表现、一定要由家庭成员来供养的想法，这其实是减少了自己需求得到满足的可能性。当然也有老年人不了解社区的养老服务，这既可能是由于抗拒，也有社区对养老服务的宣传工作不到位或针对性不足的原因。认识的差异性还体现在社区提供的服务与老年人的养老需求匹配不上，毕竟每个人的需求不同，当前的养老服务发展只能集中于那些需求量大并且体现得比较明显的需求，可能还需要进一步去了解老年人的养老需求并发掘满足这些需求的更多的资源。

(3) 社会养老服务的质量和持续性问题

在家庭养老服务供给不足且老年人在观念上不抵触寻找家庭以外养老服务资源的情况下，如果养老需求仍未得到满足，主要有两个方面的原因，一是养老服务的质量较差，二是养老服务的持续性不强。当前为了尽快全面地解决日益严峻的养老问题，走社会化的发展路线是一种能有效节约资源且能迅速增加服务承载力的选择，但在多种主体介入的情况下，可能出现滥竽充数、借机营利的状况，这时候服务的质量就无法得到保证。持续性不足主要出现在当前社区养老中很普遍的政府购买服务项目的方式上。单一项目的开展具有阶段性，可能今年能提供的服务明年就因为种种原因没有了。无法持续地提供服务，不仅让老年人的养老需求得不到满足，还使老年人产生了心理上的失落感。

（4）养老服务人员专业水平总体不高和个体差异性

提供养老服务的人员的数量是有限的，之前为家庭养老提供服务的主要是家庭成员或家政人员，在后来的发展中又增加了社区及社会组织的工作人员，但社区及社会组织的人员通常是参与工作后转向养老事务的，而且可能还需要同时处理其他事务。由于人员的不足、专业知识的匮乏以及从业的时间较短，养老服务人员的专业水平很难得到保证。虽然这一情况通过专业人才岗位的设置以及从业培训等方式在改善，但个体的差异性仍较为显著。如果要更好地为老年人提供养老服务，从业人员的专业水平需要整体提升，从业人员也需要进行足够细致的专业分类。

（5）服务的监督和管理很难规范

鼓励社会力量参与养老行业是一种可以节约成本并且能推进养老服务快速发展的方式。但当服务供给的主体变多之后，对应的监管部门也很多，甚至同一个主体的不同养老服务内容也是由不同的部门监管的，养老行业的合规变得异常艰难。养老行业最主要的监管主体包括民政部门、医疗部门、工商部门等。行业总体规范不明确、监管责任划分得不清楚，都有可能导致老年人或者服务供给主体的利益受损。

3. 目前需要改善的方向

根据上述发展中的问题和障碍，我们从政府、家庭和社区的角度出发提出以下几点建议。

（1）建立家庭养老的政策支持体系

首先应该制定一些老年服务设施的标准及养老服务的规范，明确各监管部门的责任，逐步将所有老年人纳入养老金的保障范围内。针对特殊的老年人群体，在目前的补贴基础上，还要进一步加强识别工作，为其他有需要的老年人群体进行有针对性的补贴，一些重大疾病也应该纳入补贴范围。针对子女和家庭成员，可以给予一些因疾病而无力赡养老人的家庭或者有因为照顾老人而无法外出工作的家庭成员的家庭一些补贴，还可以普遍提供一定时长的子女休假政策。除此之外，还应该支持有需求的老年人实施家庭住房的适老化改造，同时要扶持居家养老的相关服务机构的发展。

（2）完善社区提供的居家养老服务

首先要加强关于社区提供的养老服务的宣传，通过张贴海报、走访入户、举办社区活动等方式让老年人了解社区养老服务的类型以及内容。其次要保证服务项目的质量以及持续性，通过评估或试用调查满意度等方式来考察养老服务项目的质量，同时通过深度长期合作的方式把使用人数较多的、满意度较高的养老服务项目在社区中保留下来。最后还应该主动去了解老年人在居家养老的过程中可能会产生的其他养老需求，通过自我建设或对接资源的方式开发并完善社区的养老服务内容，采用更为灵活的方式为老年人的居家养老提供便利的服务。

（3）提升养老服务人员的专业性

居家养老服务领域的人员主要包括两类，一是在家庭内照护的家庭成员和保姆，二是提供养老服务的工作人员。由于老年人群体的患病率较高，养老服务对服务人员的专业性有比较高的要求，有时候还需要服务人员具有复合型的专业知识，尤其是在照顾一些特殊的老年人时要采用特别的工作方法。因此要对照护老年人的家庭成员或保姆提供培训服务，具体到老年人可能会有哪些方面的需要、应该用何种方式辅助以及如何进行心理调节等。提供养老服务的工作人员也需要学习如何与老年人交流、如何更好地满足老年人的需要。社区或机构也应该对养老服务人员进行老年学、心理学、社会工作等专业知识的培训，以期为老年人提供更有效的服务。

（4）居家养老服务智能平台的使用和推广

为了有效地让供需双方掌握彼此的情况，社区作为双方的连接者以及服务的监督者，可以利用智能手段来建立资源共享的服务平台，例如借鉴目前发展的"虚拟养老院"的形式，但平台使用的前提是也要为不熟悉智能手段的老年人开展培训，或者是设计老年人专用的设备，类似上海的"安康通"等。社区工作人员可以在平台中录入社区及其他社会力量所提供的服务，社区的老年人可以自愿选择加入；老年人也可以在平台提出服务需要，服务机构或者第三方来统一安排以及进行服务；社区还可以通过平台提供可一键呼救的紧急救助服务，以免老年人自己在家的时候发生意外。

（二）社区养老[①]

社区养老是三种养老形式中出现时间最晚的一个，它是在以社区为单位进行社会治理的社会变迁下，引入西方国家"社区照顾"的相关概念而发展出的一种养老新形式。社区养老的主体可以是社区但又不仅限于社区，社区作为国家行政能力延伸的末端，其工作对于摸底服务对象以及实现养老服务可及性是有重要意义的。同时社区对接其他社会资源较为容易，社区的优势在于可以让各类主体在自身能力范围内更多地为老年人提供服务。在此基础上，社区养老出现了多种合作形式及服务形式，更为灵活的发展方式使社区养老的重要性日益凸显，成为养老服务体系建设的重点。

1. 社区养老定位

社区养老和居家养老之间的联系与合作是十分紧密的，基于居家养老的"支撑"的定位，社区养老提供的主要是社区日间照料中心以及居家养老的支持，为家庭日间暂时无人或无力照护的社区老年人提供服务。在社区内的养老建设通常包括社区服务设施的完善、社区服务项目的引进、社区养老设施的配置、居家养老服务平台的打造等，也均是为了社区的老年人享受到良好的养老环境和全面的养老服务。

这种合作发展的方式使得非机构养老服务得到快速发展，但也随之出现了居家养老和社区养老概念界限不清晰的问题。在分析养老体系发展的过程时，有的学者将二者作为一个概念来研究，即社区居家养老；有的学者按服务主体进行划分，以家庭养老和社区养老为分析单位；还有一些学者虽然采用社区养老和居家养老的概念，但具体的分属划分仍然存在很大的差异。实际上在制度设计的表述中也没有明确的界定，"居家养老为基础、社区服务为依托"的提法既可以理解为社区服务是单独的社区养老的

[①] 本部分中关于社区养老的相关调查内容来自赵一红主持的中国社会科学院重大国情调研项目（2015CASS0327）"我国城市社区综合养老服务体系建设状况分析"的相关成果。

方式，又可以理解为社区服务是居家养老的辅助。为了养老领域的长久发展，尽快对其进行明确的阐释和界定还是有必要的。

根据文献资料及调研内容可以总结出，目前社区养老的发展主要是从以下几个方面展开的。第一，整合养老服务资源。将社区居委会、社区服务站、社区卫生站、社区内社会组织、养老机构、物业服务机构等与养老服务相关的部门组织起来，通过建立养老服务资源平台或建立服务站的方式为老年人提供一站式的服务。第二，建立社区居家养老服务智能平台。一方面将老年人的基本情况和服务需求状况进行分类梳理，另一方面引入服务提供者，展示所提供的服务项目并进行服务分类，建立数据库后通过供需的匹配来提供服务，同时满足老年人个性化的养老服务需求。第三，通过外包给企业、由附近养老机构承办或由街道老龄科兴建等方式在社区建立日间照料中心，为老年人提供白天的各项养老服务。第四，组织或协助组织一些社区内的活动，比如组织或协助组织兴趣小组，挖掘有专长的老年人才，满足老年人的文化娱乐需求；为老年人开展讲座、共同举办节庆活动等；定期开展免费体检、上门慰问等慰老活动。第五，建设社区的各项设施，确保活动设施、活动场地等。第六，采用多种形式为居家养老提供支持，包括有偿、抵偿或无偿的服务站点式服务或上门的小时工性质的服务。第七，建立社区志愿者服务队伍。一方面可以引入社会资源如学生、党员群体来为老年人进行志愿服务；另一方面可以发挥低龄老人的余热，通过时间银行等方式开展互帮互助的行动。

由于地方发展政策以及各地经济水平的差异，不同地区社区养老的发展方式和发展程度是不同的，有些社区可能仍然没有这些服务，有些社区则可能已经提供更多的服务、做得更好，所以本书列举出的内容不代表社区养老的普遍状况，社区养老发展的整体水平仍需进一步提升。

2. 社区养老存在的问题

社区养老通过近些年的建设取得了一定的成效，但总的来说地区之间、社区之间的差异较大。一般而言，某一地区社区养老服务的发展情况与当地的政策、经济发展水平、措施制定的现实性和灵活性有关。在养老服务社会化的过程中，大部分资金和资源投入养老机构的建设中，社区养老的发展相对滞后，并且一度只有硬性的硬件设施和软件设置的要求出台，实际运行效果不得而知。加上社区养老发展起步较晚，涉及的主体较多而且受社会环境的影响较大，其发展受限的情况需要进行有针对性的分析。

(1) 政府资金投入不足，缺乏社会投资

从调研内容来看，养老服务资金的不足是制约社区养老服务开展最主要的因素。社区养老的发展主要依靠政府拨款，社会投资、社会捐赠较少。虽然各地区在社区养老方面的投入已经大幅增加，但总体上一次性的投资较多，很难形成制度化、规范化的资金保障机制。而且需要指出的是，资金不足的情况不仅存在于经济发展水平较低的地区，大城市的社区养老发展同样遇到了这个问题。其主要原因可以归纳为：一方面是老年人目前对社区以及社会力量提供的养老服务的总体需求还较少；另一方面是养老行业的利润低、回报慢，没有投资的吸引力，即使有政策的倾斜也收效甚微。社区养老如果要进一步发展，在老龄化日益加重的今天，光靠政府的力量是远远不足的，一定要发挥市场的作用来为养老事业注入新的活力。

(2) 服务硬件设施不足，社区间差异较大

由于资金、环境、场地等条件的限制，不同社区配备的养老服务设施的种类以及数量存在一定的差别。硬件设施的不足可能导致老年人一些方面的养老需求无法得到满足。大多数社区的养老服务网点少，且基础设施不完善、功能相对单一。社区之间在发展过程中的差异也比较大，有的社区资源紧缺，有的社区资源丰富却没有充分发挥作用。关于硬件设施，有些地区在发展过程中没有注意到灵活性，规定了社区养老基础设施建设需要达到的基本要求。出发点是好的，但有时候显得太过死板，因为不同地区和社区的状况是不同的，应当保留一定的自主权。社区服务站、活动场地和活动设施应该是每个社区的标配，也应该设置日间照料中心，至少几个邻近的社区要设置一个，这样才能保证满足老年人不同的养老服务需求。如果社区间的养老服务差异过大的话，未来出现"养老房"的可能性也会增加。

(3) 养老服务内容局限，供需不匹配

除了一线大城市的社区养老服务开展得较为全面、专业化水平和服务

质量较高，其他城市的社区养老发展存在较大差异。由于资金不足及人才缺乏，服务项目的设计和开展存在局限性。目前为止，社区开展的服务大多是家政服务以及文化娱乐活动，服务内容有限而且服务水平不高。老年人受到意识观念、宣传力度的影响，对这些服务项目的需求度和接纳度普遍不高，对社区开展的活动和事务参与度和支持率较低，出现社区提供的服务与老年人的需求不匹配的现象。社区开展的养老服务活动，也没有刺激老年人的需求，甚至有一些为了搞活动而搞活动的状况，不能很好地满足老年人的养老服务需求。

（4）专业人才短缺，没有统一考核标准

随着老龄化状况的不断加重以及老年患病率的不断提高，养老领域需要更多的人才加入，需要建设专业人才队伍。笔者通过调研发现，当前从事养老服务行业的工作人员大多缺乏专业技能，学历水平偏低，没有经过有效的培训和资格认证，同时专职的医疗、护理、社会工作、心理和管理的专业人员也不足。社区负责老年事务的人员一般是社会招聘的行政人员，他们大多没有受过专业训练、缺乏经验，且不具备老龄工作的专业知识，更容易出现低龄老人照顾高龄老人的现象。养老服务行业工资低、工作强度大、社会认可度较低等现状对发展专业的养老服务队伍不利，专业人才短缺和流失状况严重。

（5）部门间合作不足，主体多元化的优势未体现

社区养老的发展主要依靠政府有关部门的力量来推进，但是各部门之间目前未能进行有效的沟通与协作，这制约了社区养老的建设与发展。老年人普遍有医疗方面的支出，因此民政部门和卫生部门之间的合作十分关键，但实际上养老和医疗服务分别由社区服务站和社区卫生服务站进行管理，往往出现服务内容界定不清、护理和康复归口服务范围缺乏明确定位的问题。医养结合的工作还需要进一步推进。除了政府部门，其他社会组织和养老机构在社区养老中的作用也没有明确定位，只能以单个项目的形式来为社区解决个别问题，各个主体之间还没有建立长期合作关系和项目运作机制。日间照料中心由社区或养老机构管理，由于两者性质不同，日间照料中心应该适用哪个体系的监管要求也无法明确，这造成了一定的问题。

（三）机构养老

在我国养老服务体系的建设规划中，机构养老的定位是"以机构养老为支撑"。之所以赋予机构养老这么重要的"支撑"任务，应该是出于以下几点原因：一是机构养老的灵活性较强，发展受限比较少；二是机构养老有以社会力量发展的基础，在多年的发展过程中积累了经验；三是机构养老有专门为老年人服务而配置的场地、人员，服务更具有针对性且更容易做到专业化。但现状却是不同地区的养老机构发展差别较大，公办养老机构和民办养老机构差异性显著，公办养老机构和民办养老机构内部也存在很大的差异性。在这样的背景下，我们对东部、中部和西部共6个城市的15家不同性质的养老机构展开了调研。

1. 机构养老的发展

机构养老最初是作为家庭养老的补充出现的，为了解决一些无法获得家庭支持的老年人的养老问题，将老年人统一集中在一定的场域中，为其提供日常所需的各项服务，提供机构养老服务的场域就叫作养老机构。最初的养老机构都是公办的，是为了给"三无""五保"老人提供兜底的养老服务的，服务也很简单，就是保证老年人能有饭吃、有地方住。20世纪80年代以来，社会福利机构在保障兜底养老服务的基础上，开始利用多余资源面向全体社会成员提供有偿服务，床位数量也得到了快速增长。但有偿服务仅提供给有支付能力的老年人，支付能力成为需求满足的划分方式。

随着老年人的老年生活得到保障以及全国老龄化程度的提高，更多老年人开始有基本保证之上多样化、多层次的养老服务需求，再加上国家社会福利社会化以及大力发展养老事业的规划，在"大力加强养老机构建设"的指向下，多样化的投资力量和多样化的运营主体促进了养老机构的快速发展。当前的政策还鼓励在养老机构中设置医疗机构，以促进医养结合的发展。同时，政策也鼓励发展较好的养老机构利用自身资源优势，培训和指导社区养老服务组织和人员，以便提供居家养老服务。

受思想观念、支付能力和身体状况等的影响，大多数老年人更倾向于选择居家养老或社区养老的方式。同时，随着人口高龄化、失能化趋势的发展，养老机构在高龄老人和失能半失能老人的长期照护及养老服务领域会发挥越来越重要的作用。在选择养老机构意愿上，失能半失能老人入住养老机构的意愿也高于其他老年人群体。机构养老需要在加强满足失能半失能老年人的照护需求能力的基础上，朝着更专业化、全面化的方向发展。

2. 养老机构概况与存在的问题

养老机构按照兴办主体可分为三种类型，即公办养老机构、民办养老机构和公建民营养老机构。公办养老机构是最先出现的由政府建设的兜底性质的养老机构，之后在社会福利社会化的推动下，社会力量的进入使得民办养老机构开始发展，最近几年许多地方又开辟了公建民营养老机构的探索之路。养老机构作为一个独立的服务供给主体，对其调研主要从资金、管理、服务、人员、合作等方面展开。

（1）资金方面

在养老机构建设方面，公办养老机构通过政府拨款来兴建，从硬件设施到人员配置都由政府统一负责。在日常的运营中，公办养老机构基本上也是靠政府拨款，也可能包含一部分向以有偿形式入住的老年人收取的费用。据哈尔滨某养老机构反映，由于公办养老机构是政府管辖性质，之前的运营资金投入方式是依据预算一次性投入，灵活性略显不足，近年来有所改善。公办养老机构由于是政府全款支持，因此不需要其他补贴。

民办养老机构的资金来源主要是民间组织自身，一般是通过公司先获取一定的资金，也有一部分是来自政府的建设补贴，近几年来房地产公司、保险公司等大型企业资本也开始进入养老市场。民办养老机构运营主要靠收费、床位或运营补贴以及投资盈利等，但是养老行业前期投入大、利润空间小、资金回收慢。南京某民办养老机构总结出其行业的特征大致是入住率在60%~70%时能达到资金的平衡点，平衡运营15~18个月时达到现金平衡点；上海某民办养老机构则称三四年才达到收支平衡，可见民办养老机构发展初期的困境，也造成了初期养老机构状况不稳定等现象。

公建民营养老机构则主要由政府出资兴建并且提供主要的运行费用,由民间组织承包运营。公建民营在实际操作中有多种合作形式,主要是通过项目投标与政府签署合同,合同周期根据具体情况规定,施行的地区有相应的准入准出和评估机制。这样的规范管理能够保证资源的优化利用和成本的节约,因此公建民营的形式成为目前政策鼓励尝试推行的一种新形式。公建民营养老机构的运营费用来源可根据合作方式而定,一般情况下不统一,运营费用主要来源于政府经费拨款、床位、发展建设等收费以及投资。

(2) 管理方面

公办养老机构是民政部门下属的社会福利机构,招聘专门的公职人员进行管理,由所属民政部门进行监督。公办养老机构通常有着完整的管理规范和标准规范,不管是人员和事务的管理还是服务准则均有详细的具体操作规定,管理人员和服务人员在进行从业培训之后就按照养老机构各项规范提供养老服务。比如上海市、南京市使用包含115项内容的养老机构评估表对公办养老机构进行评估,包括老年人能力评估、机构标准化建设评估、机构安全评估、服务流程评估以及具体操作评估等,同时南京市还有关于问题处理的基本预案内容。

民办养老机构和公建民营养老机构主要通过在民政部门和工商部门的注册获得从事养老服务行业的资格,受到各地区对养老机构的基本建设资金和建设要求的制约。但民办养老机构和公建民营养老机构的管理制度和服务规范由机构自己制定实施,因而表现出比较大的差异性。有些机构的管理制度和服务规范比较完善,参照公办养老机构的一些管理办法,或者在发展过程中总结出一些规范性的内容。有些机构只有某几个方面的内容,且可操作性较差,导致机构入住率较低以及员工流失率较高。昆明某民办养老机构做得比较好,有完整的失能等级评估、用药安全评估和家庭背景评估,同时还有针对老年人和护理人员的矛盾处理流程。公建民营的养老机构因为有政府在合同周期内实现监管,且通常是由具备成熟养老机构建设经验的组织来兴建,所以在管理水平方面比单纯民办养老机构的管理水平高一些。

对养老机构统一服务的管理主要是由政府来进行,监管部门可能委托第三方来对养老机构进行评估，确定养老机构资质。如南京市对养老机构进行评估定级，对不同级别的机构发放不同比例的床位补贴，形成了提高养老机构服务质量的竞争机制。

（3）服务方面

不管是哪种类型的养老机构，普遍都会提供日常照料、文化娱乐、医疗保健方面的服务，有些机构还会有精神慰藉方面的服务，总体上机构养老方式在社会参与方面比较弱。

服务费用通常包括床位费和护理费两部分，床位费是固定的，护理费根据对老年人的能力评估来确定。本书所调查的养老机构大多会在入住前对老年人进行能力评估，试行长期照护保险的地区使用长期照护保险统一标准，没有长期照护保险可借用已有学科标准，如昆明会采用医学上的标准来对老年人的失能等级进行评估。通过能力等级评估结果来确定每位老年人所需的服务等级，从而确定所提供的服务内容，评估等级越高的老年人所需服务等级越高、日常照料内容越多，相应的护理费用也就越高。

同样地，评估等级越高的老年人的身体状况较差，对医疗保健的要求也越高。本书所调查的机构医养结合做得比较好，大多数机构有自己的医务室，或者与社区卫生站紧密合作。公办养老机构与社区卫生服务中心以及医院绿色通道的合作较多，民办和公建民营养老机构的医养结合形式较多。总的来说，不同机构所提供的医疗服务差别比较大，有的医务室仅提供为老年人按时配药的服务以及慢性病日常监护服务；有的医务室则可以看病问诊，并且有自己的药房和医疗设备，日常病症基本可以得到解决。不管哪一种方式，都明显存在医疗保险难以使用的问题，有些医务室不具备医疗保险支付的资质，只能提供门诊服务，但异地医保卡只能住院使用而不能在门诊使用。

康复治疗作为医学中的一个部分，目前发展程度与其重要程度无法匹配，这是在养老机构发展中被忽略的部分。老年人由于身体状况变差，或多或少都会与一些慢性病共存。出于安全和方便考虑，养老机构往往会把老年人活动空间限制在较小范围，养老机构自然也不会将康复看作是重要的服务内容。但实际上，延缓老年人身体机能的退化才应该是为老服务的正确做法。因此，康复治疗亟须发展，这也是我们所调查的养老机构目前正在关注并积极推动发展的内容，康复师和康复室的配备应该作为养老机构未来建设的基本要求。

机构内的活动主要由社会工作者或社会工作部门来负责，同时还会有外部人员的一些志愿服务及慰问活动，精神慰藉方面的服务则由心理咨询师来提供，养老机构基本上会配备相关人员，但目前为止服务的专业性尚未完全体现。

（4）人员方面

公办养老机构作为事业单位，其人员组成主要分为两个部分，一部分是有事业编制的管理人员，另一部分是合同制外聘的其他工作人员等。民办养老机构和公建民营养老机构的人员则均是通过合同制招聘而来的。薪酬体系主要包括最基本的工资和社保，服务人员提供吃住，有些机构还会计算工龄工资。同时有的民办机构还有绩效工资，通过工作量、满意度、照顾比、培训考核等内容来进行计算。总的来说，公办养老机构中管理人员比护理人员的薪酬要高，但民办养老机构的管理人员薪酬比公办养老机构管理人员的薪酬还高很多。护理人员通常是"4050"人员，学历低，专业性不足，但具备较强的亲和力和沟通能力。

各种类型的养老机构都会对服务人员进行岗前培训，同时在服务期间也会不定期地组织一些培训活动，提高服务的专业性，总结服务经验。上海市有专门的养老服务指导中心来对养老行业从业人员进行培训。云南的某民办养老机构将培训分为不同的种类，每周都会有针对护理人员及管理人员的不同的培训课程。

笔者在调研中发现，虽然各个养老机构都面临一定程度的人才流失，但公办养老机构的人员稳定性较强。从总体上来讲，公办养老机构人员比较稳定，福利待遇较全且较好，并且具有较高的平台，可以与来自政府、社会组织等的资源接触，同时设有关注员工福利和心理健康的相关部门。人才流失表现最明显的是护理人员的流失，这主要与养老服务行业的工作强度大、薪酬低以及社会认可度低有关。由于目前医疗服务在养老机构中的定位比较尴尬、专业能力没法得到完全发挥，同时养老机构中的薪资水平较低，医学和护理专业的学生可能更愿意选择专业医疗机构从业。目前在养老机构从事医疗服务的更多是退休后再聘用的或专业资质不足的人员,这反过来又会产生持续性和专业性不足的问题从而影响养老机构医疗服务的整体发展。

(5) 合作方面

在医疗领域的合作。养老机构与医疗机构的合作主要是从两个方面进行的:一是在养老机构内设置医疗机构或在医疗机构内建设疗养院;二是与医院签订合作共建协议,在检查、转院或紧急情况下可以利用绿色通道。其他没有内设医疗机构的养老机构主要是依托附近的社区卫生服务中心来提供医疗服务的。医保的问题一直是医养结合进一步发展的障碍。

与高校及志愿服务组织的合作。高校主要是通过建立社会工作、养老护理专业学生实习机构的方式来推动合作;笔者在南京、上海的养老机构调研时均与实习人员交流,得知有关合作较为密切;云南是以高等院校专家培训和讨论以及实习师生双重合作的方式进行。志愿服务组织一般会不定期来组织慰问活动、文艺演出等,或是为老年人提供专业层面的服务。

与其他企业的合作。首先是与专门做康复治疗的企业进行合作,合作方式主要包括引进一些康复设施设备、培训机构内的相关工作人员、对机构内老年人的状况进行评估并协助做出康复计划等。其次是与开发智能平台的互联网公司合作,对机构内老年人状况进行信息化的处理,记录日常服务并在后台及时监督反馈,以确保在出现紧急状况时能及时反应。上海的养老机构基本采用信息化的方式建立机构内数据库来统筹机构管理。最后是与其他资本企业的合作,这类合作可以增加机构的"造血"功能,实现养老机构资金保障和资本企业品牌、口碑保障的双赢效果。

从上述分析可以看出,目前我国在城市社区养老与机构养老的供需匹配方面还存在较大问题,这些问题我们在下一章对养老服务体系供需结构的实证分析中可以发现,以便有针对性地提出问题和应对策略。

三 S社区养老服务供给与需求的个案回顾

（一）S社区老年人精神慰藉需求与服务供给[①]

1. 需求评估的基本情况

S社区老年人精神慰藉评估的总目标是了解政府购买服务实施居家养老的老年人精神慰藉需求的状况。北京市S社区曾被评为"首都文明社区"，其特色服务项目有志愿者服务、为老服务绿色通道、食品安全监督等，其中为老服务是城市居家养老服务的重要体现，而且随着生活水平的提高，该社区老年人对服务的要求也在提高。本次评估通过选取该社区52位老年人进行需求评估问卷调查，了解其精神慰藉需求，对其进行量化，将其转化为具体指标，并将各个指标转化为可以操作的问题及选项。本次调查主要分为两大部分：第一部分是S社区老年人的基本信息，主要包括老年人的性别、年龄结构、受教育程度、收入来源、职业分布、健康状况等；第二部分是老年人对精神慰藉服务的需求调查，首先从整体上对老年人的个人精神状况进行调查，然后将精神慰藉需求操作化为家庭支持需求、社区支持需求以及其他需求三大类。本次调查了解到的S社区老年人精神慰藉需求情况如下。

个人精神状况。从表2-6可以看出，S社区的老年人对生活的满意度相对较高，且日常生活中的积极情绪体验比较多，该社区的大部分老年人对生活抱有积极的态度。同时表2-7的数据表明，受访老年人的生活满意度比较高，仅有3.85%的老年人对生活不太满意。

表2-6 受访老年人的情绪体验

单位：人，%

情绪体验	消极情绪人数	消极情绪比例	积极情绪人数	积极情绪比例
总是	0	0	12	23.07

[①] 资料来源于赵一红主持的北京市社区居家养老社会工作专业服务项目。

续表

情绪体验	消极情绪人数	消极情绪比例	积极情绪人数	积极情绪比例
经常	4	7.69	15	28.85
有时	12	23.07	12	23.07
很少	18	34.62	11	21.15
从不	18	34.62	2	3.86

表 2-7 受访老年人的生活满意度

单位：人，%

生活满意度	人数	比例
非常满意	15	28.84
比较满意	25	48.08
一般	10	19.23
不太满意	2	3.85
非常不满意	0	0

家庭支持需求状况。在老年人期望子女经常陪伴在自己身边的意愿方面，表 2-8 把答案分为两个种类，把回答"非常希望"和"希望"的归为"意愿强烈"，把"无所谓"、"不太希望"和"十分不希望"归为"意愿不强烈"。从表 2-8 可以看出，有 41 位老人（占 78.85%）对子女来看望自己的意愿不强烈，通过询问原因，我们了解到大部分老人是考虑到子女工作忙，怕耽误他们的时间，并非不希望子女来看望自己。

表 2-8 受访老年人期望子女陪伴的意愿

单位：人，%

期望子女陪伴的意愿	人数	比例
意愿不强烈	41	78.85
意愿强烈	11	21.15

在与子女沟通的问题上，有 33 位老人（占 63.46%）认为没有困难，认为存在问题的老人主要是在沟通方式和生活习惯上与子女存在差异。S 社区受访老年人普遍表示，除了日常生活中的帮助、对社区服务的要求之外，应当加以重视的是如何与子女更好地沟通、有更多的陪伴和共同参与

活动。这是养老服务工作者在为老年人提供服务时应当与其子女进行沟通的问题。

社区支持需求状况。在老年人最喜欢或最希望参与的活动方面,由表2-9可以看出,大部分老年人希望的是读书、看报、看电视、种花养宠物等自娱自乐的活动,其次是社区组织的休闲娱乐活动和朋友间的小范围内活动。对于没有或不愿参与活动的老年人,我们通过询问得知是身体上的不适导致其无法参与。

表 2-9 受访老年人最喜欢或最希望参与的活动

单位:人,%

参与活动	人数	比例
自娱自乐	22	42.31
朋友间的小范围内活动	9	17.31
社区组织的休闲娱乐活动	9	17.31
社区组织的学习培训活动	3	5.76
无	9	17.31

由表2-10中数据可知,大部分老年人在参与活动之后,心情比以前更加愉快,这表明,社区活动对老年人精神生活质量的提高起着非常重要的作用。

表 2-10 受访老年人参与活动前后情绪变化

单位:人,%

参与活动前后情绪变化	人数	比例
心情比以前更加愉快了	27	51.92
心情没什么太大变化	7	13.46
不如以前开心	0	0
不清楚	2	3.85
不适用	16	30.77

其他需求状况。这部分问题主要是针对有意愿参与志愿服务活动的老年人,从回收的问卷数据来看,表示非常愿意和愿意的老年人共31人(占59.62%),其中13人选择便民服务,10人选择帮困助弱服务。这在一

定程度上反映出该社区受访老年人更高层次的需求状况，该部分老年人具有强烈的自我实现的需求。

2. 需求评估数据分析与结论

对于城市社区中选择居家养老的老年人，特别是有一定社会经济地位的老年人来说，他们在物质生活上已经得到充分保障，而他们的晚年生活对于精神慰藉的需求会更高，这种精神慰藉可以来自家人、朋友，也可以来自社区、政府等各种社会力量。通过对S社区52位老年人的问卷调查，我们在一定程度上了解到了S社区居家养老老年人的精神慰藉需求的整体状况。

首先，通过对受访老年人个人基本情况数据的分析可以看出，该社区老年人整体生活状况较好，物质生活富足。身体状况欠佳、收入较低的老年人仅占很少的部分，且S社区在为老服务方面的建设相对比较完善。但是，在看到整体状况良好的同时，也要注重特殊群体服务，特别是针对高龄老人、丧偶老人、不能自理老人、经济收入相对低的老人来说，建立老年人个人信息档案库，为其提供更加深入、长期的服务活动显得更加重要。同时，从整体来看，该社区老年人对生活满意度较高，这也意味着老年人对自己晚年的生活质量会有更高要求，具体表现为老年人对于精神慰藉的迫切需求。

其次，从老年人家庭支持需求状况来看，在居家养老的模式下，老年人对子女不能长期陪伴在自己身边表示理解，不强求子女经常来看自己，并且绝大多数老年人认为子女对自己的关心足够，家庭关系也比较融洽。当然，老年人在内心深处仍然希望能和子女有较多沟通，特别是在出现沟通方式和生活习惯差异时希望获得帮助，以享受天伦之乐。

再次，从社区支持需求来看，在老年人所居住的社区，邻里朋友、社区工作人员和其他社会服务人员是其日常交往的主要对象，其需求也同样在与以上对象的交往中得到体现。社区活动是丰富老年人晚年生活的重要渠道，老年人在体验社会工作服务活动前后的情绪体验截然不同，社区活动有利于给老年人带来健康、积极的生活感受。对于社区活动，老年人希望有更多休闲娱乐活动，同时也更加注重自身兴趣，并不一定非要参与社区集体活动。有些老年人因性格独立，更愿意去发展自己的兴趣爱好。还有部分老年人因身体不便，参加社区活动有困难，这就需要社区在具体服务中，针对每位老年人不同的性格特征、身体状况等来提供不同的专业服务。

最后，积极参与志愿服务属于老年人更高层次的精神需求。部分老年人在自身身体状况、经济状况允许情况下，愿意提供一些志愿服务活动。例如便民服务、帮困助弱等，S社区的"志愿者服务"常常吸纳有志愿服务意愿的老年人，丰富他们的晚年生活。由自身就是老年人的志愿者去帮助有需要的老年人，能发挥老年人志愿者更有同理心、更有预见性、更有经验的优势，但是缺乏专业性也会产生一定的问题，这就需要为老年人志愿者队伍提供一定的专业支持，使专业性与经验相结合，更好地为老年人提供服务，与此同时，也能满足老年人更高层次的精神需求。

（二）政府购买社会工作养老服务供给

S社区的案例属于政府购买社会工作养老服务。根据上述需求评估分析结果，S社区针对服务对象设定了如下目标：第一，提升居家养老老年人精神慰藉服务的质量，满足老人归属与爱、尊重、认知和自我实现的需求；第二，改善老年人与家庭成员关系，增强家庭作为老年人社会支持的力量；第三，增强社区成员间的互动，扩展老年人的社会支持系统；第四，整合各项服务资源，提高服务实施地居家养老各项服务的衔接性与系统性。根据上述目标，S社区设计了如下服务计划：个案服务、小组服务、社区服务，其中以萨提亚家庭治疗模式为专业辅助技巧。家庭是一个系统，家庭成员是构成家庭这个系统的基本元素。家庭的每个成员相互影响、相互依赖，共同隶属于家庭，家庭成员的变化直接影响到每个家庭成员。萨提亚家庭治疗模式从家庭系统出发，以家庭情景为动力，最终实现每一位家庭成员的成长。其最大的特点就是着重提高个人的自尊、改善沟通及帮助人活得更"人性化"而不只求消除"症状"，治疗的最终目标是个人达致"身心整合，内外一致"。很多家庭成员缺乏基本的相处技巧，包括如何聆听、如何尊重别人的私人空间、说话时如何跟对方有恰当的目光接触、如何简短明晰地表达自己而不是采用责备他人的方式、如何进行换位思考等。社会工作者首先要让老年人及家庭成员感受到被理解、被尊重，其次要让他们分享生活中遇到的困难，相互提供支持，最后才是让他们体验学习新的家庭成员相处方式。

老年个案社会工作主要围绕老年人及其家庭成员，以提高老年人的能力和促进老年人的发展为目标，积极提供和寻求资源，采用一对一的服务方式解决老年人的生活和心理问题，调整老年人及其家庭成员间的互动。个案服务主要采用心理社会治疗模式、任务中心模式、人本治疗模式以及家庭治疗模式等。在收集资料的基础上，明确老年人的需求并制定具体方案。这一环节的主要任务是社会工作者与老年人共同制定合适的目标，结合社会工作者与老年人的实际能力，确定具体可行的服务计划，最后详细实施个案服务计划。老年小组工作针对老年人的心理、生理、社会适应等方面的问题，利用不同目标模式的小组方案通过小组成员间的互助和凝聚力对个体进行辅导与治疗，增进老年小组成员的相互支持，改善其态度、人际关系和应对实际生存环境的能力，满足老年人工具性和情感性的需求。根据既定目标，S社区为社区老年人设计了"正能量"小组、"智慧号"小组、"老来乐"小组等活动小组。这三个活动小组分属支持性小组和康乐小组，采用的小组模式也各有不同。老年社区工作的开展，需要在社会工作专业价值观的指导下，以社区为载体，以社区内老年人及其他社区成员为对象，运用各种专业工作方法，改善老年人与社区的关系，提高老年人的自助、互助能力，促进老年人的社区参与，通过老年人的集体参与改善他们的生活质量。在S社区开展的活动分别采用地区发展模式和社区照顾模式。

通过提供上述社会工作专业服务，S社区老年人的精神健康状况有所改善，在一定程度上满足了社区老年人精神慰藉的需求，提高了社区老年人的生活质量。这个案例表明，老年人在精神慰藉方面的需求非常明显，要加大提供老年人精神慰藉和心理疏导服务的力度，以此达到养老服务供需关系的平衡。

（三）政府养老服务供给的制度安排

从上述案例中可以看出，当前政府购买社会工作服务应该被看作政府对于社会福利治理的一项举措，也是一项具体的养老服务供给的制度安排。目前，政府购买社会工作服务涉及的地域已经非常广泛，且政府福利制度趋于完善、福利政策趋于成熟。从上述政府购买老年社会工作专业服务的案例可以看出，政府的福利制度与政策关系到老年问题是否能够得到深入解决，关系到社会工作事业是否能够得到治理和发展。"社会福利制度的选择是一个国家社会福利发展中最为重要和最为关键的问题，选择一个适合本国国情的社会福利制度，是现代政府作为社会福利供给主体最首要的职责和任务。在现代社会的任何一个国家，社会福利制度的选择权和决策权只可能由政府行使。"（景天魁等，2010）社会福利制度由资源、组织、人力、服务对象、外在制度与环境等系统构成，对于一套完善的社会福利制度来说，社会工作服务发挥着重要作用。社会福利制度是为满足广大民众的社会需要、解决社会问题而设置的，而社会工作的服务体系可以在最大限度内实现上述目的。因此，社会工作是社会福利体系的重要组成部分，是社会福利制度中的服务传递体系。在此福利传递体系中，社会工作专业服务是一个重要的行动系统。社会工作专业服务的发展水平在很大程度上体现着社会福利制度与政策的完善程度，并且体现出政府的福利治理能力（王思斌，2010）。

政府购买社会工作服务表明我国政府在福利政策的制定方面有了新的视角、对接了新的资源，表现出政府在社会福利治理方面的作为和能力，也表现出政府对现代社会的重新塑造，这对政府角色和职能的影响至关重要。政府购买社会工作服务、发展民办社会工作组织，是积极培育社会责任的一项重要措施，更是社会福利治理的一项重要制度举措。目前许多国家的非营利组织例如社会工作机构、志愿者组织、民间团体、民营企业等，纷纷承担了许多过去属于政府的工作，这些组织依靠自身资源解决各种不同的社会问题，同时以独特的方式在社区管理、环境保护、公共设施建设、文化保护等领域发挥着越来越大的作用。目前我国社会工作组织也更加广泛地参与社会服务与管理，尤其表现在社会福利治理的过程中。从政府购买社会工作服务的概念、内容和方式来看，在目前社会发展条件下，政府究竟应该建立什么样的行政模式，是一个值得探讨的问题。同时政府购买社会工作服务说明，社会发展本质上要求政府的行政模式由管理制转向服务与治理，更多地注重以人为本和社会关怀。"马克思认为，黑格尔关于官僚制的论述仅仅以一种特别直接的方式展现了黑格尔式国家概念中的一般性错误。官僚制所代表的并非普遍利益，而是一种特殊利益。……这样一来，国家官僚制便是管理机关，通过这一机关，统治阶级局部权力得以制度化。……于是，对于马克思来说，国家官僚制就是官僚行政组织的典型，只有通过革命过渡到社会主义之后才可能将其废除。"（吉登斯，2013）"对于马克思而言，国家行政管理中'系统的和等级的分工'意味着政治权利的集中化。而当资产阶级国家自身被超越时，这种集中的政治权利也将被废除。"（吉登斯，2013）因此，社会主义社会制度下的政府，是废除了官僚制特权的政府，在此状态下，社会治理的本质就是提供服务，治理好社会的前提是服务社会。政府工作的出发点应该是社会大众的意愿和要求，因此，为社会大众提供服务和福利就是政府的主要职责（赵一红，2012）。

第三章
养老服务体系供需结构的实证分析

一 养老服务体系调查的研究设计与操作化

(一) 养老服务体系的整体框架

1. 服务供给模式

当前,完善的养老服务体系不仅对老年人福祉有着重要的意义,而且老龄化冲击下,如何养老成为政府、社会、个人关注的重点问题,因此,为满足老年人的需求,探究我国养老服务的供需平衡状况,本书通过实地调研、访谈社区和机构的方式对养老服务发展进行量化分析。根据服务群体的不同,当前的养老服务供给模式主要有以下三类。

一是家庭养老,家庭是我国养老服务体系的第一支柱,是当代中国社会转型与制度变迁的历史起点和给定条件,更是国家发展、民族进步、社会和谐的重要基点(辜胜阻等,2017)。我国受传统文化和儒家"孝道"思想的影响,自古以来有"养儿防老"的观念,即上一代抚养年幼的下一代,等上一代老了以后,下一代尤其是儿子,要赡养老人。这种现象使得大多数老人选择以家庭养老为主,家庭养老能够满足老年人的日常生活中的照护需求,老年人的精神慰藉需求也能通过子女、亲属的陪伴得到满足,但是家庭规模的小型化、简单化,使得家庭的养老功能逐步弱化,家庭的"少子老龄化"将进一步加剧家庭养老困境(彭希哲、胡湛,2015)。

二是机构养老,通过为老年人提供日常照料、康复护理、娱乐交流等多种综合性养老服务的机构或组织,满足老年人养老需求,机构可以是独立法人,也可以是医疗机构、企业单位等的附属部门。机构养老服务在养老服务体系中具有重要支撑作用,由于养老服务人才和资源配置集中,专业性服务能更加及时地对接老年人需求。目前我国的养老机构指的是福利院、老年公寓、敬老院等,这些养老机构按照隶属关系分为三类:国家创办的国有养老机构,乡镇、社区、村、街道创办的集体所有养老机构,企事业单位或个人所创办的民办养老机构等(李春立,2009)。没有经济来源、无子女、失能老人和残疾人对机构养老的需求更高,尤其是居家养老和社区养老无法实现时,机构养老的优势得以体现:第一,由于工作地点、教育迁移等因素影响,很多家庭出现了子女在外工作、求学的情况,此时子女无法赡养老人,机构就能起到照料的作用,减轻家庭的赡养负担;第二,养老机构的资源更加集中且专业,能为老年人提供丰富多彩的娱乐活动;第三,越来越多的机构配备了医疗诊断器材,在机构内部就能进行医疗救济。

三是社区养老,相比于居家养老和机构养老,我国社区养老的概念和方式出现比较晚,当前部分社区建设了老年人日间照料中心、托老所、老年活动中心、互助式养老服务中心等形式的社区养老服务设施,这些中心能较全面地满足老年人实现自我价值、参与社会活动的需求,例如老年人可以在日间照料中心获得日常照料服务,在社区医院(诊所)获得基本医疗保健服务。老年人在其所在社区养老会觉得熟悉感更强,生活习惯不会有过多的改变,有助于他们安度晚年。

总的来说,明确"以居家养老为基础、社区养老为依托、机构养老为支撑"在养老事业中的定位,充分发挥各自的优势,才能实现"1+1+1>3"的最优状态。

2. 服务内容

随着我国经济社会发展,养老服务体系也不断完善,总体而言,机构和社区提供的日常照料、医疗保健、文化娱乐、精神慰藉、社会参与等服务满足了老年人的养老服务需求,提高了老年人的生活质量,因此是本书重点关注的内容。具体而言，社区主要为日间暂时无人或无力照料老人的家庭提供日间照料服务和居家养老支持服务。通过养老设施网点和社会服务设施提高社区养老服务供给能力，鼓励、引导志愿者、公众、社会组织等力量积极参与到老年人互助服务中；农场养老服务则在城镇化发展和新农村建设基础上，由乡镇敬老院提供日间照料和短期托养床位，逐步转向区域性养老服务中心，为老年人尤其是留守老人提供日间照料、短期托养、配餐等服务。

机构通过设施建设，实现其基本养老服务功能。养老服务机构包括老年养护机构和其他类型的养老机构，主要为失能、半失能的老年人提供专门服务，重点实现以下功能。①生活照料。设施应符合无障碍建设要求，配置必要的附属功能用房，满足老年人的穿衣、吃饭、如厕、洗澡、室内外活动等日常生活需求。②康复护理。具备开展康复、护理和应急处置工作的设施条件，并配备相应的康复器材，帮助老年人在一定程度上恢复生理功能或减缓部分生理功能的衰退。③紧急救援。具备为老年人提供针对突发性疾病和其他紧急情况的应急处置救援服务的能力，使老年人能够得到及时有效的救援。[①]

目前社区、机构提供的服务各有侧重，对于不同的养老需求的满足程度也不同。为清楚了解当前养老服务体系构成，本书从供需角度入手，构建养老服务供需体系，如图3-1所示，左半部分是养老服务需求，右半部分是养老服务供给。

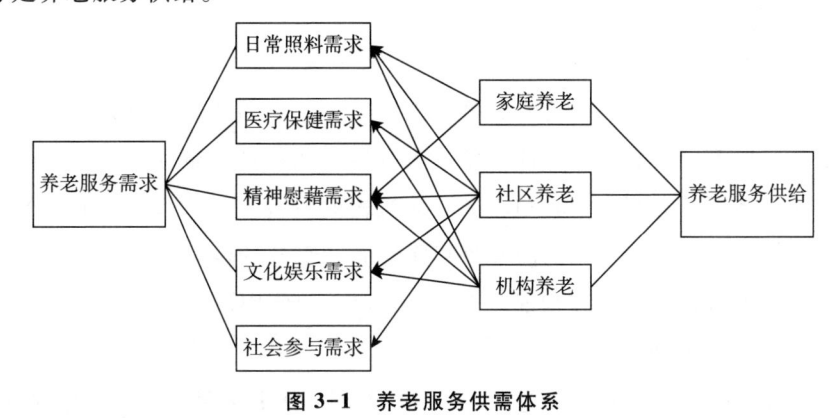

图 3-1 养老服务供需体系

[①] 《社会养老服务体系建设规划（2011—2015年）》，中国政府网，http://www.gov.cn/gongbao/content/2012/content_2034729.htm。

（二）养老服务体系的调查设计

1. 调查说明

养老是一个社会问题，需要多方参与、共担责任，政府应积极制定有关养老制度的法规和政策以发挥其引导和监督作用；社会组织应积极协助政府充分发挥养老服务的功能与作用；社区及家庭应充分发挥其参与养老服务的积极性与责任感。本书对城市养老服务体系建设状况进行了调查，尤其是对我国目前的社区养老模式和机构养老模式在需求和供给方面的情况进行了深入探讨，以期为国家相关政策部门提供解决问题的思路和建议。

2. 调查内容

本书围绕城市养老服务体系的设施配置、管理、服务等几个方面开展养老需求与供给调查，具体有以下三个任务。

任务一：调查社区养老和机构养老的服务供给方式，着重调查养老服务设施、工作人员、工作内容等方面的情况。

任务二：调查社区养老和机构养老的服务需求，包括影响需求的方式、供需双方的差距。

任务三：调查社区养老和机构养老的需求影响因素，探究养老服务体系的供需关系。

3. 调查方法

（1）访谈法

为获得我国社区和机构养老服务供给概况，本书通过实地调研和面对面访谈获取第一手数据，并针对养老服务供给现状进行定性分析。受访者主要包括社区养老服务中心和养老服务机构的负责人、管理人员、服务人员以及老年人；访谈提纲的内容紧紧围绕养老服务的供给，包括社区（机构）养老服务建设和运营情况、老年人对服务的使用情况等。

（2）实地调研法

实地调研是一种定性研究方式，研究者深入所研究的对象中，靠观察、询问、感受和领悟去理解研究对象，进而发现具有普遍性意义的问题。个案研究是实地调研的一种，即针对一个个体、一个事件、一个社区所进行的深入全面的研究。由于本书试图对养老服务的供需现状进行研究，必须将研究落实到社区（机构）养老服务中去，因此实地调研法在本书的研究中发挥了很重要的作用。

（3）问卷调查法

为探求当前我国老年人的养老诉求和养老服务体系的问题，本书通过问卷调查获取了养老服务供需的第一手资料。具体而言，在养老服务需求调查方面，本书采用目的调查的方法，由社区或机构工作人员召集老人来填答问卷，调查问卷主要包括两部分，第一部分是对被调查者基本信息的调查，主要包括性别、年龄、收入、身体状况、家庭状况等，第二部分是对被调查者养老服务内容需求的调查，主要包括生活需求、医疗需求、精神需求、娱乐和社会参与需求等。通过问卷获得社区养老（机构养老）的老年人基本情况、生活现状和养老服务需求等方面的资料，以分析老年人对社区（机构）养老服务的需求及其人口学特征、家庭情况、经济状况、健康水平等对需求的影响。

在养老服务供给调查方面，本书利用问卷调查了社区（机构）养老服务提供方的基本情况（包括兴办主体、主管部门、服务资质、人员规模等），服务设施情况（包括娱乐、健身、医疗设施的数量、种类等），工作人员情况（包括人员数量、构成、技术水平、培训情况等），养老服务情况（包括服务的内容、提供的方式、服务的数量等）等相关数据。从方法上来说，访谈材料是本书供给分析的重点，问卷调查是作为了解养老服务供给基本情况的辅助，因此，在养老服务供给方面的研究以定性研究为主，定量研究为辅。

4. 调查地点及样本选取

在机构和社区的调研中，本书采用了目的抽样的方法抽取样本。抽样依据三个原则：一是代表性，二是前瞻性，三是调研的可操作性。首先，调研地点的选择要比较全面地反映我国城市养老服务体系建设的基本情况，具有代表性。其次，所选择的调研城市养老服务体系建设的状况和具体做法等应该能够预示今后城市养老服务体系建设发展的方向。最后，调研地点的选择要考虑到地方相关部门对调研的配合度，从而保证调研数据获取的便利性和真实性。依此原则，本书在社区养老服务调研中选取了上海、杭州、恩施、襄阳、兰州、西宁六个城市的14个社区,在机构养老服务调研中选取了南京、杭州、上海、昆明、哈尔滨、长春六个城市的15家养老机构。其中,上海、杭州、南京作为经济较为发达的城市,近年来在养老政策和养老服务体系的建设与运行方面有很多的改革和创新,恩施、襄阳、哈尔滨、长春、昆明、兰州、西宁则反映了中等经济水平的地区和欠发达地区的改革动向。而且,本书所调研的城市包含了我国东部、中部、西部、东北地区,较全面地反映了我国城市养老服务体系的现状与问题。

对于访谈对象和问卷调查对象〔老年人、社区(机构)负责人、管理人员、服务人员〕的抽样主要考虑便利性,由社区(机构)负责人予以安排,因此,该抽样不是概率抽样。调研中,我们通过负责人了解养老服务运营情况,通过管理人员了解养老服务供给状况。老年人的调查标准为:在社区或养老机构养老,且能积极配合回答问卷内容的老年人。

(三) 养老服务的评价指标体系

通过构建评价指标以准确评价养老社区(机构)资源配置现状,有助于更好地了解现阶段我国养老服务的真实水平。除此之外,对配置情况进行评价,也有助于了解当前的社区(机构)养老服务配置是否有效满足了老年人的需求,及满足的具体程度。在此基础上展开研究,可以为进一步完善养老服务资源的合理配置提供参考,促使养老机构和社区资源配置的合理性得到提升。在评价过程中,一方面要做好定量评价,另一方面还必须要结合定性评价方式,通过两种方式的结合,做到取长补短,使得评价结果能够更好地展示出我国养老服务资源配置的真实情况。

就现有的情况来看,评价涉及的内容包括养老服务的数量、结构、质量等多个方面。构建评价指标体系,主要是为了更好地对资源配置水平进行评价,因此,评价指标必须包括当前社区和养老机构在满足养老需求方面的具体情况、资金投入以及资源配置的合理性。多数评价指标是能够进行定量评价的,如养老机构床位及护理人员数量等,而有些指标是无法采取定量评价方式来进行的,只能够通过定性评价手段,如"养老服务供需的匹配度"指标,就只能做定性评价。为了更好地开展研究工作,本书对评价的相关指标加以具体化,并且充分利用现有数据来进行评价。

二 养老服务体系的供给调查和分析

(一) 我国养老服务体系发展概况

近几年来,我国养老服务体系建设发展取得了长足的进步,养老服务规模日益增加,养老机构数量也在不断增加,较好地满足了老年人的物质和精神文化需求。《2023年度国家老龄事业发展公报》显示,截至2023年底,我国养老机构与设施总量达40.4万个,提供养老床位823万张。其中,完成注册登记的养老机构数量为4.1万个,拥有床位517.2万张,护理型床位占比高达58.9%。从人均资源来看,每千名老年人拥有的养老床位数已增至27.7张,与2005年的10.97张相比,实现了152.5%的显著增长。与此同时,社区养老服务体系持续完善,全国范围内建立了36.3万个社区养老服务机构和设施,提供床位305.8万张。在150个"城市一刻钟便民生活圈"建设试点区域中,成功打造了3476个便民生活圈,涵盖养老、社区餐饮等多元化商业网点78.8万个,惠及居民约6455万人。[①] 因此,在养老服务供给调查过程中,本书从社区和机构两方面展开,全面了解我国养老服务体系发展状况。

1. 社区养老服务发展的基本概况

(1) 上海市社区养老服务概况

本书首选上海作为调研城市,上海作为国家中心城市,在经济社会快速发展的同时,老龄化程度也在逐步加深,上海市民政局统计数据显示,2023年末,上海市60岁及以上的老年人口达到了568.05万人,这一群体在总人口中的占比高达37.4%。同时,65岁及以上的老年人口为437.92万人,占据了总人口的28.8%。80岁及以上的高龄老年人口也有81.64万人,占总人口的5.4%。[②] 而且上海步入老年阶段的人群中80%以上是独生

[①] 《2023年度国家老龄事业发展公报》,中华人民共和国民政部网站,https://xxgk.mca.gov.cn:8445/gdnps/n2445/n2451/n2458/n2681/c1662004999980001754/attr/360864.pdf。

[②] 《2023年上海市老年人口、老龄事业和养老服务工作综合统计信息发布!》,上海市民政局网站,https://mzj.sh.gov.cn/2024bsmz/20240706/73924c349fd475a9d46b6019f1a396b.html。

子女父母，随着独生子女父母成为老年人群主体，"纯老家庭"现象愈加明显。①

截至2023年底，上海全市范围内已建立459个社区综合为老服务中心，同时配备了918家日间照护机构，这些机构每日平均为1.72万老年人提供服务。② 日间照料中心的服务对象主要是三类人群：一是高龄自理老人，二是轻、中度失能老人及轻度失智老人，三是老年人的子女、保姆和监护人等。上海市的日间照料中心大体采用的是"六位一体"的运行模式，即医疗、照护、康复、营养、心理疏导和娱乐共存的医养结合型运营模式。日间照料中心相当于机构中的一个照护单元，除了老年人晚上不在这里住之外，其他的服务都与机构入住老人无异。此外，社区还设有1926个助餐服务点以及219个康复辅具社区租赁服务点，以满足老年人的多样化需求。③

此外，依据上海市《社区老人日间照料中心建设标准》，日间照料中心应根据小区住户人数进行相应配置，并没有统一的标准。大多数的日间照料中心由政府投资兴建，日常运行费用一般由区或街道二级政府来承担（少数由福彩募资或企业投资，对此不做详述）。不同的日间照料中心的收费标准也不相同，有的完全免费，有的收费300元、700元，有的收费上千元。日间照料中心在使用面积上，少则几十平方米多则上千平方米（不包括与其他单位共用的面积）；在基础设施建设上，条件较好的设有多功能活动室、医疗保健室、康复训练室、心理疏导室、娱乐室、书画室、浴室、理发室、阅览室、配菜室、休息室等，条件较差的仅有几间配有电视、空调等基础设施的活动室；在人员配备上，功能齐全的大型日间照料中心从管理到服务人员多达十几人甚至几十人，而规模较小的日间照料中

---

① 上海市民政局：《2015年上海市老年人口和老龄事业发展信息发布》，养老信息网，https://www.yanglaocn.com/shtml/20160330/145934239266585.html。

② 《2023年上海市老年人口、老龄事业和养老服务工作综合统计信息发布!》，上海市民政局网站，https://mzj.sh.gov.cn/2024bsmz/20240706/73924c349f4d475a9d46b6019f1a396b.html。

③ 《2023年上海市老年人口、老龄事业和养老服务工作综合统计信息发布!》，上海市民政局网站，https://mzj.sh.gov.cn/2024bsmz/20240706/73924c349f4d475a9d46b6019f1a396b.html。

心可能只有几个人，而且很多时候管理人员还要兼顾服务的职能。

尽管上海市政府一直非常重视对日间照料中心的建设投入，但对于服务质量、服务能力的测度和监管并没有充分重视，这方面缺乏规范的行业标准和有效监管，仅以《老年人生活自理能力评估表》和《上海市社区老年人日间服务中心规范化运营指导手册》作为行业服务标准，再难以找到其他的规范管理和运行的标准。而且，日间照料中心的管理体制多采用"直属、直办、直管"的模式，政府没能真正转向制定行业标准、保证运营资金、实施监督监管的角色，没有能够充分发挥政府、社会力量的合力，很难实现长期有序的发展。

通过长期实践，上海市政府也已经意识到自身在日间照料服务监管和保障上的欠缺。2022年上海市政府发布的《上海市养老服务设施布局专项规划（2022—2035年）》提出："到2025年，全面完善居家社区机构相协调、医养康养相结合的养老服务体系，基本建成老年友好城市，持续推进老年宜居社区建设，深化'90-7-3'养老服务格局，建成方便可及、服务专业、功能复合、覆盖城乡、层次多元的养老服务设施体系。"[1]

（2）杭州市社区养老服务概况

杭州市是我国较早进入老龄化社会的地级市之一，截至2023年底，杭州60岁及以上老年人口（按户籍人口统计）216.35万人，占总人口数的25.13%，比上年增加12.45万人，增长5.38%；80岁及以上高龄老年人口29.89万人，占老年人口的13.82%。[2] 杭州市积极构建精准化、智能化、专业化的养老服务体系，以老年人需求为导向，以社区和机构养老服务改革为内驱动力，实施了以下措施完善养老服务体系。

首先，杭州市在社区养老服务试点改革方案中，细化了绩效考核标准，明确了社区养老服务改革具体工作，包括四大类共15项工作，指明了改革的路径方法。杭州市发布《杭州市居家养老服务设施用房配建实施办

---

[1] 《上海市养老服务设施布局专项规划（2022—2035年）》，上海市民政局网站，https://ghzyj.sh.gov.cn/cmsres/9b/9b2ce944d84c4b7eb8b74c0a1ccd3ad7/6381b1dc0d7ce2345cdc1080b23c0d1c.pdf。

[2] 《杭州老年人幸福指数如何 市老龄办公布了一份大数据》，杭州市人民政府网站，https://www.hangzhou.gov.cn/art/2024/10/16/art_812270_59103753.html。

法》《杭州市老龄事业发展"十四五"规划》以配合社区养老服务改革，要求每百户居民能够享受到20平方米的配套居家养老服务设施，做到规划、建设、验收、交付同步进行。

其次，杭州市养老服务以老年人需求为导向，为有效覆盖全市老年人助餐服务，已在全市建成1792家老年食堂（或助餐服务点），并形成了"中央厨房+中心食堂+助餐点""互联网+配送餐"等模式。全面推广"1+1+X"医养结合模式，即1家市级医院、1家社区卫生服务中心（或乡镇卫生所）和区域内X家养老机构（或养老服务照料中心）进行联合对接，全市已建成并顺利运营的居家养老服务中心达228家，覆盖乡镇及街道级别；此外，村（社区）级居家养老服务照料中心共计2722家，全市养老服务专职护理人员数量为10240人。①

最后，杭州市政府也在积极应用智慧养老服务模式，按照对象、内容、标准、监管统一原则，将6家服务商纳入市级养老服务商资格，扩展了以"助急"为核心的4项基本服务和以"七助"为主要内容的基础性生活服务，以及具有区域特色的公益服务等。杭州市通过智能监管平台和第三方绩效评估机构，对智慧养老服务进行全程监控管理评估。

（3）恩施州社区养老服务概况

恩施土家族苗族自治州是湖北省唯一的少数民族自治州。据第七次全国人口普查结果，全州常住人口中，60岁及以上人口为710280人，占20.55%，其中65岁及以上人口为543981人，占15.74%。与2010年第六次全国人口普查相比，60岁及以上年龄段的人口比例上升了4.42个百分点，而65岁及以上的人口比例更是上升了4.8个百分点，② 这反映了该地区人口老龄化趋势的加剧。针对这一人口结构变化，恩施州政府正积极行动，致力于构建一个高效便捷的平台化、一键式服务管理体系，其核心举措是建立一个综合性的养老服务平台，旨在通过数字化、智能化的手段，为居家养老的老年人提供全方位、个性化的服务支持，从而有效应对人口

---

① 《杭州老年人幸福指数如何 市老龄办公布了一份大数据》，杭州市人民政府网站，https://www.hangzhou.gov.cn/art/2024/10/16/art_812270_59103753.html。

② 《恩施州第七次全国人口普查公报（第一号）》，恩施土家族苗族自治州统计局网站，http://tjj.enshi.gov.cn/xxgk/gkml/tjxx/tjgb/pcgb/202106/t20210629_1147852.shtml。

老龄化带来的挑战，提升老年人的生活质量和幸福感。

以老街坊养老服务中心为例，老街坊养老服务中心的居家养老服务围绕"创新养老模式，集约各类资源，多种服务形式，满足刚性需求"指导思想，以"求创新，全覆盖"为目标，实现居家养老中心从"场地化服务"向"平台化服务"的转变，建立了一个服务资源组织、调度、管理中心，依托电信"一键通"服务平台对组员数据和需求数据的智能配比，合理提供了分层分类的规范化、特色化、人性化站点集中服务和上门服务。老年人只需拨打热线电话或使用"一键通"，就能将服务需求反映到社区居家养老服务中心，养老服务中心实行24小时值班制度，及时受理老年人需求，统筹协调对接服务，做到老年人的需求有人管、有人响应。能够免费提供的服务，由服务中心安排网格员、志愿者以及社区工作人员等完成；需要由市场提供的有偿服务，服务中心则对接相应的市场主体提供市场化的服务。

此外，恩施州通过引进社会化主体和市场机制，引导和规范社会资本参与养老服务，日间照料同居家养老一道，更多地交由社会养老服务机构开展。老街坊养老服务中心在日间照料服务方面承担了很多应当由社区承担的职能，在各个社区开展老年日间照料服务，其主要活动和便民措施体现在以下几方面：带领老年人在社区活动中心以及其他活动点进行相关活动，如舞蹈排练、技能培训等活动；组织老年人进行室外活动，如旅游、公益演出；在社区进行便民服务，如水、电、气、公交卡充值，电话费、网费充值；同时开展简单体检、心理咨询等方面的老年人服务。

（4）襄阳市社区养老服务概况

近年来，倡导智慧养老的政策密集出台，2011年，《社会养老服务体系建设规划（2011—2015年）》（国办发〔2011〕60号）文件明确提出："运用现代科技成果，提高服务管理水平。"2011年9月发布的《中国老龄事业发展"十二五"规划》明确提出要求：建立以居家为基础、社区为依托、机构为支撑的养老服务体系，使居家养老和社区养老服务网络基本健全。2021年，工业和信息化部、民政部、国家卫生健康委共同制定的《智慧健康养老产业发展行动计划（2021—2025年）》提出了"拓展智慧养老场景，提升养老服务能力"的目标。①襄阳市在智慧养老方面也不甘落后，探索出了适合本地的智慧型养老模式。2021年，襄阳市发布了《深入推进居家和社区养老服务改革的实施方案》，成功建设了7个嵌入式综合养老服务设施和12个老年人幸福食堂，同时对32个社区居家养老服务设施实行了社会化运营，新增了1293张护理型床位。襄阳市已顺利完成了六项年度改革任务，包括特困供养改革、适老化改造、惠企无申请兑现、老年人幸福食堂、智慧养老以及家庭养老床位试点。这些举措从多个维度进行创新试点，包括优化养老服务供给、配套家庭适老化设施、解决老年人就餐难题、提供专业化线上和上门服务、推广智能安防智慧养老，以及优化养老服务营商环境。②

襄阳市民政局依托第五批全国居家和社区养老服务改革试点项目，积极推动构建"居家社区机构相协调，医养康养相结合"的新型养老服务模式。截至2022年底，襄阳市范围内共有238家养老机构，包括10家城市公办养老机构、97家已登记的民办养老机构和131家正在运营的农村福利院，实现了城镇"三无"老人和农村"五保"老人在自愿原则下的全面集中供养；全市养老床位总量达到4.2万张，相当于每千名老年人配备有38.56张床位，其中护理型床位的比例已提升至52%；489个社区居家养老服务设施遍布全市，社区居家养老服务设施的覆盖率达到了98%，并有1567个农村老年人互助照料活动中心已投入运营。③

根据《襄阳市"一老一小"整体解决方案》的预测，至2025年底，该市养老服务的政策框架将更加健全，服务种类将更加多元，发展环境也将更为优越，从而更好地满足民众对于多样化、多层次的养老服务需求。届时，全市养老机构的床位总数预计将达到5万张，其中护理型床位的占比将提升至60%，并且将完成8290户居家老年人的家庭适老化改造工作。

---

① 《智慧健康养老产业发展行动计划（2021—2025年）》，中国政府网，https://wap.miit.gov.cn/cms_files/filemanager/1226211233/attach/202110/95e65074ca7f4ab3b0e412e7e67e0527.pdf。
② 张平：《襄阳：不出社区能养老，为老服务再升级》，湖北日报网，https://news.hubeidaily.net/pc/261020.html。
③ 张平：《襄阳：不出社区能养老，为老服务再升级》，湖北日报网，https://news.hubeidaily.net/pc/261020.html；《襄阳市人民政府办公室印发〈襄阳市"一老一小"整体解决方案〉》，智慧托育政府管理云平台，https://www.tuoyupt.cn/detail/6240.html。

此外，该方案还规划全市各乡镇（街道）至少设立一所老年学校，同时确保80%的社区和40%的村庄建有老年教育教学点，目标是让参与学习的老年学员比例达到本区域内具备条件、能力及学习意愿的老年人口的50%以上。[①]

（5）兰州市社区养老服务概况

兰州市统计数据显示，2023年末，兰州市60岁及以上老年人口已达94.56万人，占总人口的21.37%，这一比例远超全国及甘肃全省的老龄化水平。[②] 面对严峻的人口老龄化挑战，兰州市借助国家居家和社区养老服务改革试点的契机，积极推动养老服务改革，不断创新政策体系，成功构建了多元化养老服务体系。该体系融合了居家、社区、机构养老服务，并实现了医养康养相结合，功能完善、规模适中且覆盖城乡。

截至2024年8月，兰州市已拥有818家各类养老服务设施，其中包括27家备案养老机构、61个乡镇和街道综合养老服务中心、10个社区居家养老服务中心、210个社区老年人日间照料中心以及510个村级互助幸福院；这些设施提供了24599张养老床位，并吸引了136家加盟企业和组织参与，累计为33.63万老年人提供服务。[③] 与此同时，兰州市致力于打造"幸福兰州·为老驿站"这一居家社区养老服务品牌。遵循"政府主导、企业加盟、市场运作、社会参与"的原则，兰州市持续推动居家社区养老服务的健康发展，并探索出"幸福6+N"社区养老服务的新模式，这一模式体现了兰州特色。目前，兰州市已基本建立了居家、社区、机构相协调的养老服务体系。兰州全市居家养老服务信息平台已收录49万老年人信息，年服务人数达33.63万人，年服务总量高达400万人次，此外，兰州市已建成808个社区养老服务设施，并对32家各类养老机构进行了备案管理，标志着兰州市的三大养老体系正日益完善。[④]

[①] 《襄阳市人民政府办公室印发〈襄阳市"一老一小"整体解决方案〉》，智慧托育政府管理云平台，https://www.tuoyupt.cn/detail/6240.html。

[②] 兰州市民政局：《对市政协十五届三次会议第280号提案的答复》，http://mzj.lanzhou.gov.cn/art/2024/9/20/art_2889_1397597.html。

[③] 王新冰：《兰州：多元破解养老难 守护幸福夕阳红》，兰州文明网，http://lz.wenming.cn/ywzx/yw/202408/t20240814_8629478.shtml。

[④] 《兰州日报："幸福6+N"社区养老模式成兰州特色》，兰州市民政局网站，https://mzj.lanzhou.gov.cn/art/2022/4/13/art_2492_1110649.html。

(6) 西宁市社区养老服务概况

西宁市位于西部地区，受经济发展水平、老年人养老服务意识等的制约，其养老服务体系建设处于发展阶段。2020年，西宁市针对本地实际情况，发布了《西宁市促进养老服务发展若干措施》。该文件涵盖了六个关键领域，共计提出了22项具体策略，旨在优化基本养老服务供给、促进养老服务基础设施建设、健全养老服务基本制度、创新养老服务体制机制、构建养老服务监管体系、优化养老服务发展环境。这些策略紧密围绕满足老年人群的实际需求、解决发展中的瓶颈问题、提升整体服务质量和优化发展环境等核心目标。在健全老年人关爱保障体系方面，西宁市将着力完善老年人定期探访机制，特别关注空巢、独居、留守、失能、重度残疾以及计划生育特殊家庭中的老年人，确保这类特殊困难老年人群能够享受到每月至少一次的探访服务，探访率达到100%。[1]

据西宁市民政局统计，截至2024年7月，西宁市已建成766个各类养老服务设施，全市养老机构床位总量达到4767张，其中公办养老机构实现了护理型床位100%全覆盖。在主城区，130个社区养老服务设施全面铺开，实现了服务全覆盖；同时，西宁市建立了57个街道综合养老服务中心，服务覆盖率高达92%。至此，西宁市已在县区、城区街道及社区层面全面建成了养老服务设施，率先在全省范围内打造了"15分钟为老服务圈"。在提升老年助餐服务方面，西宁市实施了提质增效工程，聚焦解决老年人"一碗饭"的实际需求，通过优化调整148个"幸福食堂"，构建起了"15分钟"助餐配餐送餐服务网络，极大地方便了老年人就餐。通过积极推动数字技术在"智慧助餐"中的应用，西宁市引入智能点餐系统和数据化监管手段，为老年人提供了更加便捷、高效的助餐服务体验。此外，西宁市还建立了老年人助餐补贴制度，通过灵活支付方式、丰富助餐内容、扩大助餐范围，全力推动养老助餐服务的可持续、长效化运营。2024年上半年为全市154.65万人次的老年人提供了助餐配餐送餐服务，

---

[1] 《西宁市促进养老服务发展若干措施的通知》，搜狐网，https://www.sohu.com/a/442138986_120053910。

切实提升了老年人的生活质量和幸福感。①

为了进一步优化社区养老服务，西宁市设定了明确目标：至2025年底，通过新建、改扩建及资源整合等多措并举，实现街道综合养老服务中心、社区日间照料中心以及"爱老幸福食堂"全覆盖，形成完善的社区养老服务网络。同时，充分发挥敬老院的辐射作用，通过拓展其功能，将其转型升级为区域性的综合为老服务中心，为老年人提供更加全面、便捷的服务。②

2. 机构养老服务发展的基本概况

（1）南京市机构养老服务概况

南京市统计局公布的2023年人口数据显示，南京市常住人口为954.7万人，60岁及以上人口209.72万人，占比22%；其中65岁及以上人口152.87万人，占比16.01%。③南京市老龄化现象较为明显。南京市政府制定并发布了《南京市2018年度养老院服务质量建设专项行动实施方案》《南京市"十四五"养老服务发展规划》《南京市"一老一小"整体解决方案》等一系列政策文件，以完善应对人口老龄化的政策体系，建成与"强富美高"新南京及大城市养老服务相适应的养老服务体系，促进以全市养老服务高质量发展引领全省全国。《南京市"十四五"老龄事业发展规划》明确指出，2022年全市已建成养老机构302家，有养老床位7.2万张，同时，设立1829个社区居家养老服务中心，其中达到3A级及以上标准的有844家，并配套1240家社区银发助餐点。南京在全国率先探索"家庭养老床位"模式，已建成5701张家庭养老床位。④此外，南京市、区、街、社的"互助时间平台"依托现有养老服务设施设立站点1300多个，覆盖99%以上的城乡社区；注册志愿者6.1万人，注册服务对象13.2万

---

① 王琼：《【西宁市】"六项"工程助力养老服务再升级》，青海省人民政府网站，http://www.qinghai.gov.cn/zwgk/system/2024/07/29/030049945.shtml。
② 《西宁市促进养老服务发展若干措施的通知》，搜狐网，https://www.sohu.com/a/442138986_120053910。
③ 《2023年南京市人口主要数据发布》，南京市统计局网站，https://tjj.nanjing.gov.cn/njstjj/202403/t20240321_4190593.html。
④ 《南京市"十四五"老龄事业发展规划》，南京市人民政府网站，https://www.nanjing.gov.cn/zdgk/202209/t20220907_3692740.html。

人；完成订单 94.8 万个，累计服务 55.9 万小时。[①]

与此同时，为了方便社区养老服务供给中家庭病床、康复护理、精神慰藉等服务的专业化供给，南京市政府大力发展社区嵌入式医养结合模式，养老机构和基层卫生服务中心签约合作，以"健康小屋""全科诊室"等方式嵌入社区服务中心和日间照料中心。基层卫生服务中心的康复、护理床位比例要有所提高，且适当增加养护、临终关怀服务和床位。《南京市"十四五"老龄事业发展规划》同样强调，全市范围内已有 214 家医养结合机构投入运营，且有 357 对医疗卫生机构与养老服务机构建立了紧密的签约合作关系。为进一步优化服务，南京在试点区域推出了"互联网+护理"平台，旨在为失能、半失能以及患有慢性疾病且体质虚弱的老年人提供便捷的上门护理服务，并积极开展了安宁疗护试点工作，现已有 42 家机构参与试点，专门设置了 234 张安宁疗护病床。此外，南京创新性地推出了喘息服务，这一举措已惠及超过 2000 户重度失能老人家庭，为他们提供了急需的临时照护和喘息机会。[②]

（2）上海市机构养老服务概况

至 2023 年末，上海市养老机构数量达到 700 家，提供核定床位 16.69 万张，其中专为认知障碍者设计的照护床位有 1.20 万张。此外，这些机构中内设医疗机构的有 330 家，且已成功建立 104 家"养老院+互联网医院"，同时配备了 136 家"长者运动健康之家"。在全市有 599 家养老机构接受服务质量日常监测，平均得分为 83.7 分，其中，结果为"优秀"的 275 家，"良好"的 268 家。同年底，上海市有 454 家养老机构申报等级评定并获得评定等级，其中评定为五级的 7 家、四级的 22 家、三级的 158 家、二级的 154 家、一级的 113 家。657 家养老机构参评信用评价，平均得分 84.17 分，其中信用等级评定为 A 级的 149 家、B 级的 448 家、C 级的 55 家、D 级的 5 家。此外，上海市已出台养老服务领域地方标准 4 份。[③]

---

① 《南京探索互助养老》，南京市人民政府网站，https://www.nanjing.gov.cn/zt/njstdylfwg-zlfz/hzsjpt20240819/202408/t20240821_4746231.html。
② 《南京市"十四五"老龄事业发展规划》，南京市人民政府网站，https://www.nanjing.gov.cn/zdgk/202209/t20220907_3692740.html。
③ 《2023 年上海市老年人口、老龄事业和养老服务工作综合统计信息发布！》，上海市民政局网站，https://mzj.sh.gov.cn/2024bsmz/20240706/73924c349f4d475a9d46b6019f1a396b.html。

与此同时，为促进养老服务机构健康发展、提升养老服务质量，上海市民政局、上海市财政局联合制定了《上海市养老服务机构"以奖代补"实施办法》。该文件明确提出奖补标准，具体包括：对自主投资并运营2家长者照护之家的，给予一次性奖补10万元；运营管理2家政府投资举办的养老机构或长者照护之家的，给予一次性奖补10万元；对设置护理站、医务室/保健站、卫生所的养老机构，给予一次性奖补10万元；对设置护理院或者门诊部的养老机构，给予一次性奖补50万元；对提供家庭照护床位服务，且连续六个月签约服务总人数平均达到100人/月（签约服务周期不低于1个月）的养老服务机构，一次性奖补15万元；每连续六个月平均每月新增加100人，奖补15万元。[1] 从专项财政补贴看，2023年上海市共投入养老服务机构市级"以奖代补"扶持资金约4079.20万元；综合责任保险补贴653.24万元。[2]

（3）杭州市机构养老服务概况

《杭州市2023年老龄事业统计公报》数据显示，杭州老年人口在2019~2023年呈现出持续快速增长的态势。具体而言，60岁及以上的老年人口从2019年底的179.57万人增长至2023年底的216.35万人，老年人口在总人口中的占比也相应地从22.55%提升至25.13%。这期间，60岁及以上老年人口的增长总量达到了36.78万人，80岁及以上的高龄老年人口也从2019年底的28.58万人增加至2023年底的29.89万人，5年间增长了1.31万人，显示出明显的高龄化趋势。为了应对这一挑战，杭州市不断加强养老服务设施建设。截至2023年底，全市已拥有14家康复医院、18家护理院（中心），以及82家医养结合机构，这些机构共提供了28662张床位，其中包括9084张医疗床位和19578张养老床位。全市养老机构总数达到250个，其中公办30个，民办（包括公建民营）220个，总床位数接近4万张。同时，还建成了1792个老年食堂（助餐点），以满足老年人的日常饮食需求。[3]

---

[1] 《上海市养老服务机构"以奖代补"实施办法》，上海市民政局网站，https://mzj.sh.gov.cn/MZ_zhuzhan2739_0-2-8-15-55/20210430/a58e07d5c13b4e608f9ed74133803eb6.html。

[2] 《2023年上海市老年人口、老龄事业和养老服务工作综合统计信息发布！》，上海市民政局网站，https://mzj.sh.gov.cn/2024bsmz/20240706/73924c349f4d475a9d46b6019f1a396b.html。

[3] 濮小燕：《杭州60岁及以上老年人口已有216.35万人》，杭州网，https://hznews.hangzhou.com.cn/chengshi/content/2024-10/15/content_8800081.htm。

为了更长远地应对人口老龄化问题，杭州市制定了《杭州市养老服务设施布局专项规划》，规划至2025年，在强化管理、优化服务、着力提高现有床位利用率的基础上，稳步增加床位供给，确保每万名常住老人至少享有300张养老机构的床位；而远期至2035年，这一目标将进一步提升至每万名常住老人不低于310张床位，人均养老设施用地面积不少于0.25平方米。[1]以保障养老服务设施的充足与合理布局，全面构建一个"居家社区机构相协调，医养康养相结合"的养老服务体系，并推动养老设施规划建设工作向"纵深化、均衡化、优质化"方向发展。2023年，杭州市积极响应《浙江省人民政府办公厅关于加快建设基本养老服务体系的实施意见》，优化养老服务机构扶持政策，并鼓励社会力量参与基本养老服务的提供。政府支持"物业+养老""家政+养老"等创新服务模式，并通过多种渠道增加医养康养结合服务供给。同时，杭州市鼓励各地依托现有资源或进行新改扩建，建设老年病医院，并深化医疗卫生机构与养老服务机构的签约合作。杭州市倡导由乡镇（街道）、村（社区）提供场地，由社会力量举办护理中心（站）等，以开展社区"嵌入式、小型化、连锁化"的医养结合服务。这些举措共同推动了"全龄友好城市"和"幸福颐养天堂"的城市品牌打造，展现了杭州市在养老服务领域的领先地位。[2]

(4) 昆明市机构养老服务概况

近年来，昆明市致力于构建全面覆盖、多元化的养老服务体系，积极回应人民群众对养老服务的多层次、高品质需求。养老服务连续13年被昆明市政府列为"10件惠民实事"之一，通过完善政策、增加投资，大力推进养老服务设施的建设与升级，旨在实现居家、社区与机构养老服务的和谐共生，以及医疗与养老服务的深度融合。

截至2024年7月，昆明市拥有140家养老机构、16个县（区）级福利（失能照护）中心、86个乡镇（街道）综合性养老服务中心、524个城乡社区居家养老服务（日间照料）中心、1324个老年活动中心（站、室）

---

[1] 《杭州规划新建多所养老机构 为老人提供"一站式"养老服务》，杭州市人民政府网站，https://www.hangzhou.gov.cn/art/2023/4/13/art_812262_59078109.html。

[2] 《杭州市人民政府办公厅关于加快建设基本养老服务体系的实施意见》，杭州市人民政府网站，https://www.hangzhou.gov.cn/art/2023/8/28/art_1229742820_7714.html。

及253个社区老年助餐服务站（点），总计提供3.32万张养老床位，其中护理型床位占比高达66.2%。2021~2023年，昆明市投资超过5亿元，不仅支持县、乡、村三级养老服务设施的建设，还助力社会力量参与养老机构发展，并为护理人员提供补贴。2021年，昆明市成功入选全国居家和社区基本养老服务提升行动试点城市，获得3000多万元资金，专为特殊困难失能老人定制家庭养老床位，并提供人均不少于8小时的居家上门服务。[①]

在医养结合方面，昆明市积极探索"医疗机构+养老机构"共同体、"社区卫生院+社区养老机构+医院"联合体及"家庭医生+居家养老"嵌入式服务等多种模式，有效整合医疗资源与养老服务，实现从传统单一服务向医养一体化转型。同时，昆明市不断提高老年人福利，实施高龄津贴动态增长机制，按年龄分段，每月发放标准分别提升至60元、120元、500元，并从2023年4月起，为80岁及以上特困分散供养和低保老人新增每月50元的服务补贴，惠及近万名老人。[②]

与此同时，《昆明市"十四五"养老服务体系建设规划》为"十四五"期间养老服务的发展指明了方向，确立了以老年人实际需求为核心，旨在实现老有所养、老有所乐的总体目标。该规划聚焦于构建和完善基本养老服务体系，旨在强化昆明在养老服务改革领域的引领地位。至2025年，昆明将全面形成与全市人口老龄化进程相适应、与经济社会发展水平相协调、与养老服务需求相匹配，居家社区机构相协调、医养康养相结合的养老服务体系，实现基本养老服务人人可及，多元化、个性化养老需求有效满足，老年人获得感、幸福感、安全感显著增强。具体目标包括：社区日间照料机构的覆盖率需达到或超过90%，养老机构中护理型床位的占比不低于55%，并确保每百张养老机构床位至少配备1名社会工作者。此外，昆明市将深化政策研究，推动居家上门服务、养老机构评价标准、智慧养老及养老服务综合监管等方面的法规建设，并加速《昆明市养老服务促进条例》的立法进程。在设施建设方面，昆明市要求新建居住区必须

---

① 《昆明积极构建全方位养老服务体系》，昆明文明网，http://km.wenming.cn/kmyw/202407/t20240715_8598741.html。

② 《昆明积极构建全方位养老服务体系》，昆明文明网，http://km.wenming.cn/kmyw/202407/t20240715_8598741.html。

100%配套建设符合标准的社区养老服务设施，同时逐步完善已建成居住区的养老服务设施配置。街道级综合养老服务机构和农村区域性养老服务中心的覆盖率需达到65%以上，城市社区日间照料机构的覆盖率亦需保持在90%以上。此外，昆明市大力发展农村互助养老服务设施，旨在确保有集中供养需求的特困人员能够得到100%的集中供养。① 昆明市的努力获得了广泛认可，在《2021年全国公共服务质量监测情况通报》中，昆明市作为全国120个参评城市之一，在养老服务领域以82.82分的成绩脱颖而出，位居第九。2022年，昆明市社会福利院荣获民政部颁发的"全国养老服务先进单位"称号。2023年，昆明在《中国候鸟式养老夏季栖息地适宜度指数排行榜》上再次崭露头角，在76座上榜城市中位居第四，彰显了其在养老环境方面的显著优势。②

(5) 哈尔滨市机构养老服务概况

目前，哈尔滨市各类养老机构达到466家，养老床位数达到4.3万张，养老机构的承载能力逐步增强。③ 随着各类养老机构的发展，老年人开始转变养老方式，由传统单一的家庭养老，逐渐向多元化、社会化转变。社会福利是一种服务政策和服务措施的具体体现，各类社会养老机构的服务水平直接关系到老年人享受社会福利的质量。因此，哈尔滨市为解决养老问题在政策、养老院建设等方面做了大量工作，进行了大笔资金投入。

哈尔滨市政府发布的《关于全面推进养老服务发展的实施意见》和《哈尔滨市居家社区养老服务示范区建设实施方案》明确提出，支持社会资本投入养老设施建设，鼓励养老机构与社区合作，并提供包括建立老年人健康档案、服务转介、老年教育以及助餐等在内的一系列社会化养老服务。政府还积极推动养老机构向嵌入式养老服务综合体转型，以满足老年人居家养老、喘息服务、助浴服务等多元化需求。此外，为了响应国家城

---

① 《昆明市"十四五"养老服务体系建设规划》，养老信息网，https://www.yanglaocn.com/shtml/20221130/1669775063137713.html。
② 杜仲莹：《昆明市人大常委会专项视察分析研判 为推进全市养老服务体系建设出谋划策》，云南人大网，https://www.ynrd.gov.cn/html/2023/gedirenda_1007/24355.html。
③ 《2023年哈尔滨市国民经济和社会发展统计公报》，哈尔滨市人民政府网站，https://www.harbin.gov.cn/haerbin/c104569/202407/c01_997199.shtml。

企联动普惠养老专项行动，哈尔滨市政府将大力支持养老服务骨干网络构建，特别是支持医养结合能力强、内置老年大学的养老机构，以及普惠型旅居养老机构的发展。在提升养老机构服务能力方面，政府将持续推动养老院服务质量升级，严格执行《养老机构服务安全基本规范》等强制性国家标准，并贯彻落实养老服务及养老护理员相关的其他国家标准、行业标准以及职业技能标准，以加速养老机构向专业化、标准化、规范化及智慧化方向迈进。为确保养老机构的服务质量，政府将引入第三方评估机构进行等级评定，并将评定结果公之于众，建立与养老机构等级评定结果相挂钩的补贴机制，以激励养老机构不断提升服务水平。此外，政府还特别支持专为高龄及失能失智老年人服务的专业护理型养老机构的发展，根据《哈尔滨市国民经济和社会发展第十四个五年规划和二〇三五年远景目标纲要》的规划，到2025年，哈尔滨市将力争实现每个街道至少拥有一个具备综合功能的社区养老服务机构，社区日间照料机构的覆盖率将达到90%以上，护理型床位在养老床位中的占比将提升至60%以上。[①]

（6）长春市机构养老服务概况

截至2023年底，长春市60岁以上老年人口211.46万人，占全市总人口的23.2%。[②] 近年来，长春市委、市政府高度重视养老工作，在制度创新、优惠政策等方面加大扶持力度，长春市养老工作取得了重大进展。基本建立了以居家为基础、社区服务为依托、机构为补充，功能完善、规模适度、覆盖城乡的社会养老服务体系。养老服务工作得到上级部门的广泛认可和高度肯定。2015年，长春市养老综合PPP项目获批"财政部第二批PPP示范项目"，获得财政部以奖代补补助500万元，是全国唯一的养老综合PPP项目；2016年长春市获批"中央财政支持开展居家和社区养老服务改革试点地区"，争取中央财政专项资金4088万元，并获批"第二批国家级医养结合试点单位"；2018年《人民日报》《中国社会报》先后4

---

① 《哈尔滨市国民经济和社会发展第十四个五年规划和二〇三五年远景目标纲要》，哈尔滨市人民政府网站，https://www.harbin.gov.cn/haerbin/c104560/202110/66358/files/cbff7566c861487d903e843f06519d9b.pdf。

② 《长春市2023年国民经济和社会发展统计公报》，吉林省统计局网站，http://tjj.jl.gov.cn/tjsj/tjgb/ndgb/202408/t20240802_3273626.html。

次刊载长春市养老服务工作经验。2023年，长春全市共有各类养老服务机构496家，总床位数4.8万张。其中，公办养老机构80家，社会力量投资兴办的养老机构416家，农村社会福利服务中心72所。[①] 2024年，全市获评等级机构达到96家，由高到低分别为6家五级养老机构、2家四级养老机构、21家三级养老机构、29家二级养老机构、38家一级养老机构。[②]

  长春市以建设"幸福长春"为着眼点，通过制度创新、政策优惠等措施大力促进养老服务行业的发展，提高养老服务质量和数量，以实现老年人"老有所养、老有所医、老有所乐"。例如，2017年，由市民政局委托市城乡规划设计研究院于2016年10月编制的《长春市社会福利设施专项规划（2016—2020年）》获市政府批准实施，该文件提出到2020年，全市各城区养老机构床位总数达到4万张，每千名老人拥有养老床位数达到35~40张，居家养老服务设施全覆盖的目标，即90%左右的老人通过社会化服务选择家庭养老或自助养老、6%左右的老人选择居家社区养老（政府提供养老服务购买，社区托老中心和社区居家养老服务中心提供养老服务供给）、4%左右的老年人选择机构养老。此外，该文件还依据国家的相关政策和其他城市的经验确定了长春市的养老格局与养老服务体系，从而明确了长春市的"四级三化"养老服务设施空间布局体系，即形成市级、区级、街道级和社区级的四级设施布局，保证公益化、扶持市场化、推动公建民营化的发展模式。

  长春市政府在2018年发布的《关于全面放开养老服务市场提升养老服务质量的实施意见》与2023年发布的《长春市养老服务条例》中，明确表达了对社会力量兴办养老机构的支持态度。为了增加养老服务的供给，这些文件提出放宽养老机构的行业准入条件，加强筹建指导，并优化投资环境。同时，改革现有的养老服务补贴方式，建立更为科学、合理且高效的养老机构运营补贴机制，实现从"补砖头""补床头"向"补人头"的转变。此外，长春市鼓励社会力量通过购买、置换、租赁或股

---

① 《长春市2023年国民经济和社会发展统计公报》，吉林省统计局网站，http://tjj.jl.gov.cn/tjsj/tjgb/ndgb/202408/t20240802_3273626.html。
② 赵石乐：《长春市公布养老机构等级评定结果》，新华网，http://www.jl.xinhuanet.com/20240410/518d9b85f1ff48989c65e8e828a860be/c.html。

份合作等多种方式，将乡镇政府撤并、行政事业单位改制以及国有企事业单位转型所腾出的办公用房、培训中心、疗养院，还有城镇中废弃的厂房、医院、学校等闲置资源整合改造为养老机构。这样可以提高老年人在附近获得养老服务的便利度。公办养老机构应起到兜底作用，重点满足特困供养对象和低收入家庭等困难老人的基本养老服务需求。每个区域应确保拥有600张以上的公办或公建民营养老机构床位。同时，鼓励公办养老机构通过公建民营、委托运营、服务外包等方式，逐步向市场化运行机制转变。在农村地区，应优化社会福利服务中心的布局，并在满足农村特困人员集中供养需求的基础上向社会开放。有条件的地区可以通过公建民营、购买服务等方式创新管理服务模式，以打造农村区域性养老服务中心。鼓励各地根据当地情况，利用农村闲置的校舍、公共用房和自有房产等资源，建设农村养老服务大院、老年人集中居住区、邻里互助式养老服务设施，使农村老年人能够在不离村的情况下，就近享受便捷的养老服务。

未来，长春市将进一步提升养老院服务质量，推行养老服务标准化管理，完善养老机构信息公示制度；畅通养老机构投诉举报渠道，主动接受社会监督；开展养老机构等级评定，建立养老机构补贴和服务质量挂钩制度，促进养老服务质量不断提升，持续加强养老机构教育服务能力，加速推进养老服务体系建设。

（二）养老服务体系供给调查结果

1. 社区养老服务供给调查

本书的社区养老服务供给调查，采用两种方式相结合的形式展开：一是向负责社区养老服务的政府、街道、社区的各方面人员开展座谈会，二是向政府相关部门负责人、社区相关负责人和老年人发放调查问卷。座谈会通常由社区居委会主任、街道卫生服务中心负责人、社区卫生服务站负责人及社区内具体负责养老工作的人员组成，在介绍了我们的背景、调查目的等信息后，参会人员各抒己见、踊跃发言。座谈会主要是了解城市社区养老服务体系的建设情况，涉及养老的服务体系和制度体系、服务监督与保障、硬件设施、服务内容与质量、服务供给影响因素等。本书选取了上海市、杭州市、恩施市、襄阳市、兰州市、西宁市六个城市的十四个社区，各城市社区调查结果如下。

(1) 上海市社区养老服务供给调查

本书选取陆家嘴街道张杨社区、潍坊街道王家宅社区、凌云街道闵秀社区三个社区作为上海市社区养老服务供给调查地点，通过问卷调查发现，三个社区的养老服务费用都以政府投入为主，并有少量的社会捐助。此外，以发行福利彩票为筹资渠道的"社区老年福利服务星光计划"，是民政部制定并在上海实施的，将发行福利彩票筹集到的绝大部分福利金用于资助城市社区的老年人福利服务设施、活动场所和农村乡镇敬老院建设的一项计划。从三个社区的支出用途来看，最广泛的三类用途是基础建设投入、日常活动支出和节日慰问支出。

在养老服务工作人员供给上，年轻的志愿者服务人员是社区养老服务的主力军。就张杨社区而言，主要由社区负责养老服务的管理人员通过调动、安排工作人员、志愿者为老人提供家政、精神慰藉等服务内容。其中管理人员4人；工作人员全为女性，共计15人，年龄在51~60岁的有10人，60岁以上有5人。王家宅社区除了负责养老服务的管理人员、志愿者外，还按照社会工作者与老年人1:5的比例配备社工人员，这些社会工作者每周上门服务两次。闵秀社区也以社区养老服务的管理人员、志愿者为养老服务的主力军，此外，还通过政府支付工资的形式雇佣专门从事居家养老服务的服务人员。

此外，张杨社区的服务项目集中于讯铃急救、电话送餐、家政卫生、情感陪护等方面；王家宅社区的服务项目集中于讯铃急救、电话送餐、长期护理、情感陪护、代购代邮等方面；闵秀社区的服务项目集中于讯铃急救、电话送餐、家政卫生、长期护理、情感陪护等方面。可以看出，不同社区的养老服务内容各有侧重、不尽相同。若请老人对接受的服务进行评价，采用10分制的话，张杨社区负责人认为可以得到9分，王家宅社区负责人认为可以得到10分，闵秀社区负责人认为可以得到9分，可见负责人对该社区提供的养老服务还是比较认可的。

(2) 杭州市社区养老服务供给调查

本书在杭州市的调研选取了下城区凤麟社区，滨江区中兴社区、灯芯巷社区、武林社区，江干区景昙社区、景华社区六个社区。通过对社区负责人和工作人员的访谈，我们有如下发现。

在凤麟社区与中兴社区中，养老服务的主要资金来源是政府拨款。凤麟社区用于养老服务的经费100余万元，全部来源于政府的资金投入，其中建设日间照料中心花费40余万元、养老补贴60万元。中兴社区用于养老服务的经费25万元，全部来源于政府的资金投入，其中建设日间照料中心花费20余万元。这两个社区内的养老工作人员都是非社工专业的，年龄集中在30~50岁，以女性居多，在开展居家养老服务前经过了职前培训。此外，每个社区都有一名助老员。助老员的年龄是40~50岁，属于公益性岗位，收入是每月2100元左右，社区为其缴纳养老金和医疗保险等。凤麟社区中的工作人员共9名，其中有5人获得助理社会工作师资格、3人获得社会工作师资格；中兴社区中的工作人员共12名，其中有3人获得助理社会工作师资格、1人获得社会工作师资格。在养老服务供给方面，两社区在街道的公开竞标招标下，引进了第三方社会组织进行养老方面的服务，服务的内容基本覆盖了居家养老服务的要求，包括上门探访、法律援助、日常保健、日间托管等，且为社区老年人提供的服务均是无偿或者低偿的。第三方的进驻，不仅减轻了社区养老工作人员的工作压力，而且提高了老年人居家养老服务的服务质量；同时，第三方与社区的有机结合，更为社区养老注入了可持续发展的内生动力。在社区与第三方共同为老年人提供养老服务的同时，社区也为老年人建设了相关的养老设施，包括老年人活动室、老年图书馆、老年人健身房等。除此之外，社区还积极组织有能力、有热情的老年人参与社区养老，建立了老年人志愿服务队，"以老养老"，让老年人结成对，在社区备案，提供一些日常的照顾和探望。老年人自己组建的兴趣小组也经常组织社区文化活动，这些活动丰富了他们的精神文化生活。

灯芯巷社区和武林社区的养老服务提供主要依托街道，社区提供的养老服务多在街道的扶持下开展，以政府购买居家养老服务为主，即"政府买单养老服务"。例如，两个社区的老年人都享受到街道主办的老年食堂、助老员、紧急呼救器等服务，也都享受到政府提供的对于退休社会企业人员、高龄老人的补贴等社会福利。这两个社区的社区服务中心所提供的养老服务项目主要有医疗保健类服务、社会福利类服务、社区文体活动类服务、教育科普类服务。依照国家福利政策，街道提供社区日间照料中心、助老员、老年食堂等服务，社区一方面开展针对特殊老人群体的服务，包括高龄老人补贴与养老服务、失独老人补贴与养老服务、空巢老人养老服务等，另一方面提供社区居家养老服务特色项目，例如紧急呼叫器、老年人智慧手机等。

江干区景县社区和景华社区的经费来源于政府拨款，养老服务主要是上门聊天、代购物，且基本上是助老员和志愿者负责。此外，第三方参与建立的日间照料中心针对70岁以上老人提供服务。当然，对于一些特殊情况的群体，如残疾人、精神疾病患者等，日间照料服务不分年龄。

（3）恩施州社区养老服务供给调查

社区设置医疗卫生服务站是为了满足社区居民的医疗卫生需求，解决社区居民的基本医疗问题。本书在恩施州选择舞阳坝街道办事处官坡社区和黄泥坝社区作为调查对象，通过对社区的医疗卫生服务情况进行评估，我们发现68.9%的老年人居住地距离最近的医疗服务机构在1公里以内，说明社区配套的社区医疗机构距社区非常近，老年人享受社区医疗卫生资源条件便利。此外，在对社区居委会主任访谈过程中，我们了解到官坡社区医院有3名拥有医师资格证的全科医生，社区医院定期开展免费体检，为老年人建立健康档案，并会举办健康知识讲座等。

与此同时，我们通过访谈亦发现社区医院在上门护理、上门诊疗、康复治疗、紧急救助方面开展的服务还相当欠缺，享受过以上服务的老年人群占比分别为4.4%、2.2%、2.2%、2.2%。

（4）襄阳市社区养老服务供给调查

我们对襄阳市樊城区的军工社区与幸福社区进行了实地考察，特别探访了两地的老年人日间活动中心，深入了解了其运营情况，并且参观了位于樊城区的"襄阳12349居家养老一键通服务中心"，与中心工作人员进行了细致的交流探讨。我们通过发放问卷、召开座谈会、参访机构等方式收集到丰富的资料，并就当地养老服务体系、养老服务模式、养老服务设施、养老服务水平等问题向中心工作人员进行了了解。

距最近服务机构的距离在1公里以内的老年人占比达到82.7%，服务机构可以提供及时的服务，老年人也方便接受服务。一般情况下，老年人到达社区医疗机构也比较方便，平均时间为18分钟，这为老年人接受医疗服务提供了极大的便利。在硬件方面，社区都配备了老年活动室、棋牌室/麻将室、室外活动场地等普遍性的设施，但能够满足老年人更高需求的设备，如老年健身房、图书室、老年学习室、老年康复室等相对较少；从社区医疗服务提供上，社区目前做得还比较差，目前社区无法做到提供上门护理、上门看病、康复治疗等服务，一般就是常规地做一些体检，针对特殊老人（失能、失独、空巢老人等）提供定期服务。在襄阳市樊城区军工社区的调研中，我们甚至发现本社区没有社区卫生站，辖区内所有老人的疾病必须到附近的医院进行治疗。社区提供服务方面，一般是社区工作人员做一些上门探访、困难救助、组织文体活动等常规性的活动，而需要花费更多精力、更多成本的服务，比如老年人服务热线、法律援助、上门做家务、老年饭桌或送饭、日托所或托老所、心理咨询等，社区并没能很好地提供。

（5）兰州市社区养老服务供给调查

我们首先在甘肃省民政厅召开了由兰州市及部分区民政部门、卫生部门、街道、社区相关人员参加的座谈会，接着走访了兰州市城关区和七里河区所辖的三个社区，其中城关区两个、七里河区一个。在社区召开了由社区居委会主任、街道卫生服务中心和社区卫生服务站负责人及社区内具体负责养老工作的相关人员参加的座谈会。

通过问卷调查，我们发现三个社区都设立了社区服务中心（站），但不同社区的社区服务中心（站）提供的居家养老服务项目有所不同。榆中街社区只提供医疗保健相关服务（包括社区卫生服务中心/服务站、康复治疗室、体质测试站等）。畅家巷社区服务中心（站）提供的社区养老服务项目有社会保障相关服务（包括生活救助站、社保卡受理分站点、医疗保险事务受理、慈善捐赠事务受理等）、医疗保健相关服务（包括社区卫生服务中心/服务站、康复治疗室、体质测试站等）、社会福利相关服务（包括社区福利院/日托所、残疾老人服务中心/服务站等）、社区文体活动类服务（包括文化活动中心、老年人活动室、老年人体育俱乐部等）、教育科普类服务（包括老年法律课堂与司法援助、老年大学、老年人图书馆和阅览室等）。郑家台社区服务中心（站）提供的社区养老服务项目有医疗保健相关服务（包括社区卫生服务中心/服务站、康复治疗室、体质测试站等），社会福利相关服务（包括社区福利院/日托所、残疾老人服务中心/服务站等），社区文体活动类服务（包括文化活动中心、老年人活动室、老年人体育俱乐部等），教育科普类服务（包括老年法律课堂与司法援助、老年大学、老年人图书馆和阅览室等）。

通过进一步访谈，我们发现社区对老年人的医疗卫生服务主要是由街道的卫生服务中心和各社区的卫生服务站提供。城关区民政局自2011年开始与卫生部门合作，将老年人的医疗卫生服务纳入虚拟养老院的建设中。当时有17家社区卫生服务中心、83家社区卫生服务站，覆盖了城关区24个街道142个社区，主要提供的是人口的公共卫生服务和基本医疗服务。从具体的服务内容来看，能走动的老年人可以来社区接受医疗卫生方面的服务，不能走动的社区就提供上门服务，主要也是针对一些慢性病来提供上门服务，卫生服务中心为所有老年人都建了健康档案，每年为65岁以上的老人免费体检一次，这也是公共卫生服务的要求。其他方面的服务还涉及保健咨询、健康沙龙、健康教育课等，会有社区的保健服务老师专门讲这门课。

此外，三个社区的养老服务经费都以政府投入为主，但政府的投入也不平衡，榆中街的投入比起畅家巷和郑家台的要少很多。在支出的用途上，畅家巷和郑家台注重的是硬件的建设，榆中街则只是一些节日活动。从特殊老人服务来看，榆中街社区开展的养老服务有高龄老人补贴与养老服务、失独老人补贴与养老服务、空巢老人养老服务。畅家巷社区开展的养老服务与榆中街相同，郑家台社区开展的养老服务则比以上两个社区的少了空巢老人养老服务。

（6）西宁市社区养老服务供给调查

本次调研在青海省西宁市的城东区、城中区、城西区、城北区等4个区中随机抽取了代表性较强且对比鲜明的新村社区、南山东社区和小桥社区等3个社区。

调查发现，在社区医疗卫生服务方面，各个社区均设立了社区卫生服务站/服务中心。目前开展了包括定期免费体检（帮助老人测量身高、体重、血压、血糖等）、健康宣传与指导、药品服务（包括常用药、依照国家政策免费发放的特殊药品等)、预防诊疗服务(如感冒预防)等在内的多种预防性服务。在社区服务人员方面,小桥社区的社区服务站共有11位居家养老服务人员,其中直接服务人员10位,管理人员1位;南山东社区服务站共有2位工作人员,其中直接服务人员1位,管理人员1位;新村社区虽建有社区日间照料中心,但社区日间照料中心的工作人员亦是社区的办事人员,社区没有专门负责社区养老服务的工作人员。

此外,调研发现目前社区卫生服务站针对老年人服务的工作重点还是公共卫生,保健、康复服务工作尚无充足的人员来从事。社区卫生服务站负责社区6000多名居民的医疗卫生服务,其中60岁及以上的老人有400多名,但卫生服务站只有8名工作人员,其中有2名医师、2名护士、4名全科医生,无法面面俱到。

2. 机构养老服务供给调查

我们在南京、杭州、上海、昆明、哈尔滨、长春六个城市15家具有代表性的养老机构进行了调研。我们不仅与各养老机构负责人员或管理人员进行了深入座谈,而且对养老机构中的专业工作人员也进行了相应调查和访谈。本书调查和研究这六个城市机构养老服务供给状况,旨在充分了解供给情况和存在问题,以进一步发展和完善我国养老服务体系。

(1) 南京市机构养老服务供给调查

调研过程中,根据南京市民政局养老服务处的介绍,南京市养老服务机构及其相应服务近年来的发展已走到全国的前列。具体表现在以下两点上。第一,由于南京市老年人口基数大,老龄化趋势加剧,为满足南京市各种类型老年人对美好养老生活的需要,南京市充分发展完善了各种类型的养老机构,囊括了公办、公建民营、民营等形式,其中尤以民营机构养老服务发展最为迅速。第二,针对南京市"三高"——高干、高知、高薪——老年人口较多,且这部分老年人口对高质量医疗康复与照顾的需求较多的现实情况,南京市正积极推进"医养结合"——即鼓励养老机构办医疗和鼓励医疗机构办养老——服务的供给与发展。于是,在上述背景下,我们分别选择了一家民营、一家公建民营、一家公办养老机构进行深入调研。调查情况如下。

首先,我们调查的民营机构是悦华安养院。

悦华安养院位于南京市秦淮区秦洪街道，是一家颇具规模的民营养老机构。该机构于2013年利用秦洪街道某小区建设时配套的国有物业资源着手创建，于2015年正式投入运营。悦华安养院在2016年荣获南京市民政局颁发的4A级养老机构评定。在我们与悦华安养院负责人H先生访谈时，他说道：

> 悦华基本上已经实现了每个街道一个项目式的综合体，形成了医养机构、嵌入式综合体、居家养老和入户照料的服务维度。除此之外还有三个板块，第一个是智能平台，悦华负责开发和运营江北新区的虚拟养老院；第二个是与阿里巴巴在江苏和安徽区域的新型社会养老住区养老战略合作伙伴关系；第三个是产业研究。（YHA-1-1）

从硬件设施来讲，悦华安养院占据着一幢六层楼房的全部约4000平方米的空间，配有床位123张，膳食、照料、护理、医疗、康复和文娱活动空间一应俱全，各种设施设备比较先进。从软件设施来讲，该院配备了医疗护理、社会工作和心理咨询等专业人员，其队伍规模正逐年扩大。收费方面，根据入住老人的身体状况和主观要求，悦华安养院单张床位的价格为4000～8000元/月，具体收费则以现场商定为准。访谈中，悦华安养院的工作人员L女士介绍道：

> 目前有七个级别。（问：那大概费用范围是多少？从最低到最高）床位费和营养膳食费，虽然说我们每个都有不同的档次，但是基本上是相同的。差别比较大的是护理费，护理费从每天18元，到最高等级全失能的每天280元，全护价格依次为18元、50元、100元、150元、280元。（YHA-1-2）

根据宣传资料，悦华安养院主要为以下几种老人提供服务。①生活能够自理的老年人，平时可以自由活动不需要专门的护理人员照料，能够自己做些日常事务，身体状况较好，没有严重的疾病或者症状较轻。②患有慢性疾病导致行动不方便的老年人，但是能够清晰表达自己的思想，病情稳定，生活需要护工协助照料。③由于年龄、疾病等因素影响导致思维混乱、视力听力等衰退、活动不便的老年人，需要专门的护工照料其生活起居。④行动严重不便、患有阿尔茨海默病或大小便失禁的老年人，需要24小时随时特护照料。安养院现有入住老人以自理老人为主，兼有一部分半护老人，全护老人与特护老人几乎没有。在其现有服务对象中，很多系周围小区老年居民，他们只是中午或晚上到安养院就餐而已。

> 我们更鼓励老人自己动、自己做，鼓励能下床的老人尽量下床就餐，但凡能到公共活动空间里面去活动的我们鼓励他到公共活动空间，能自己吃饭的尽量自己吃饭。我们在每层楼道有个公示榜，有老人参与活动的积分，每个月兑换一次。（YHA-1-1）

在安养院目前的服务结构中，日常护理和医疗占据绝大部分，其工作人员最多，任务也最重。相对而言，安养院现有的3名社工（兼心理咨询师）的主要工作内容仍是补充护理和医疗服务方面的不足，其单独开展的活动较少。

> 我们社工部目前有三个工作人员，这三人都有社工师或者是助理社工师证，将社工工作融入我们养老服务当中。（YHA-1-1）

其次，我们调查的公建民营机构是南京市祖堂山社会福利院。

南京市祖堂山社会福利院是一家隶属于南京市民政局，但由民营企业承包经营的混合型社会福利事业单位，它是在始建于1950年10月的南京市祖堂山精神病院基础上改扩建而成的公建民营机构，现为江苏省示范性养老机构，同时也是南京市医疗保险定点医疗机构。

在访谈中，负责人S先生说道：

> 2013年南京市对养老机构公建民营项目进行程序化招标，2014年春节我们中标，公示结束以后，我们就进行了团队建设和房屋改造。刚开始的时候，因为这里离市区比较远，养老床位空余较多，我们就

与南京市的高等院校组织联谊，比如说组织离退休老干部来参观、来调研，所以现在入住的老人整体素质还不错。2015年，我们就跟南京市卫生局申请了护理院资质，到了2016年也拿到了南京市的医保定点医疗机构标牌。(ZTS-1-1)

南京市祖堂山社会福利院总面积达到123亩，建筑总面积为49380平方米。招聘的248名员工中带有编制的员工有140人，编制以外的员工108人，共有152人拥有专业技术资格。福利院设有8个不同的职能科室、1个医疗服务中心、1个生活疗养中心、1个民政对象收养区，且为孤寡、残疾、生活困难的老年人提供了800张养老床位。

根据院方说法，福利院主要接收下述3类老人：①年龄60周岁及以上，无传染性疾病、无精神疾病（需提供身份证、户口本、照片、体检材料证明）的老人；②生活不能自理或半自理，需要护理的老人；③身患疾病需要治疗或疾病晚期需要关怀的老人。收费上，福利院规定：①房间为六人合住，以实际发生费用为准，床位费30元/天；②生活护理费按评估结果收取；③伙食费按实收取；④伴发疾病的老人医疗费用按南京市医保相关政策结算；⑤老人生活必需品等由家属自备，若需院方提供，则另行收费。在福利院养老的老年人能享受到多方关怀和服务，包括医生、康复师、理疗师等。福利院的业务不局限于生活照料，其他特色服务也在不断更新。

我们分成医护康养四条线，"医"是指医生，也就是医疗组；"护"是护理部，由杨主任负责；"康"是康复技师，由我们的康复主任指导；"养"就是养老护理员，由护理部主任指导和管理护理员的生活照顾工作。(ZTS-1-1)

最后，我们调查的公办机构是南京市建邺区社会福利院。

南京市建邺区社会福利院建于1988年3月，由建邺区政府批准、区民政局主管，属自创自收全民集体事业编单位的机构。该机构共有床位80多张，工作人员35人，其中只有院长1人具有区事业单位编制。现福利院入住老人以失能失智老人为主体，其中有10多人为"五保"人员。当然，由于福利院和江苏省老年医院分院同处一栋大楼，且交通十分便利，目前也有一部分生活能够自理或半自理的老人入住。福利院院长Y女士向我们作了如下介绍。

> 过去我们福利院的功能主要就是提供全区所有"五保"老人的基本供养服务，但是随着时间的推移，还有本地的拆迁，有的人拿到房子就退了。这些五保户主要是没子女，有的是没配偶。后来有的人跟侄子过；有的人有女儿，过去农村敬老院有女儿的不算有孩子；还有一部分去世了。算下来，我们福利院里头还有十几个是"三无""五保"人员。(JYQ-1-1)

由于其公办和托底保障性质，建邺区社会福利院一方面收费较为低廉，人均收费每天在20元至100元之间，单月最高收费纪录在5000元左右；另一方面管理十分规范，服务操作也均有标准化规范。其管理人员认为福利院对政府形象的维护十分重要，故十分强调社会责任担当，看重福利事业所代表的政府形象。

> 现在所有的老人进来以后都要进行评估，评估完以后，根据老人的身体状况，一个是确定收费标准，一个是安排这个人的护理程度。我们的经营思想就很明确，维护好为民政府的形象。这两点融入在我们服务过程中。(JYQ-1-1)

(2) 杭州市机构养老服务供给调查

借鉴了此前在南京调研中获得的经验，并考虑到杭州市机构养老发展中公建民营与民营界限相对模糊的特点，我们选择了以下两家具有代表性的机构进行了深入调研。

第一家是杭州市社会福利中心。

杭州市社会福利中心隶属杭州市民政局，是社会福利事业单位，是杭州市委、市政府认定的民办实事工程，占地面积为60亩，建筑面积达到5.4万平方米，整体投资金额为1.6亿元。该福利中心成立于1999年，共有 7 栋休养楼，1458 张养老床位，且房间类型选择较多，分套间、单人间、双人间和多人间，每间都有空调、彩电、电话、壁柜等配套设施，有电梯方便上下楼。每栋休养楼均设有健身房、棋牌室、阅读室等场地，医疗护理部门可以进行诊断、检验等，此外，餐厅、洗衣间、康复室一应俱全。访谈中，该机构的负责人 Z 先生介绍道：

> 我们是分三期建成，第一期是 1999 年，有 500 多张床。第二期是 2005 年，有 300 多张床。第三期是 2009 年，有 550 张床，加起来 1400 多张床。2013 年左右，我们这里床位基本上住满。（HSY-1-1）

该机构目前以自费寄养为主，入住之前需登记排队，但由于机构交通便利、环境优美、绿化率达 60%以上，床位供不应求。截至 2019 年 4 月，该机构入住休养人员 1300 余人，平均年龄 84 岁，其中失能半失能、失智老年人约占休养人员总数的 60%；80 周岁以上老年人约占休养人员总数的 75%。[①]

机构有在编事业单位职工 35 人，设有办公室、财务科、社工科、后勤科、护理科五个科室，各科室分别负责机构管理运转、老人生活照料、文体活动组织等日常事务。而占据机构很大部分服务需要的医疗卫生事务，则外包给社区卫生院。

> 我们分区管理就是为了节约用人成本。自理区基本上就是一层楼配一名护理人员。我们因为房子特别多，每层楼的老人数量也不一样，多的可能有 40 位，少的可能就 20 位。但是我们都是一层楼配一个护理员，他们的基本工作就是搞卫生、打开水、洗衣服、帮老人买饭。然后因为我们造了三期，各不相同，所以我们虽然分区管理，但是总体上配比还是不一样。例如，有 1∶2 的，就是一个护理员管两个老人；也有 1∶4 的，那房间只能放四张床；也有 1∶5 的，房间只能

[①]《杭州市社会福利中心详细介绍》，杭州市民政局网站，https://mz.hangzhou.gov.cn/col/col1588525/index.html。

放五张床；有1∶6的、1∶7的。我们最多就是1∶7，就是一个房间，七个老人，然后八张床，一张是护理员睡的，我们的工作人员就睡在房间里。因为我们房间很大。(HSY-1-1)

第二家是杭州滨江绿康阳光家园。

滨江绿康阳光家园由滨江区政府投资创办，是目前国内规模最大的公建民营医养结合的社会化养老机构之一。它位于滨江区白马湖，占地约100亩，包括自理老人养老区、介助介护老人护理区、多功能活动中心、医疗中心和食堂等，总床位数2000张，拥有老年大学、老年综合活动中心等功能场所。机构主要为广大老年人提供全方位的生活照护、专业化的医疗和科学合理的膳食服务；为部分健康亚健康老人提供基本医疗、康复护理、临终关怀服务；为脑卒中偏瘫患者、老年慢性病患者、阿尔茨海默病患者和临终关怀患者提供特殊的专业医疗和精神慰藉服务。访谈中，该机构的负责人C先生说道：

> 我们打造了一个舒缓疗护病区，由一家二级专科康复医院管理。其中，一楼有内科、外科、中医科、骨关节科、检验科、放射科；二楼是康复中心，有传统康复、现代康复，还有中医养生足疗；三楼一半是体检中心，一半是民政智慧养老平台。2017年的7月25日，我们的省、市医保报销功能开通，2018年的3月份我们异地医保报销功能开通，现在康复医院是完全对外的，住院的病人中也有外面的老人，但是门诊的病人大部分是我们院的老人。(LKY-1-1)

滨江绿康阳光家园由滨江区政府投资近5亿元兴建，2015年向全国公开遴选专业运营机构。2016年，浙江绿康医养集团有限公司最终入选，获得该项目的20年运营权。2016年12月，第一批老人入住，机构启动试营业，2017年6月，机构正式开业运营。

我们此次调查的主要是机构中的自理老人养生区，这是目前入住率最高、服务开展最健全的部分。该区域集中在该机构10幢大楼中的1幢，拥有床位800张，现有160位老人入住。其中配备有休闲区、书画室、棋牌室、膳食间、运动大厅以及老年培训活动中心等活动空间。摆放床位的房间全部为朝南、宽敞明亮带景观阳台的居室,并配备有紧急呼叫系统和无障碍设施等。

> 老人的房间全部朝阳,老人喜欢朝阳。当子女过来,还有朋友过来可以在亲情室聊聊天,因为这个区域是两个人一个房间,在房间里谈话会打扰到别人。(LKY-1-1)

(3) 上海市机构养老服务供给调查

上海既是我国最早进入人口老龄化、老龄化程度最深的城市,也是养老服务发展水平位于全国前列的城市。因此我们在上海同样分别选择了一家民营、一家公建民营、一家公办养老机构进行深入调研。

我们调查的公办机构是上海徐汇区社会福利院。

上海市徐汇区社会福利院于1996年11月落成启用,福利院占地面积3920平方米,建筑面积4220平方米。截至2019年4月调研时,福利院有员工83人,有事业编制的24人,其中有16人处于试用状态,其余59人为劳务派遣员工。除此之外,因为伙食外包等缘故,福利院还有12名外包员工。其中,福利院59名劳务派遣员工主要从事护理、照料工作,大多数属外地城镇或农村来沪打工人员。24名在编职工则主要负责管理、医疗、康复与社工事务。福利院院长X女士在访谈中介绍道:

> 我院楼高七层,绿化面积1650平方米,2013年进行综合改造,全院布局合理,设施齐全,是老年人颐养天年的温馨之家。建院以来,我们始终坚持"宁愿自己多麻烦,不让老人一时难"的服务宗旨,以科学化、规范化、标准化的服务理念,满足老年人的服务需求,得到了社会各界的赞誉和认可。(XHY-1-2)

正因为福利院具有公办性质和其存在大量事业编制岗位,福利院的日常工作非常规范、专业和标准化,其不仅参与编制了上海市机构养老地方标准《养老机构服务应用标识规范》,而且是上海市首家成功申报"国家级服务业标准化示范试点单位"的养老服务机构。福利院工作人员 M 女士向我们作了如下介绍。

> 2014 年，X 院长主导编写的《养老机构服务应用标识规范》被上海质监局批准发布并实施，推动行业共同发展。我院与康健社区卫生服务中心、徐汇区精神卫生中心、大华医院达成共建，由专业医院派出精神科、中医科、康复科医师来院为老年人提供简单的诊疗服务。我院还签约了徐汇人民医院为老年人提供视频远程诊疗服务，使老年人足不出户就能享受基本的医疗照顾和康复护理。(XHY-1-2)

据院方介绍，福利院自 2015 年起，为解决公立养老机构"一床难求"的问题，只接受具有上海市徐汇区户口的 80 岁以上五级以上托底保障老人入院。这些老人入院后，院方会对老人的生活能力、健康状况、养老需求等进行评估，以提供不同等级的护理、医疗、康复、娱乐等服务。福利院的医护人员能提供 24 小时服务，老人生活上不仅有专人照顾，医疗诊断、康复训练、娱乐休闲都有工作人员专门负责。不仅如此，费用还十分便宜，基本上处于人均每月 500~1000 元水平。

> 一个老人四级的话护理费应该是 750 元，五级的老人的护理费是 1600 元，因为五级的是双护，双护是按照 30 元一天来计算的，一个月 30 天就是 900 元，900 元的 85% 由长期护理险资金支付，那么老人只要支付 900 元里面的 15%。然后，如果说是 1600 元的护理费，那么 1600 元减去 900 元，再加上那 900 元的 15%，算下来护理费其实很低的。(XHY-1-1)

我们调查的公建民营机构是上海徐汇区龙华街道怡乐家园邻里汇。这是一家由徐汇区龙华街道投资建设，委托怡乐家园养护院经营的机构。该机构拥有床位 252 张，主要分为 2 人间和 6 人间；其中，6 人间系由两个 2 人间改造而成，并共享 1 个卫生间，以此达到既增加床位又方便护理人员工作的目的；无论 2 人间还是 6 人间，其卫生间均采用智能马桶，淋浴则采用恒温式淋浴，水温固定设置在40~43摄氏度，以方便老人使用。截至2019年4月调查时，机构有护理人员46人，预计需要80余人，调查时正在积极招揽和培训。访谈中，该机构的副院长J女士介绍道：

> 我院管理人员都是本科学历，中层管理人员基本是中专以上学历，签订正常的劳务协议，工作人员尤其是护理人员都是在四五十岁。我们每个月都有培训，主题上分专业培训和安全培训，医疗护理类培训属于医护部门的定期培训，法律维权的培训一年一次。（LLH-1-1）

机构内设施齐全先进，共计有社区卫生服务站、绿色氧吧、共享书吧、邻里饮吧、邻里学堂、智能化学习中心、老少乐中心、便民服务中心、邻里大Party等9处较大活动空间。访谈中，J女士说道：

> 有一个大阳台，一个圆形走廊，外面还有一个无障碍通道能过去。外面还有个花园，鼓励老人进行一些户外活动。（LLH-1-1）

截至2019年4月调查时，机构内接收入住老人60余位，约占总床位数的四分之一。其中，大多为生活能够自理的老人，行动不便和患有轻度疾患的老人仅有数位。人均收费在5000~8000元/月，其中餐食标准为600元/（月·人），属上海市中高标准水平。

> 我们为了追求品质，餐饮基本上不外包，因为如果外包的话就涉及双方的利益，我们自己做，那么我们就会有灵活度。补贴的话分两块，一块是床位费补贴，那其实没多少的；还有一块就是人员补贴，主要是针对有专业技术的人员，比如说医生或者护士。（LLH-1-1）

我们调查的民营机构是上海虹口区银康老年公寓。

上海虹口区银康老年公寓是一家介护式的养老机构，机构利用自身专业服务能力辐射周边社区的综合为老服务中心、微机构、日间照护中心、护理站、家庭和居家养老服务中心等组织，以整合资源，形成一站式网格化老年服务聚集效应，提供可复制的片区综合为老服务运营模式和示范平台。

公寓面积为1.4万平方米，包括一栋17层的主楼和与主楼相连的2层裙房。其中，主楼共有400张养老床位，每层楼设有10间标准间，所有房间皆朝南，房间内配有单独的卫生间、客厅、辅助生活护理区域、医疗护理区域，以满足老年人的生活照料、医疗辅助、康复护理等服务需求，这些床位可以短期入住或假期托养。裙房的二层设置了多个公共场所，例如餐厅、超市、图书室、小型影院、棋牌室等，以满足老人日常的休闲娱乐活动需求，老人可以在此进行书画、手工、园艺等爱好的培养。裙房的一层是康复护理中心，配备了100多张康复、全护理床位，专门接收中风、脑外伤、关节置换手术和其他手术后需要护理康复的老年人。该机构的负责人W女士告诉我们：

> 我们机构以康复治疗为主，招聘了康复治疗师。康复治疗以自费为主，有一些中医康复治疗。有些老人是愿意自费去恢复自己的健康的。(YKL-1-1)

2019年4月调研时，该机构入住老人有370余人，其中女性占80%以上，老人平均年龄为84岁，最高年龄为103岁。收费上，平均7000~7500元/（月·人），失智老人则须支付8000元以上。机构有员工130多人，其中包含医生7名、护士8名、社工4名、14个食堂人员以及护工100余人。

> 我们食堂师傅是14个，因为在老年公寓，食堂这块工作还是蛮繁重的。有老人需要吃全粉的，就是打碎成糊糊状的；有要吃半粉的。不同的人需求不同，所以工作量还要分，要把A、B餐分好，然后再送。(YKL-1-1)

(4) 昆明市机构养老服务供给调查

面对高龄化、空巢化、家庭小型化引发的老年护理、生活照料、精神慰藉、紧急救援等服务匮乏的问题，昆明市政府通过制定政策、整合资源、完善设施，积极构建多层次、多方式的养老服务体系，当前昆明市养老服务指标已经部分地高于云南省甚至全国水平。因此，本书选取昆明作为西部地区机构养老服务发展的重点城市，对昆明市社会福利院、柏寿老年公寓负责人和工作人员进行访谈，以深入了解昆明市养老服务供给现状。

首先是公办机构——昆明市社会福利院。

昆明市社会福利院成立于1950年12月，前身为1944年成立的"云南省实验救济院"，占地面积112.5亩，下设昆明市社会福利院福利医院，加挂"昆明市老年人公寓"牌子。入住福利院的老人主要是自费托养对象、社会养老对象和民政对象。在社会福利院中，由综合医疗科一区、内科二区、康复科三区为生活能力不同程度丧失的社会老人提供医养融合型养老服务，由门诊功能评估室为社会老人提供全方位功能状态评估（全能、轻度失能、中度失能、重度失能），根据评估结果收取床位费、伙食费、护工费。福利院也为昆明市本级"三无"人员、各区县"三无"人员提供供养、托养服务。[①] 社会福利院院长L先生告诉我们：

> 我们主要是政府监管。（问：有没有专门的硬件设置、护理服务的指标体系？）现在我们云南省大概地定了一个标准，现在还没正式落地，可能准备购买第三方服务来做评估，正在做招标工作。（KSY-1-1）

此外，昆明市社会福利院福利医院始建于2006年，是全市唯一的一家财政全额拨款，集医疗、教学、科研为一体的二级非营利性综合医院，是省市医保、城乡居民基本医疗救助和重特大疾病医疗救助定点医疗机构。其中，编制床位101张，实际开放床位200张。医院设有急诊科、内科、外科、妇科、临床心理科、康复科、临终关怀科等临床科室。医院现有医务人员125人，其中高级职称7人，中级职称31人，并外聘多名省内知名

---

① 《走进昆明市社会福利院》，昆明市社会福利院官网，http://shfl.km.org.cn/c/2015-07-07/734873.shtml。

专家作为技术指导。医院拥有菲利普 EPIQ5 彩色超声波诊断仪、耶格肺功能仪、60 导睡眠检测仪、动态肺成像仪、电子支气管镜、动态心电血压检测系统、800 速全自动生化分析仪、五分类全自动血球分析仪、血气分析仪、DR、双能 X 线骨密度仪、伟康 V60 双水平呼吸机等先进的诊疗设备，以及子午流注治疗仪、声光电神经肌肉刺激治疗仪、超氧治疗仪等多种理疗、康复、护理设备。通过医院的建设，现已发展成为科室齐全、设备先进，集医疗、护理、康复、娱乐、心理咨询、临终关怀和养老护理员培训为一体的医养融合型养老机构。①

其次是民营机构——昆明柏寿老年公寓。

截至 2019 年 7 月调研时，柏寿老年公寓有 3 个运营点和 1 个居家养老服务中心，分别是小街、六甲、五华、大观柏寿，所有机构都已实现"互联网+医养结合"。五华区柏寿乐福和小街柏寿酒店式老年公寓以机构养老和居家养老为主；大观柏寿以失能半失能长者为主要服务对象；六甲柏寿是一家由公立卫生服务院（六甲街道卫生服务中心）和私立养老机构（昆明柏寿老年公寓）合作运营的医康养结合养老机构，同时也是官渡区医养结合试点单位。②访谈中，柏寿老年公寓的负责人 Y 先生告诉我们：

> 我们有两人间，一个两人间全部费用算起来的话，如果不护理是 2300 元；如果加上护理的话，它有 1200 元、1800 元、3600 元三种收费标准。（问：单算护理是吧？）单算护理。因为要评估，就是能自理的老人是 2300 元一个月；然后需要护理的，最高的就是 6000~7000 元。其实，有些时候不一定，就像这里有一对一、二十四小时陪护的，子女觉得想尽一份孝心或者是经济条件允许，会专门请个人陪伴父母，因此服务标准也不一定跟老人的失能状况有绝对关系。（BSY-1-1）

---

① 参见昆明市社会福利院福利医院网站，http://shfl.km.org.cn/c/2015-07-07/734884.shtml。
② 昆明柏寿老年公寓官网，https://www.bslngy.com/。

本书选取小街柏寿酒店式老年公寓进行调研，该机构成立于 2011 年 6 月，公寓占地面积 13638 平方米，拥有床位 500 余张，员工 107 人，其中一线护理人员达到 70 多人，管理人员 26 人，其他则为负责公共卫生的后勤人员；员工年龄结构中 40~50 岁的居多，且 70% 为女性员工，涉及男性老年人护理时，就会相应配备男性护理员。公寓每周二、周四会对管理人员、护理人员分别进行技能培训和企业文化制度的培训，技能培训主要包括岗前和在岗的技能培训。入住公寓的老人有近 400 人，其中自理老人占 30% 左右，失能半失能老人占 60%~70%。公寓大部分服务对象是 80 岁以上的老人，80~89 岁的老人约占 55%，90~99 岁的约占 17%，相当于 80 岁及以上的老人占 73%，其他老人都在 80 岁以下，公寓主要回应的是养老刚需。

我们针对失智老人，会把家属邀请过来和云南大学社工系同学一起开展项目。我们和云南大学、昆明医科大学、云南师大有合作。师大主要是负责心理，医科大学负责医疗。比如说对于失智老人，包括需要康复的老人，我们的康复计划是否合理，然后科大的学生们会给一些比较专业的意见，然后也是给学生们一个实习机会。（BSY-1-1）

该机构有阅览室、电脑室、娱乐室、会议室、影视厅、台球、乒乓球、麻将室、健身器材等，可以供老人自由活动及娱乐；医疗保健室有专业医师可以让入住老人"小病不出门"，康复训练师可以让需要功能恢复的老人提高生活质量；该机构和云南萨提亚中心进行心理咨询合作，不仅为有心理隐患的老年人提出给予心理咨询及指导，能更及时地排除公寓中老年人的心理障碍；该机构也定期（每月至少一次）对护理员进行心理疏导，她们承担的工作压力最大，要避免因心理因素而在工作中出现问题。

此外，该老年公寓有代购人员可以帮老人代买所需用品，机构会定期与法律顾问公司合作，老人可以咨询法律问题，避免老人上当受骗吃亏现象的发生；机构提供全护、半护、日托、全托等多种护理及管理方式，家属可以根据老年人的不同情况和家属时间状况自由地安排和选择；公寓采用酒店管理方式，提供 24 小时监控、安保巡逻、热水供应、饮用水 5 级过滤系统等，旅居老人也可以在此养老。

在访谈中，负责人 Y 先生提到其和公寓其他负责人正努力将柏寿打造成一个"智能化、信息化、精细化"管理的"互联网+养老服务（机构+居家）"供应商。利用云南"养老机构信息化管理系统"可以通过智能手机终端实现养老院智慧化、规范化的服务管理。经过多年的努力与发展，小街柏寿酒店式老年公寓被评为昆明市"敬老文明号"、养老机构示范单位。

（5）哈尔滨市机构养老服务供给调查

受经济增长乏力、产业发展停滞等因素影响，近年来，东北地区人口始终呈现负增长态势，东三省也是全国人口自然增长率最低的三个省份，且东北地区人口老龄化速度明显加快。统计局数据显示，2020 年黑龙江、吉林、辽宁 65 岁以上老年人口比重分别为 15.6%、15.6%、17.4%，[1] 老年人口抚养比分别达到 21.08%、21.47%、24.37%，[2] 养老问题迫在眉睫。因此，本书分别调查了哈尔滨和长春的养老机构，以了解我国东北地区养老服务发展状况。哈尔滨市三家机构的调研情况如下。

我们在哈尔滨调研的公办机构是哈尔滨香坊区敬老服务中心。

香坊区敬老服务中心作为公办养老机构，负责集中供养全区城乡特困供养人员，目前入住老人有 80 多位，其中"五保户"27 人，其他为自费老人。机构共有床位 220 张，由于入住老人较少，很多老人能住单间。中心负责集中供养全区城乡特困供养人员，为供养人员提供吃、穿、住、医、葬等服务，优先接收孤老优抚对象入院供养；负责拓展服务领域，扩大服务范围和覆盖面，在满足集中供养人员需求的前提下，面向社会老年人、残疾人提供服务，根据实际情况实行有偿、减免或无偿等各种服务；广泛开展志愿服务活动，丰富供养人员的生活；面向周边农

---

[1] 国家统计局、国务院第七次全国人口普查领导小组办公室：《第七次全国人口普查公报（第五号）》，国家统计局网站，https://www.stats.gov.cn/sj/tjgb/rkpcgb/qgrkpcgb/202302/t20230206_1902005.html。

[2] 国家统计局编《中国统计年鉴 2021》，国家统计局网站，https://www.stats.gov.cn/sj/ndsj/2021/indexch.htm。

村老人开放，拓展社会寄养、日间照料和社区为老服务功能；完成哈尔滨市香坊区民政局交办的其他任务。中心和哈尔滨市多家医院签订了共建协议，入住老人身体不舒服时可以走绿色通道。中心负责人 G 先生在访谈中说道：

> 咱床位原来对外宣传是 220 张，其实没有那么多，包括像这些"五保户"至少都一人占两张床，就一个人包一个房间。因为费用比较低，咱费用是经过市发改委核算完成本之后批准的定价，中心的床位不允许超过政府指导的定价，基本上挣不到钱。（XFQ-1-1）

2012 年下半年，在哈尔滨市慈善总会、香坊区民政局以及爱心企业的支持帮助下，哈尔滨市香坊区敬老服务中心有了全市首个专为敬老院设立的近 2000 平方米的功能设施齐全的绿色生态温室大棚。温室大棚建成后，东北农业大学志愿者和黑龙江省森林植物园的志愿者帮助建设。温室里种植了玉米、豆角、茄子、南瓜、黄瓜、番茄等农作物，全部由老人自行管理、自行耕种；社会志愿者们也经常与老人们一起耕种、收获。如今，四季常青的温室，自娱自乐的劳作，形成了哈尔滨市香坊区敬老服务中心绿色养老、生态养老新模式。

我们在哈尔滨调研的公建民营机构是哈尔滨德耐颐养公寓。

德耐颐养老年公寓是哈尔滨首家集康复、养老、医疗、护理于一体的颐养公寓，成立于 2017 年 7 月，占地面积 1.5 万多平方米，医疗使用面积 8500 平方米，养老使用面积 6500 平方米。该公寓和黑龙江德耐康复医院合作，采用先进的全程护理模式，致力于打造"康复有疗效保障，养老有医疗护航"的医养结合机构。该公寓经过专业的适老化改造，从国外进口老年人专用设备，引进先进的介护（养老护理）理念、介护技术和管理模式，有国内养老领域的专家常驻并直接参与日常管理工作。受过严格训练的专业的养护团队有能力接待具有各种需求的入住者，对病后生活不能自理老人的养护是该机构的突出优势。院内设康复医院，是具有国家正规资质的医疗机构。经验丰富的专业医生、护士 24 小时为老人们的健康保驾护航。尤以各类疼痛康复、肢体功能康复为主要特色。

我们在哈尔滨调研的民营机构是哈尔滨市香坊区关东人家老年公寓。

哈尔滨市香坊区关东人家老年公寓创建于2017年8月14日，设有100张到200张床位，有不同类型的房间供老人们选择。该老年公寓是自理老人们养老养生的居所，也是非自理老人获得生活照料、医疗护理和康复治疗的场所。公寓按照老人身体状况、护理需求收费，收费区间为3000～6000元，其中健康有活力、无严重疾病的老人每月收费3000元，有严重的肢体障碍、不能完成生活正常行为或80岁以上但仍健康的老人收费3800元。

访谈中，负责人提到公寓配备的设施都是日本进口产品，例如为失能半失能、包间老人配备日本电动起卧床；配备日本松永牌助行车，安全扶助老人的行走、康复；引进日本进口松永牌洗澡椅，镂空的座位设计安全舒适，解决了老人洗澡的大问题，同时也方便老人的便后清洗。此外，厕所里安装的椅式扶手方便老人的如厕起座；全楼的无障碍设计，方便了老人的行走和轮椅老人的行动；卧式内磁脚蹬车广泛应用在老人的康复锻炼中。公寓有700平方米的阳光空中花园，还有椭圆登山机、跑步机、牵引器材。公寓备有碧波庭气罐理疗仪器、红外红烤电理疗仪器、脉冲针灸仪器，这些仪器对脑卒中等患者有一定的康复理疗作用。

（6）长春市机构养老服务供给调查

我们在长春调研的公建民营机构是长春市绿园区阳光家园颐养院。

长春市绿园区阳光家园颐养院成立于2019年，是民政部门备案审批的专业养老机构，吉林省医保首批医疗护理机构，长春市医保医疗护理机构。颐养院设有199张床位，4900平方米的运营场地，独立封闭的院落，1000余平方米的空中花园。颐养院共有73套房间，设有多种房间类型，如双人间、三人间、四人间。

颐养院采用医养结合的服务方式，经过培训考校上岗的护理员，采取24小时责任制护理老人，专为全失能、半失能、自理老人提供集医疗、护理、康养等全方位周到细致的服务。

阳光家园颐养院全方位体现"以人为本，以老为尊"的养老文化。秉承"老有所养，老有所乐，老有所安，老有所依"的服务理念。倡导"一切为了老人，为了老人的一切"的服务宗旨。打造"阳光向上"的社会形象。分享"和煦阳光",提供温情服务;凝聚"阳光能量",担当社会责任。[①] 2020年,该机构被长春市民政局评定为一级养老机构。[②]

我们在长春调研的民营机构是长春市绿园区至爱老年医疗护理院。

至爱老年医疗护理院成立于1996年,是吉林省唯一一家生态养老机构,总面积为7万平方米,规划三期建成5万平方米的建筑。截至2019年8月调研时,一期公寓已经完工,面积为7500平方米,有350张床位,公寓内部设有电视厅、网吧、图书室、餐厅、超市、门诊等场所,是融医疗、护理、养老、娱乐为一体的多功能养老公寓。楼外设有环形路、"至爱湖"、假山、喷泉、草坪、文化长廊、养殖场、果园、门球场、排球场、篮球场、养鱼池、钓鱼场等。[③] 二期建筑面积1.3万平方米,700张床位已经落成。

该机构主要接收社会上高龄、失能、"三无"老人以及残疾人。对于自费老人根据服务内容收取费用,例如,针对特护老人(24小时守候护理:植物人、完全不能自理、临终关怀、术后危重老人)的费用为5000~6000元,包括每日查房、医疗诊断、穿衣洗漱、洗澡喂饭等服务,临终关怀老人会特别关注。针对完全能自理老人(无护理,交房费、伙食费),不同房间的服务收费标准为1300元、1000元、800元、200元;如自理老人需要送餐则每月交90元送餐费。此外,机构定时给老人打开水、打扫房间卫生、洗外衣外裤以及床单被套。采访中,该机构的负责人T女士说道:

> 我们培训护工时,要求护工不仅能护理,还必须得懂医疗和心理,别看老人们都是失智的,但是有些事情,他们比护工还明白,护工糊弄不了他们。(ZAY-1-1)

---

① 参见长春绿园区阳光家园颐养院机构简介,链老网,https://www.linkolder.com/yanglao/13085391。
② 《2020年度长春市养老机构等级划分与评定结果公示》,长春市民政局网站,http://mzj.changchun.gov.cn/zwdt/tzgg/202102/t20210205_2761321.html。
③ 参见长春市至爱老年医疗护理院机构介绍,幸福老年网,https://www.xingfulaonian.com/yanglao/u_305.html。

入住老人可在机构门诊使用医保卡看病，且门诊配有 24 小时救护车，一旦老人有急诊需要可立即送医。至爱护理院为了提高服务质量，设置了"五个中心"，即养老服务中心、医疗中心、残疾人托养中心、居家养老服务中心和护理员培训中心。至爱先后获得了中国社会组织评估 AAAA 级养老机构、"全国爱心护理工程示范基地"、吉林省文明单位、吉林省"养老机构示范试点单位"等 30 多项荣誉。

（三）社区及机构养老服务供给分析

无论是文献收集还是实地调研都揭示了我国近年来养老服务体系取得了长足发展，政府对社区和机构养老服务发展起到了重要作用。首先，政府针对养老服务发展困境出台了多项政策措施，鼓励社区和机构自主发展；其次，在资金方面，政府对各类养老机构进行补贴，缓解养老服务供给资金缺口。与此同时，养老也面临资源紧缺的问题，政府不再是唯一供给主体，也是机构发展的扶持者，多元化发展养老服务供给主体，鼓励更多的社会组织投入养老事业中去。

我们表面上看是求大于供，实际是供大于求。因为比方说我是民营，我建院的资金来源是自己投资，如果没人来住，谁来给我补贴？所以在这个时候我们机构必须选择自己的定位，只要市场有需求我就先满足市场需求，我解决我的亏损。（YHA-1-1）

基本上我们公家的（机构）反而不拿补贴，这些政策都是给民营（机构）的，公家的都是政府来负担机构开支。外聘的人员、体制外的人，像入职奖金，这边是 3 万元、4 万元、5 万元，大学生入职奖励，大专以上的职工在入职时我们会按照学历发放 3 万元、4 万元或 5 万元入职奖励。体制内的不给，体制外的都给。（ZTS-1-2）

在此背景下，我们在调研社区和机构养老服务供给状况时发现仍存在不少问题，究其原因，政府对公办养老机构补贴较高且机构收费较低，由政府兜底，老人对公办机构更有信任感，因此，公办机构几乎实现满员，部分地区出现供不应求的局面，只能设置限制条件如户籍、工作、健康等级等，来解决床位争抢问题。民办养老机构收费较高，有些条件好的民办养老机构收费甚至高达每月 8000 元，远远超出老人收入承受范围，老人入住率低、空床率高，且民办机构补贴较少，一些民办机构出现了收不抵支、勉强运营的情况。此外，调研过程中，我们发现大多数养老机构的工作人员主要是下岗失业人员或者进城务工人员，她们只能在老人日常生活照料中起到作用，当老年人需要医疗护理或者是心理疏导时，她们就无法胜任。在一些养老机构中，由于没有医疗设施和专业医护人员，失能老人的医疗服务需求无法得到满足。因此，只有部分老年人选择进入民营养老机构养老。

> 现在整个市场养老主体有很多，我们公办公营机构都是财政出的场地，30 个在编的工作人员，工资待遇的 40% 是财政给，剩下的我们就靠收费来运营，然后定价按照十几年前的法律来算，算出来是很低的。我们这里现在排队的人特别多其中一个很重要的原因，就是价格非常低。我们相当于正常市场价格的 40%～50%，这样就严重扭曲了整个市场体系。（HSY-1-1）

社区养老服务虽然社会成本较低，社区内的房屋经过改造就可以成为养老护理服务中心，服务的对象更多的是本社区居住的老人，离家较近，老人可以有选择地决定需要哪些服务，但是社区养老也存在以下问题。第一，工作人员的专业素养不高，同样缺少高层次服务人员，不具备社会工作、医学、护理学专业知识，有一些社区仅仅只有一名兼职医生，无法满足整个社区老人的日常医疗保健需求。第二，社区养老服务中心提供的服务内容单一。例如，社区老年饭桌为老人提供餐饮服务，但是运营混乱，饭菜质量不高、价格偏高；志愿者为老人提供的心理慰藉服务不能有效解决老人心理问题；老年大学、老年活动中心较少，设施落后，无法提高老人参与的积极性。第三，社区服务对象覆盖面窄，有些老人的养老服务需求得不到满足，甚至有些老人都不知道自己居住的社区能提供养老服务。无论是哪种状况，都说明了我国当前的养老服务供给仍存在不足，今后还需要政府、社区、机构相互协作配合，不断完善养老服务体系，满足老人养老需求，构建适合我国国情的养老服务供给模式。

三 养老服务体系的供需关系调查和分析

从本质上来说，养老服务体系是一种以需求为导向的服务性体系，根本目的是满足当前老年人的养老需求，即需求决定了供给，供给满足了需求。因此，要构建完善的养老服务体系，必须从老年人的实际养老情况和养老服务购买意愿出发，明确养老服务需求才是关键。

从理论上分析，老年人的养老服务需求主要受到两方面因素的影响：一是老年人自身的独立生活能力，生活能力强的老年人对社会养老服务的需求较小，反之则较大；二是老年人的养老服务意愿。受到我国传统思想和文化的影响，大多数老年人更重奉献，不愿意成为家庭和社会的负担，他们遇到困难往往不愿意向他人求助，也不愿意选择新的养老方式，养老服务意愿弹性较强。此外，我国老年人群不仅基数庞大，而且呈现分层、多样、复杂等特征。因此，在对老年人的养老服务需求进行分析时，要注意养老服务的异质性。

在此背景下，本书在调研中不仅针对老年人的养老服务需求进行问卷调查，而且深入访谈了解社区（机构）养老的老年人在选择养老服务时考虑的因素，通过养老服务供需匹配研究，进一步完善供给结构，解决供需结构矛盾，总结出城市养老的规律。

（一）调查问卷说明

通过文献查阅和实地调研可知，养老服务需求是复杂且动态变化的，只有通过走访调查才能深入了解我国老年人真实的养老需求。本书通过问卷调查和一对一访谈的形式进行走访调查，与老年人面对面交流获得不同层次、年龄、受教育程度的老年人养老服务意愿，了解其养老差异化特点。问卷主要涵盖两部分内容，第一部分内容为老年人的个人基本信息，如年龄、性别、受教育程度、收入状况等，以此了解老年群体的分层情况；第二部分则是对养老服务展开调研，如询问老年人当前享受到哪些养老服务，是否需要这些服务。

我们通过问卷设计、调查访谈、整理三个阶段，进行了两期调查。第一期：社区养老服务需求调查（2017年11月），调查对象为60岁以上且居住在该社区的老年人。第二期：机构养老服务需求调查（2019年4月、7月），调查对象为在养老机构养老，且能积极配合回答问卷内容的老年人。在访谈过程中，有些老人视力不好或者是不识字，我们进行了解释说明。调查共发放466份问卷，实际有效回收466份，有效率达到100%，其中，社区养老服务调查问卷304份，机构养老服务调查问卷162份。在后期整理阶段，我们初步筛选出内容完整和符合逻辑的问卷，并根据录音文件对部分问卷进行补充，最后将问卷信息完整录入并进行统计。

（二）老年人基本信息

1. 性别比例

如表3-1所示，本次调研老年人的性别构成中，女性比例高于男性，原因是我国目前女性的平均寿命普遍高于男性，社区和机构中女性老年人入住比例也会较高。

表3-1 被访者的性别分布

单位：人，%

性别	社区		机构	
	被访者	占比	被访者	占比
男性	90	29.6	64	39.5
女性	214	70.4	98	60.5

2. 年龄结构

被访老年人年龄结构如表3-2所示。社区养老调查中65~69岁的老年人居多，占比为32.9%；机构养老调查中80岁及以上老年人最多，共有121人，占到调研总数的74.7%。可见选择养老机构养老的老年人呈现出高龄化特征，只有少部分低龄老人入住养老机构。此外，老年高龄人口比重占总调查人数的比重较大，说明我国老龄化正向高龄化趋势发展（陈滟冰，2015）。

表 3-2 被访者的年龄结构

单位：人，%

年龄	社区		机构	
	被访者	占比	被访者	占比
60 岁以下	0	0	1	0.6
60~64 岁	74	24.3	7	4.3
65~69 岁	100	32.9	6	3.7
70~74 岁	67	22.0	10	6.2
75~79 岁	35	11.5	17	10.5
80 岁及以上	28	9.2	121	74.7

3. 其他基本信息

(1) 社区被访者信息

在社区养老服务需求调查中，被访者信息如表 3-3 所示。

在受教育程度方面，未接受教育的老人有 39 人，占到参与调研的老年人总量的 12.8%；接受了小学教育的有 59 人，占到参与调研的老年人总量的 19.4%；接受过初中和高中/中专教育的老人分别有 112 人和 70 人，占到参与调研的老年人总量的 36.8% 和 23.0%，这两类人群在参与调研的老年人中的占比是最大的，一共占到了 59% 以上；接受了大专及以上教育的老人有 24 人，占到参与调研的老年人总量的 7.9%。简单来说，参与调研的老年人的文化水平还是比较高的。

受访者中，初婚有配偶的有 197 人，占到参与调研的老年人总量的 64.8%，这一人群在被调研的老年人婚姻状况中所占的比重是最大的；其次是丧偶的，有 80 人，占到参与调研的老年人总量的 26.3%，也就是说调研的这批老年人当中，每四个人中就有一个缺少了生活伴侣，孤独感、寂寞感很可能是这部分老年人的最大情感问题；再次是再婚有配偶的，共有 12 人，占到参与调研的老年人总量的 3.9%；再有就是离婚老人，只有 10 人，占到参与调研的老年人总量的 3.3%，可见被调研的这部分老年人的离婚率还是比较低的，这也符合老年人离婚率普遍低的社会现实；此次调研中，未婚和同居的老年人一共只有 3 人，该情况可能与老年人适婚年龄所处的年代有关，那个年代很少有适婚年龄的青年不结婚。而同居的老年人几乎没有，可能的原因有两种，一种是这与老年人普遍的生活理念有关，如认为同居不太光彩，因此未向我们透露同居事实；另一种是被调查的老年人中同居现象确实不常见。

对于老年人的共同居住情况，我们在问卷设计上是以不定项选择的形式呈现的，涉及的选项含有配偶、子辈、孙辈、其他亲戚、保姆、自己居住以及其他，大部分老年人与配偶共同居住，其次是与子辈共同居住，选择子（孙）辈这种居住方式的老年人，可能是居住面积有限，也可能是老人身体状况欠佳需要子女的照顾，还有可能是老人与子女间相互需要。此外，以自己的离/退休金作为主要生活来源的老年人是最多的，占到74.3%，说明老人们有较稳定的收入来源，其晚年生活能得到一定的保障。

表 3-3 社区被访者信息

单位：人，%

类别	分类	被访者	占比
受教育程度	未上学	39	12.8
	小学	59	19.4
	初中	112	36.8
	高中/中专	70	23.0
	大专及以上	24	7.9
婚姻状况	初婚有配偶	197	64.8
	再婚有配偶	12	3.9
	丧偶	80	26.3
	离婚	10	3.3
	未婚	2	0.7
	同居	1	0.3
居住情况	与配偶共同居住	187	61.5
	与子辈共同居住	107	35.2
	与孙辈共同居住	56	18.4
	自己居住	62	20.4
	与保姆居住	1	0.3
	与其他亲戚居住	0	0

续表

类别	分类	被访者	占比
生活来源	自己的离/退休金	226	74.3
	自己劳动/工作所得	10	3.3
	配偶的收入	10	3.3
	子女的资助	18	5.9
	政府/非营利组织的补贴/资助	31	10.2
	其他	7	2.3

（2）机构被访者信息

如表3-4所示，调查发现入住养老院的老人中只有极少数老人无子女，多数老人有2个及以上子女。这些老人已将机构养老作为自己长期养老的方式，且大部分老年人自己承担养老费用，只有少部分老年人由其亲友（子女、亲戚）或配偶承担，由于配偶也面临养老需求，只有1%左右的老人养老费用由其配偶承担，且访谈过程中，大多数老年人提出自己将退休金用于支付养老费用，只有退休金不够时才会让其子女或亲友支付部分费用。此外，85.8%的老年人已经习惯养老院生活，只有13.0%的老年人认为在当前养老院生活习惯程度一般，1.2%的老年人不太习惯养老院生活。

表3-4 机构被访者信息

单位：人，%

类别	分类	被访者	占比
子女情况	无子女	6	3.7
	独生	29	17.9
	非独生	127	78.4
居住时间	1年以下	44	27.2
	1~3年	73	45.1
	3年以上	47	29.0
费用支付	自己	137	84.6
	他人	25	15.4

续表

类别	分类	被访者	占比
习惯度	不习惯	2	1.2
	一般	21	13.0
	习惯	139	85.8

（三）老年人养老服务需求分析

由于供给主体不同，养老服务内容、质量等存在差异，本书在调研时通过问卷分别深入了解了社区、机构老年人对养老服务的需求情况。

1. 老年人社区养老服务的需求分析

（1）社区养老服务的满意程度

老年人对养老服务的满意度情况能反映出当前社区养老服务对每位老人而言是否能满足其自身需求。如表3-5所示，本次调研中56.6%的老人对养老服务满意，35.2%的老人认为社区提供的养老服务一般，有18位老人则不满意当前的服务，所占比例达到5.9%。该数据说明社区养老服务中大部分老年人的需求得到了满足，但是亦有部分老人的需求没有得到满足，需要社区针对这部分老人提供更符合他们需求的服务。

表3-5　被访者对社区养老服务的评价

单位：人，%

评价	被访者	占比
满意	172	56.6
一般	107	35.2
不满意	18	5.9
缺失值	7	2.3

（2）社区医疗服务需求状况

社区卫生服务中心和社区卫生服务站一般会向老年人提供的医疗服务项目包括上门护理服务、上门看病服务、康复治疗服务、紧急救助服务、特殊药品服务和日常保健服务等。那么调研中的老年人是否需要社区医疗机构提供这些医疗服务项目呢？由于很多老年人会同时需要几种服务，所以我们采用不定项选择的形式请老人作答，表3-6是根据统计结果重新整理后绘制的表格。从该表可以看出，需求量最大的是日常保健服务，共有93人，占到参与调研的老年人总量的30.6%；另外，需要上门护理服务和紧急救助服务的老年人也比较多，各有83人和78人，各占参与调研的老年人总量的27.3%和25.7%；至于需要上门看病服务、康复治疗服务和特殊药品服务的老年人，相对来说人数要少一些，分别有74人、63人和59人，特殊药品服务是所有需求项目中人数最少的。

通过调查数据可知，选择社区居住的老年人身体素质相对较好，其医疗需求平时主要是日常保健，当然随着年龄增大，老年人意外发生的概率也会随之增加，老年人在紧急救助方面的需求也会更多。而特殊药品的需求较少，究其原因是老年人一旦生病就会选择去医院治疗，且社区医护人员可能也无法解决复杂的疾病，所以老年人对社区提供的特殊药品需求较少。

表3-6 被访者的社区医疗服务需求状况

单位：人，%

服务种类	被访者	占比
上门护理服务	83	27.3
上门看病服务	74	24.3
康复治疗服务	63	20.7
紧急救助服务	78	25.7
特殊药品服务	59	19.4
日常保健服务	93	30.6

（3）社区养老服务的需求程度

该部分的调查问卷涉及两个方面的问题：一是社区是否提供相关服务；二是社区是否有必要提供相关服务。对于第一个问题即社区是否提供相关服务的回答，同一个社区的老年人对于"是"或"否"的回答也不相同，这与老年人是否真正体验到这一服务直接相关，因而对于这一问题的回答，也间接考察到了服务的落实情况。对于第二个问题的回答，我们发现很多老人的想法是，"我现在不需要，所以不需要提供"而不是"作为社区，是否有必要提供"，尽管在填答过程中我们进行了特别强调和说明，还是有一部分老年人忽视了这个问题，这对于正确填答还是有一定的影响。

对于社区为老年人提供的相关服务，我们主要从上门探访、老年人服务热线、法律援助、困难救助、上门做家务、老年饭桌或送饭、日托所或托老所、心理咨询、组织文体活动及代办购物和邮寄等服务内容来判断。该部分采用了不定项选择的形式请老人作答，表3-7是根据统计结果重新整理后绘制的老年人对社区所提供相关服务的需求程度。需要特别说明的是，因为并非每位老年人都对每一项服务做了回答，所以每题的填答人数是不一样的，再以填答人数进行比较就不准确了，所以在该部分的分析上，我们仅基于每一项提供的服务的比重进行比较分析。

从表3-7来看，总体情况是，社区为老年人提供的相关服务还是比较全面和到位的，因为每一项服务都有老年人认可。其中，承认或享用过社区提供的上门探访、老年人服务热线、困难救助、组织文体活动的老年人很多；其次是承认或享用过社区提供的法律援助、上门做家务、老年饭桌或送饭、日托所或托老所的老年人；承认或享用过社区提供心理咨询、代办购物和邮寄的老年人相对来说是最少的，占到参与调研的老年人总量的28.6%和22.7%。对于社区是否有必要提供这些服务的回答，绝大多数老年人的回答是肯定的。其中支持力度最大的几项服务是上门探访、上门做家务、老年人服务热线、法律援助、困难救助、老年饭桌或送饭、组织文体活动，支持的老年人均占到参与调研的老年人总量的60%以上；其次是心理咨询、日托所或托老所，支持者均占到参与调研的老年人总量的55%以上；相比之下，支持力度最低的是代办购物和邮寄，占到参与调研的老年人总量的52.2%，这可能是由于大部分老年人是线下购物，或者是其子女、亲戚帮忙购物，因此对社区代办购物和邮寄需求较低。

表 3-7 老年人对社区所提供相关服务的需求程度

单位：人，%

服务种类	需求	社区是否提供 人数	社区是否提供 占比	社区是否有必要提供 人数	社区是否有必要提供 占比
上门探访	是	138	46.6	192	67.1
	否	158	53.4	94	32.9
	合计	296	100.0	286	100.0
老年人服务热线	是	119	41.5	185	66.1
	否	168	58.5	95	33.9
	合计	287	100.0	280	100.0
法律援助	是	89	31.4	169	61.2
	否	194	68.6	107	38.8
	合计	283	100.0	276	100.0
困难救助	是	134	46.0	180	65.7
	否	157	54.0	94	34.3
	合计	291	100.0	274	100.0
上门做家务	是	91	32.0	171	62.2
	否	193	68.0	104	37.8
	合计	284	100.0	275	100.0
老年饭桌或送饭	是	99	35.0	166	60.4
	否	184	65.0	109	39.6
	合计	283	100.0	275	100.0
日托所或托老所	是	84	29.6	158	58.1
	否	200	70.4	114	41.9
	合计	284	100.0	272	100.0
心理咨询	是	81	28.6	163	59.1
	否	202	71.4	113	40.9
	合计	283	100.0	276	100.0
组织文体活动	是	204	69.6	214	76.7
	否	89	30.4	65	23.3
	合计	293	100.0	279	100.0

续表

服务种类	需求	社区是否提供		社区是否有必要提供	
		人数	占比	人数	占比
代办购物和邮寄	是	64	22.7	142	52.2
	否	218	77.3	130	47.8
	合计	282	100.0	272	100.0

2. 老年人机构养老服务的需求分析

(1) 机构养老服务的满意程度

本书从饭菜质量，住宿环境，活动空间，娱乐活动，医护人员服务态度，护理人员、服务人员服务态度，行政管理人员服务态度七个方面进行由低到高评价，每项服务满意程度设置为"很不满意、不满意、一般、满意、很满意"五个等级，并分别赋值 1~5 分。量表 Cronbach's α 系数为 0.893，大于 0.8，说明问卷信度较高。[①]

如表 3-8 所示，总体而言，老年人对各项服务基本满意，在总体样本中，老年人对住宿环境的满意度最高，其次是护理人员、服务人员服务态度和行政管理人员服务态度，满意度最低的是饭菜质量，通过对老年人访谈获知，老年人饮食喜好、口味不一，大部分机构是统一配餐，没有提供个人单独配餐，因此，老年人在饭菜质量上的满意度较低。此外，问卷数据显示，大部分老年人对养老服务项目满意，只有极少数对养老服务很不满意，其中，对活动空间，护理人员、服务人员服务态度，行政管理人员服务态度很不满意的老年人数为 0。

表 3-8 各项机构服务满意度评估

单位：人，%

项目	均值	分布	很不满意	不满意	一般	满意	很满意
饭菜质量	3.78	人数	4	6	46	71	35
		占比	2.5	3.7	28.4	43.8	21.6

---

① 目前，学界更多地使用 Cronbach's α 信度系数进行信度测量。当 α 系数越接近 1，表明变量与变量对应题项的相关性越大，其一致性程度越高，即信度越高。一般来说，Cronbach's α 系数在 0.700~0.800 之间为可接受范围，大于 0.800 则为较高的信度。

续表

项目	均值	分布	很不满意	不满意	一般	满意	很满意
住宿环境	4.29	人数	1	2	17	70	72
		占比	0.6	1.2	10.5	43.2	44.4
活动空间	4.10	人数	0	5	25	80	52
		占比	0	3.1	15.4	49.4	32.1
娱乐活动	3.93	人数	2	5	34	82	38
		占比	1.2	3.1	21.0	50.6	23.5
医护人员服务态度	4.14	人数	1	3	27	73	58
		占比	0.6	1.9	16.7	45.1	35.8
护理人员、服务人员服务态度	4.20	人数	0	3	25	70	63
		占比	0	1.9	15.4	43.2	38.9
行政管理人员服务态度	4.15	人数	0	2	25	81	53
		占比	0	1.2	15.4	50.0	32.7

（2）总体服务的满意程度

进一步从公共基础设施、生活照料、医疗护理、文化娱乐、精神慰藉、服务态度和收费价格七个方面进行由低到高评价，每项服务满意程度设置为"很不满意、不满意、一般、满意、很满意"五个等级，并分别赋值 1~5 分。量表 Cronbach's α 系数为 0.837，说明问卷信度较高。如表 3-9 所示，老年人对收费价格的满意度最低，因为大部分老人唯一收入来源是其退休金，且将退休金全部用于支付养老院费用，然而每年养老院费用在不断提高，因此，老年人对收费价格满意度较低。

表 3-9 机构服务总体满意度评估

单位：人，%

项目	均值	分布	很不满意	不满意	一般	满意	很满意
公共基础设施	4.09	人数	1	6	21	83	51
		占比	0.6	3.7	13.0	51.2	31.5
生活照料	4.14	人数	0	1	28	81	52
		占比	0	0.6	17.3	50.0	32.1

续表

项目	均值	分布	很不满意	不满意	一般	满意	很满意
医疗护理	3.88	人数	1	4	35	80	39
		占比	0.6	2.5	21.6	49.4	24.1
文化娱乐	3.97	人数	2	3	33	79	44
		占比	1.2	1.9	20.4	48.8	27.2
精神慰藉	3.81	人数	2	12	38	70	38
		占比	1.2	7.4	23.5	43.2	23.5
服务态度	4.06	人数	0	1	13	49	20
		占比	0	0.6	8.0	30.2	12.3
收费价格	3.72	人数	3	14	37	76	32
		占比	1.9	8.6	22.8	46.9	19.8

（3）养老服务的需求程度

在上文满意度调查的基础上，本书发现养老院在生活照料、公共基础设施方面的服务供给较充分，但是在精神慰藉方面的服务水平较低。为了进一步判断老年人对这些服务的真实需求，本书通过交叉分析法进行分析，结果如表3-10所示。

首先，在生活照料服务方面，针对养老院是否为老年人提供饮食、打扫卫生、洗澡穿衣、陪同外出等服务进行调查，发现162位老人中享受到相关服务的比例高达95.7%，但是从其自身而言，由于调查对象多为可自理，生活照料不是急需的老年人数居多，占总数的84.0%。

其次，在医疗保健服务方面，所调查的养老机构基本为其老年人提供了相应的医疗保健服务，在养老机构中享受到医疗保健服务的老年人占总体人数的72.8%。然而，大部分养老机构只能提供量血压、测体温等基础医疗保健服务，入住老人身体不舒服或者有疾病时，会选择去大型医院治疗，且其所需药品亦是由其自己或子女去医院取药，对所在养老机构的医疗服务依赖度较低。因此，对多数老年人而言，养老机构的医疗保健服务并不是急需的养老服务。当然，不容忽视的是调研对象中仍有24.7%老年人急需医疗保健，那么养老机构如果能为入住老人提供更完善的医疗服务，老年人的入住率也会随之增加。

再次,在休闲娱乐方面,养老机构为老年人提供了休闲娱乐活动与场所,本次调查中83.3%的老年人享受到此项服务,其中10.5%的老年人将休闲娱乐作为急需的养老服务项目。

最后,养老机构在心理护理方面供给不足,大部分老年人没有享受到相关服务,且随着生活、经济和文化发展,当前越来越多的老人开始注重精神层面的生活品质。大部分老年人在退休以后,角色从社会转向家庭,很容易导致老年人心理出现失衡,具体表现为失落、孤独、焦虑等心理老化现象。若长期无法满足老年人的精神文化需求,不仅其生活品质大打折扣,老年人自身身体免疫功能也会减弱,产生一系列的疾病(郑晓婷、曾智,2008;王艳芳、冯志涛,2009;江海霞、陈雷,2010)。

表3-10 已享受的养老服务与急需的养老服务的交叉分析

单位:人,%

	机构有无该服务项目	已享受的养老服务 人数	已享受的养老服务 占比	急需的养老服务 人数	急需的养老服务 占比
生活照料(饮食、打扫卫生等)	无	6	3.7	1	0.6
	有	136	84.0	19	11.7
医疗保健	无	23	14.2	21	13.0
	有	99	61.1	19	11.7
紧急救援	无	65	40.1	10	6.2
	有	78	48.1	9	5.6
心理护理(精神慰藉、心理支持等)	无	80	49.4	18	11.1
	有	59	36.4	5	3.1
休闲娱乐活动	无	20	12.3	7	4.3
	有	118	72.8	17	10.5

注:"已享受的养老服务"包含机构以外力量提供的服务,"急需的养老服务"包含因既有的相关服务未满足老年人需求而仍急需的服务。

(四)养老服务供需匹配分析

上文中从供给和需求的角度分别探究了我国当前养老服务体系现状,但是并没有从供需两者协同发展的角度进行探索,这就难以构建合理的本土化养老服务体系。与此同时，由于社区老年人大部分离家较近，其对养老服务供给并不敏感，而机构老年人衣食住皆在养老机构，对养老服务供给情况的重视度更高，另外数据获得过程中，社区老人在服务满意度调查中大多选择不作答，因此，本节仅选取机构的养老服务进行供需匹配分析。

1. 模型构建

为探究当前老年人的机构养老服务供需是否匹配，将"养老服务供需差"作为界定老年人养老服务需求意识的主要指标，处理为"0-1"二分类变量，并构建二元 logit 回归模型进行回归分析，模型的基本方程式为：

$$\ln\left(\frac{p}{1-p}\right) = \beta_0 + \sum \beta_i x_i \tag{1}$$

进一步由方程式（1）可得概率函数：

$$p = \frac{\exp(\beta_0 + \sum \beta_i x_i)}{1 + \exp(\beta_0 + \sum \beta_i x_i)} \tag{2}$$

$$1 - p = \frac{1}{1 + \exp(\beta_0 + \sum \beta_i x_i)} \tag{3}$$

其中，p 表示老年人养老服务需求意识强的概率，$1-p$ 表示老年人养老服务需求意识弱的概率。x_i 为影响养老服务需求意识的各项因素。β_i 表示解释变量 x_i 增加一个微小量引起的"对数概率比"的边际变化，即：

$$\beta_i = \ln\left(\frac{\frac{p_1}{1-p_1}}{\frac{p_0}{1-p_0}}\right) \tag{4}$$

由方程式（4）可得概率比：

$$\frac{\frac{p_1}{1-p_1}}{\frac{p_0}{1-p_0}} = \exp(\beta_i) \tag{5}$$

基于本书的分析框架，将养老院老人基本特征作为自变量加入 logit 回归模型中进行实证分析。

2. 变量设置

上文研究发现，养老院老人的养老服务供需差最大为5，即养老院提供且老人们也明确表示享受到了生活照料（饮食、打扫卫生等）、医疗保健、紧急救援、心理护理（精神慰藉、心理支持等）、休闲娱乐活动，但是这5项服务并不是急需的养老服务项目，供需差中最小值为-3，意味着养老院提供的养老服务供不应求，老年人的养老服务需求意识较强。因此，根据样本数据特征，本书将养老服务需求意识较弱的（供需差大于0）设置为0，将养老服务需求意识较强的（供需差小于等于0）设置为1。

在自变量选择上，根据此次调查问卷数据的可获得性，本书选择老人的年龄、性别、子女数量、养老机构居住时间、养老机构获知途径、养老费用支付者、养老服务满意度、居住习惯度等变量，重新赋值并处理为虚拟变量。此外，本次调查过程中通过具体询问老人对其养老院提供的饭菜质量、住宿环境、活动空间、娱乐活动、医护人员服务态度、护理人员服务态度、行政管理人员服务态度、公共基础设施、生活照料、医疗护理、文化娱乐、精神慰藉、收费价格这13项服务的满意度，进一步通过简单算术平均得出养老服务的总体满意度。表3-11展示了各变量的含义和变量构造方法。

表3-11 各变量的含义和构造方法

名称	变量定义	变量构造方法
ex	供需差	老人享受到的养老服务项目数-老人急需的养老服务项目数，将差额为正的赋"0"值，差额小于等于0的赋"1"值
score	养老服务满意度	对各项养老服务满意度打分1~5分，加总算简单算数平均数
child	子女数	分别将无子女、独生子女、非独生子女在"0~1"区间内赋值
age	年龄	分别将低龄老人、高龄老人、超高龄老人在"0~1"区间内赋值①
gender	性别	男性赋"1"值，女性赋"0"值
time	养老机构居住时间	分别将1年以下、1~3年、3年以上在"0~1"区间内赋值
choice	养老机构获知途径	子女选择赋"1"值，其他途径赋"0"值

续表

名称	变量定义	变量构造方法
pay	养老费用支付者	老人自己赋"1"值，其他赋"0"值
habit	居住习惯度	分别将不习惯、一般、习惯赋"0~1"值
place	地区	固定效应变量，分别将东部、中部、西部在"0~1"区间内赋值
modle	机构类型	固定效应变量，分别将公办、公建民营、民办在"0~1"区间内赋值

注：①根据问卷调查中老人实际出生年份换算老人的年龄，并根据世界卫生组织（WHO）老年期的年龄划分标准，75岁以下老人为低龄老人、75~89岁为高龄老人、90岁及以上为超高龄老人。

3. 实证分析结果

（1）基础回归结果

在上文统计描述的基础上，本书考虑到养老机构类型、地区对养老院老人服务供需会产生影响，因此加入机构类型、地区固定效应，实证结果如表3-12所示，满意值对供需差在5%的显著性水平上存在正向影响，说明老人对当前养老服务满意度越高，其对养老服务项目的需求急迫度越低，也侧面反映出机构养老服务供给相对充裕。在子女数量方面，孩子为独生子女的老人养老服务需求急迫度是无子女老人的0.133倍，即独生子女老人相对无子女老人而言，对养老服务需求急迫度较低，子女数多的老人在养老服务项目的需求度上也低于无子女老人，这是因为子女会定期到养老院探望老人，老人的心理慰藉、医疗保健等需求可以满足，而无子女的老人只能全部依靠其所在养老机构，因此对机构提供的各项养老服务关注度、需求度也较高。

受样本量较小限制，logit回归结果中部分变量的影响在统计上不显著，但是根据回归预测准确率和访谈内容来看，模型总体结果较好，各变量的概率比和平均边际效应仍具有实际意义（程开明、李泗娥，2019），对比参照组的各变量概率比发现：高龄老人的养老服务需求度反而低于低龄老人，可能因为随着年龄的增加，老人的身体素质下降，对娱乐活动、精神慰藉等的需求减少，其养老服务项目也随之减少。此外，养老机构由子女选择的老人或居住时间较长、居住习惯度较高的老人，其对养老服务供需差的边际效应为负，即这部分老人针对目前养老院提供的各项养老服务需求紧迫感较低，养老服务供给也较充足。

然而，实证结果中，性别、费用支付者的变量值下供需差的概率比皆大于1（边际效应大于0），说明男性老人或自己支付费用的老人在养老服务项目上需求会更高一些。

表3-12 基础回归结果

变量名称	变量值	(1) or	(2) 边际效应	(3) or	(4) 边际效应
养老服务满意度	满意值	0.328**	-0.107**	0.331**	-0.105
		(0.161)	(0.046)	(0.166)	(0.046)
子女数（无子女）					
	独生子女	0.135*	-0.192*	0.133*	-0.190
		(0.155)	(0.109)	(0.158)	(0.110)
	非独生子女	0.215	-0.147	0.206	-0.149
		(0.228)	(0.100)	(0.231)	(0.105)
年龄（低龄老人）					
	高龄老人	0.587	-0.051	0.730	-0.030
		(0.468)	(0.076)	(0.649)	(0.084)
	超高龄老人	0.565	-0.055	0.580	-0.051
		(0.642)	(0.109)	(0.702)	(0.114)
性别（女）					
	男	1.763	0.054	1.826	0.057
		(0.973)	(0.053)	(1.031)	(0.053)
居住时间（1年以下）					
	1~3年	0.711	-0.033	0.831	-0.017
		(0.466)	(0.063)	(0.573)	(0.065)
	3年以上	0.883	-0.012	0.928	-0.007
		(0.653)	(0.071)	(0.726)	(0.074)
机构获知途径（其他）					
	子女选择	0.839	-0.017	0.906	-0.009
		(0.498)	(0.057)	(0.552)	(0.058)

续表

变量名称	变量值	(1) or	(2) 边际效应	(3) or	(4) 边际效应
费用支付者（其他）					
	老人自己	1.823	0.058	1.851	0.058
		(1.417)	(0.075)	(1.468)	(0.075)
居住习惯度（不习惯）					
	一般	0.231*	-0.140	0.293	-0.116
		(0.198)	(0.080)	(0.264)	(0.084)
	习惯	0.239	-0.137	0.308	-0.111
		(0.227)	(0.089)	(0.320)	(0.097)
	常数项	266.01**		205.46**	
		(601)		(473)	
固定效应		NO	NO	YES	YES
伪 R^2		0.135		0.152	
correctly classified		88.13%		89.38%	
N		160		160	

注：表中（1）（3）汇报logit概率比，（2）（4）为logit平均边际效应。括号中数值为标准差。表中自变量后括号中的变量取值为参照组。***、**、*分别表示在1%、5%和10%的水平上具有显著性，下同。控制地区和机构类型虚拟变量。

(2) 稳健性检验

前文加入固定效应后进行回归，各项变量对供需差的影响没有发生改变，显示了模型估计结果的稳健性。此外，我们在logit模型的基础上进行probit模型估计，发现logit模型的边际效应、伪R^2以及正确预测比率与probit模型几乎完全相同，故可视为等价。且logit、probit模型的平均边际效应与OLS回归系数相差不大，因此回归结果是稳健的（见表3-13）。

表3-13 稳健性检验

变量名称	变量值	(1) probit	(2) 边际效应	(3) OLS
		-0.623**	-0.109	-0.119**
		(0.269)	(0.046)	(0.0594)

续表

变量名称	变量值	(1) probit	(2) 边际效应	(3) OLS
子女数（无子女）				
	独生子女	-1.101	-0.193	-0.250
		(0.678)	(0.117)	(0.204)
	非独生子女	-0.816	-0.143	-0.212
		(0.647)	(0.113)	(0.204)
年龄（低龄老人）				
	高龄老人	-0.214	-0.38	-0.0493
		(0.481)	(0.084)	(0.0865)
	超高龄老人	-0.343	-0.06	-0.0614
		(0.647)	(0.113)	(0.0998)
性别（女）				
	男	0.288	0.05	0.0524
		(0.301)	(0.053)	(0.0597)
居住时间（1年以下）				
	1~3年	-0.159	-0.028	-0.0154
		(0.384)	(0.067)	(0.0693)
	3年以上	0.00272	0.001	-0.00638
		(0.425)	(0.074)	(0.0764)
机构获知途径（其他）				
	子女选择	-0.0153	-0.003	-0.00673
		(0.317)	(0.056)	(0.0587)
费用支付者（其他）				
	老人自己	0.291	0.051	0.0424
		(0.421)	(0.074)	(0.0696)
居住习惯度（不习惯）				
	一般	-0.725	-0.127	-0.214
		(0.526)	(0.091)	(0.173)
	习惯	-0.639	-0.112	-0.208
		(0.585)	(0.102)	(0.179)
	常数项	2.964**		1.077***
		(1.289)		(0.347)

续表

变量名称	变量值	(1) probit	(2) 边际效应	(3) OLS
固定效应		YES	YES	YES
伪 R^2		0.151		
correctly classified		89.38%		
N		160		160

注：表中（1）汇报 probit 系数，（2）为 probit 平均边际效应，（3）为 OLS 系数。括号中数值为标准差。表中自变量后括号中的变量取值为参照组。控制地区和机构类型虚拟变量。

（五）结论

我国作为人口大国，老年人口规模庞大，老龄化形势日益严峻，如何养老成为政府、大众关注的重点。通过此次调研，我们可管中窥豹，大致了解我国养老服务体系构建中出现的供需失衡状况。在养老服务供给方面，养老机构的资源和人力相比于居家和社区更加集中和专业，不仅能提供日常生活照料服务，还能提供医疗保健服务。但是机构养老在心理慰藉方面没有专业人才，导致老人们觉得关怀不足。此外，家庭、机构养老的老年人在自我价值实现和社会参与方面需求尚未得到满足，而社区养老服务能够满足老年人多元化的养老需求，社区中的日间照料中心、社区医院、诊所能够满足日常照料和医疗保健需求，老年文化活动和交流中心能够提供丰富多彩的活动，再就业平台也能为老年人参与社会活动提供机会和岗位。在养老服务需求方面，随着高龄、失能半失能老年人口的增加，日常照料老年人的负担也在增加，老年人的医疗需求也受到重视。此外，老年人整体受教育程度和综合素质提高。相比过去，老年人也更需要精神慰藉和社会参与，政府、社会要对这些方面予以重视。

此外，根据实证结果可知：养老服务满意度、子女数、年龄、机构获知途径、居住时间、居住习惯度等各项变量对供需差的平均边际效应为负，性别、费用支付者等各项变量对供需差的平均边际效应为正。机构入住老人满足特定条件（养老服务满意度低、子女数少、低龄、其他方式获知养老机构、居住时间短、居住习惯度低、男性、自己付费）之一的，其对养老服务的需求紧迫感较强。

最后，依据吉登斯关于行动-结构二重性的理论视角，供需可以作为规则与资源的结构化特征，同时体现实践的二重性，即实践中行动者的能动性与受动性的关系（吉登斯，1998）。从养老服务实践的国家层面来说，一方面，我们需要充分发挥政府在养老服务体系建构中的积极作用；另一方面，在老年人需求的时空结构的制约性方面，我们要进一步促进政府在建构养老服务体系过程中的积极能动性，特别是要关注养老具体实践中的使用规则与资源。政府要在时空结构中不断再生产（重构）出结构更加适合老年人需求的供需关系模式，二者具有互动、共生、共建的双重建构性关系（赵一红、聂倩，2022）。

第四章
养老服务供需结构的供给主体分析

伴随我国老龄化趋势加剧，养老服务供给主体的建构成为一项历史责任，养老服务供给主体及其结构目前已经成为民生问题的研究重点。在对深圳、无锡和扬州三地社区实地调研的基础上，本书拟以结构化理论为社区养老服务供给主体的解释框架，试图为我国养老服务体系的建构提供一种理论视角。其中，结构化原则对养老服务供给主体的形成具有决定性的作用。结构化理论视角下养老服务供给主体表现出怎样的行动特征、应该达到什么样的目标，供给主体行动的互动及其对于养老服务供给制度的影响程度如何等，便成为中国特色养老服务体系研究的重要内容。

当前，我国是世界上老龄人口最多的国家，也是世界上人口老龄化发展速度最快的国家。近年来，随着我国老龄化程度的不断提高，养老方式已经成为学界的重要话题。从老年人的选择意向来看，居家养老是最佳方式，但由于城市化和工业化带来的现代生活方式的转变，家庭结构与功能的变迁特别是家庭的小型化、核心化与家庭社会功能的弱化，由家庭提供养老服务变得越来越困难。而机构养老又因中国传统的孝文化影响以及自身费用较高的原因难以承担主要服务供给的责任。因此，既离家庭不远，又能享受专业照护的社区养老方式最容易被人们所接受。理想状态下的社区养老是包含居家养老的，最终以实现让老年人在熟悉的环境中接受照护为目的。

目前我国养老服务正处于从传统养老服务模式向多元服务供给主体结构转变的过程中，传统养老服务模式更多依赖的是政府和家庭养老，而多元服务供给主体结构更加注重的是发挥不同主体在养老服务供给中的积极作用，注重的是结构性的变化。形成和发展多元主体合作的养老服务供给结构是我国构建新型养老服务体系的必然要求。这有助于解决老年群体的多样化需求，有助于促进优质、高效的养老服务供给，有益于完善我国的养老服务结构体系。因而，探讨和分析城市社区养老服务供给主体，寻求符合我国国情、符合地区特色的养老服务供给模式，不仅是时代的要求，也是全体人民的需要。

一 对我国养老服务供需结构中供给主体的思考

从我国目前老龄化程度的不断提高、养老服务体系建设不断发展的情况来看，特别是在"十四五"规划中对于养老体系建设规划已经有了比较明确的目标的情况下，我国养老服务需求的种类、数量和层次都在发生深刻变化，已经从原有的基础性保障需求发展到精神慰藉、自我实现、高端医疗护理等（Shimada et al.，2013；黄俊辉等，2014）。从影响因素来讲，家庭成员、收入水平及健康状况等都会影响老年人的养老服务需求，由于老年人的养老服务需求差异性很大，老年人对养老服务供给主体也提出了更高的期望和要求。

西方国家的养老福利供给经历了由政府单一供给向多元主体供给转变的过程（Bridges et al.，2010）。随着我国老龄化的到来，国家财政在养老服务方面的支出不断增加，同时受生育率降低等因素的影响，传统的家庭养老结构已经难以承担起提供养老服务的重担（童星，2015；范逢春，2014）。随着政府在养老服务供给中角色的重新界定，公益性社会组织、营利性组织、社区等在养老服务供给结构中的地位逐渐上升（王笑娴、黄武，2018）。在养老服务供给方面，多元化的养老服务供给主体有利于满足多层次的养老服务需求，提升养老服务的社会化程度，提高养老服务质量（倪东生、张艳芳，2015）。养老服务供给主体的积极参与，必然会形成不同类型的养老服务供给模式（王振波、吴湘玲，2017；睢党臣、彭庆超，2016），而且养老服务供给模式将逐步走向社会化（章晓懿，2012），只是在发展过程中可能会因为尚未建立起有效的结构机制（梁磊、郭凤英，2016），还面临着这样或那样的发展难题。

通过对上述相关文献进行梳理不难发现，对养老服务关注和研究的成果已经比较丰富，但从结构化的视角研究多元主体供给模式，并通过调研实例比较分析不同供给主体特征及其对于养老服务供给体系影响的文献比较少。本书对该问题的研究将深化学者们对养老服务供给主体的理论思考，同时对指导社区养老服务建设也具有积极而重要的意义。其中，服务供给主体之间的角色协作，又提出了服务供给主体行动机制问题。如何在多方供给主体背景下进行各方主体的协作与合作，从而达到机制运行的有效性并实现老年群体多样化需求的最大满足，这也是值得思考的问题。在此基础上，我们以公益型、逐利型、联合型三种养老服务供给主体为前提，挑选了三个城市中的三个社区进行田野调研。三个社区分别为深圳 A 社区、无锡 B 社区和扬州 C 社区。调研旨在了解养老服务的需求层次与供给结构状况，包括政府、公益性社会组织、营利性组织在养老服务中的功能与结构情况，通过老年人对养老服务满意程度的反馈以及社区负责人对养老服务总体情况的介绍，寻求养老服务供给主体的最优结构。

深圳、无锡和扬州三地的这三个社区作为调研对象，是我们在前期调查实践的基础上经过甄别和筛选后确定的。它们能较好地代表公益型、逐利型、联合型三种养老服务供给主体的特征。在对调研地区和社区进行初步了解和筛选之后，我们有针对性地开展了对该区域的社区相关负责人和社区内 60 周岁以上老年人的访谈和问卷调研。

在前述基础上，有如下几个问题需要解决。第一，政府、公益性组织、市场（营利性组织）在社区养老服务中的主体作用如何，这种作用具体到本书所研究的问题就是供给主体各自行为的关系结构及其对于养老服务供给体系的影响程度如何。第二，社区老年人养老服务的需求结构及供给结构如何影响服务供给主体与服务实施客体之间的匹配度。第三，上述基础上养老服务供给主体表现出怎样的行动与特征、应该达到一种什么样的养老制度目标，又如何影响其社会结构的形成。

二 基于结构化理论的视角与解释

养老服务供给主体的结构性解释框架可以追溯到吉登斯的结构化理论。"吉登斯认为结构化是一个双向的过程,他不相信有关社会行动、互动和组织的抽象法则,他的结构化理论不是一系列命题,而是一种动态的敏感化概念。他认为,行动者利用结构,并且在利用结构的特质时改变或再生产结构。因而,结构化的过程就需要对结构的性质、利用结构的行动者以及相互嵌套并生产出多种模式的人类组织方式进行概念化。吉登斯认为,结构可以概括化为行动者在跨越'空间'和'时间'的'互动情景中'利用的规则(rules)和资源(resource)。正是通过使用这些规则和资源,行动者在时间与空间中维持和再生产了结构。吉登斯认为,规则是行动者在各种环境下面理解和使用的'可归纳的程序',并认为规则其实就是一种方法论或技术。如同结构的其他关键特质一样,资源是行动者用来处理事务的工具。当行动者互动时,他们利用资源;当他们利用资源的时候,他们就操作权力以建构别人的行动。因此,结构化是一个双向的过程,在时间和空间跨度中规则和资源被用来形成互动,在互动中使这些规则和资源得到了再生产或者转化。"(赵一红,2016;吉登斯,2013)

"吉登斯指出,规则其实就是一套方法论或技术。行动者对这套方法论或技术往往只是模糊了解,但却成为了行动者行动的相关指引……吉登斯观点的要点在于规则是行动者'知识能力'的一部分"(特纳,2006)。

"如同结构的其他关键特质一样,资源是行动者用来处理事务的工具。即使有很畅达的方法和程式——即规则——来指导行动,也还需要处理事务的能力。这种能力就需要有资源,即物质配置与组织能力,以在情境中进行操作。吉登斯认为资源产生权力。如其他许多社会理论所说,权力不是资源。可是,资源的动员赋予行动者处理事务的权力。"(特纳,2006)

"吉登斯认为制度是社会中跨越时间和空间的互动系统。吉登斯用类似'在社会中历经了时空后的深层次沉淀'来说明,只有当规则和资源被再生产,而历经长时段且在明确空间点时,才能说制度存在于社会之中……吉登斯在制度的概念化当中,力图在几个意义上避免机械观的制度化。首先，在经验情境中的互动系统是一个制度性过程的混合体。经济的、政治的、法律的和符号的秩序并不是可以轻易分离的；它们的元素在任何社会系统的情境之下都存在着。第二，制度与行动者使用并再生产的规则和资源相联系；制度并不外在于个体，而是在实际的社会关系中通过应用不同的规则和资源而形成。第三，所有规则和资源的最基本的维度——意义、统治和合法性——都包含在制度化的过程中；对于行动者而言，正是他们相对的显著性给在时空关系中的稳定化提供了明显的制度化特征。"（特纳，2006）

  吉登斯上述结构化理论主要解决了传统社会学功能主义理论关于社会结构与行动者能动性的二元对立的关系问题，认为宏观与微观、行动与结构、个人与社会等是相互包含不能分割的两个方面。由此，吉登斯认为社会结构具有二重性，这种二重性反映在社会系统的再生产过程中就表现为规则和资源，即社会结构由规则与资源构成。一方面，日常生活中的规则与实践过程紧密相关，对于行动者具有引领与规范作用；另一方面，行动者的行动目标又再生产出社会结构。同时，社会结构还包括社会行动所涉及的资源，这种资源是行动者处理事务能力的基础，即物质配置与组织能力的基础。吉登斯认为资源产生权力，但权力不是资源，而是行动者在社会环境中对资源的支配能力。因此，吉登斯的结构与行动构成了社会实践的再生产过程中的两个侧面，在这种二元结构又特别强调了主体关系的能动性。在此情形下养老服务供给主体涉及了结构化理论的两个重要概念——规则与资源，社会结构取向下的养老服务供给主体关注的重点在于规则与资源的运用，即物质配置与组织能力，包括对于资源的支配能力，而这种主体行动反过来又对社会结构产生影响，这种影响主要表现在制度化的系统过程中。当前养老服务实践过程中的多种供给主体对于一国养老服务制度的建构具有关键性的影响。首先，多元供给主体协同合作不仅是当前老龄化形势和发展趋势的需求，而且是建构我国城市社区养老服务供给制度的必然要求。其次，多元供给主体之间的互动与特征对于城市社区养老服务体系的形成、结构、性质有着关键性的影响，特别是会从资源配置、政策影响方面表现出来。

三 养老服务供给主体的规则与资源

前文提出,社会结构取向下的养老服务供给主体关注的重点在于规则与资源的运用,即物质配置与组织能力,包括对于资源的支配能力。而这种主体行动反过来又对社会结构产生影响,这种影响主要表现在时间与空间的再生产的互动过程中,具体到本书所研究的问题,就是供给主体各自行为的互动结构及其对养老服务供给制度产生的影响。

在养老服务中,多元供给主体协同合作不仅是当前老龄化形势和发展趋势使然,而且是达到理想服务效果的必然要求。其实,几乎每个社区的养老服务都由多类或多个主体提供。我们所选择的案例同样如此,但在特定的某个社区占据主导地位的服务主体可能只有少数几个。对此,我们按照不同供给主体的合作形式,将养老服务供给主体大体分为公益型养老服务供给、逐利型养老服务供给和联合型养老服务供给三种(见表4-1)。

表4-1 三类养老服务供给结构

	公益型 养老服务供给	逐利型 养老服务供给	联合型 养老服务供给
服务供给主体	政府、公益性社会组织	政府、营利性组织	政府、公益性社会组织、营利性组织
服务对象	低、中级的收入群体	中、高级的收入群体	低、中、高各级的收入群体
服务项目	低偿服务、无偿服务	有偿服务	有偿服务、低偿服务、无偿服务
服务特征	公益性、普适性	营利性、专业性、智能性、高效性	互助性、综合性

(一)公益型养老服务供给

公益型养老服务供给,即以政府和公益性社会组织作为养老服务最重要的供给主体,以中、低收入群体为主要服务对象,以无偿或低偿的公益型养老服务项目为主要服务内容,以公益性、普适性为典型特征的服务供给模式。深圳市A社区是公益型养老服务供给模式的突出代表,以下分别从政府和公益性社会组织的具体行为进行分析。

1. 政府的行为

深圳市政府强调，首先，要高度重视养老服务体制建设，它是社会福利与社区服务的有机融合；其次，加强与其他社会组织交流合作，努力调动社会力量和市场力量为老年人提供生活、医护、精神等多方面的服务；最后，努力协调好养老服务各方参与主体的利益关系，重视对服务质量进行适时检查和评估，确保养老服务的规范性和效果。在服务提供过程中，消费券是政府与非营利性社会组织、老年人联系的纽带。消费券领取、使用、结算的整个流程如下：首先，受助老人凭材料到所属的社区工作站申请社区居家养老服务补助，核准后领取消费券；其次，老人向深圳市居家养老消费券定点服务机构购买服务（双方签订服务协议），以消费券支付费用，超出消费券票面金额的部分由受助人个人支付；最后，服务机构定期凭消费券、服务协议、服务记录本、结算表等材料到服务对象户籍所在消费券结算部门结算。总的来说，在开展养老服务的工作中，深圳市政府行为的特点是非常重视与社会组织合作，这为更好地满足老年人多方需求奠定了基础。

2. 公益性社会组织的行为

福安养老服务中心是一家坐落于A社区的非营利性社会组织，是一家集托养、日间照料、居家养老、医养结合于一体的养老服务机构，总占地面积2020平方米，共有床位75张，设有康复治疗室、康复训练室、智能训练室、农疗基地、健身环道、棋牌室、阅览网络室、精神慰藉室、闲聊茶吧等功能室。丰富多样、细致入微、价格低廉的服务是福安养老服务中心深受老年人欢迎的重要原因。对于公益性社会组织，持续、可利用的资金是保证组织活动正常开展的前提。福安养老服务中心能够成为当地老年人耳熟能详的服务机构，离不开多方筹资。养老服务所需资金按照"三个一点"来筹集，即市福彩公益金出一点，区财政出一点，社会和个人出一点。具体资金渠道如下。首先，社区居家养老服务补助资金由市福利彩票公益金承担；其次，区财政需提供社区居家养老服务相关的管理、监督、评估等工作经费，并对居家养老服务补助资金进行配套资助；再次，受助人超出补助额度部分的服务费用由受助人个人支付；最后，动员和吸纳民间资本投资兴办居家养老事业，鼓励单位、个人对养老服务业的慈善捐助。[①] 可见动员社会力量、多方筹措资金是公益性社会组织的主要特点。

（二）逐利型养老服务供给

逐利型养老服务供给，即以营利性组织作为养老服务最重要的供给主体，以中、高收入群体为主要服务对象，以政府购买服务和有偿养老服务项目为主要服务内容，以营利性、专业性、智能性和高效性为典型特征的服务供给模式。无锡市 B 社区是逐利型养老服务供给模式的突出代表，以下分别从政府和营利性组织的具体行为进行分析。

1. 政府的行为

近年来，无锡市政府积极推进和谐老年事业发展，通过政府购买服务的方式为特定老年人提供居家养老信息服务。在此背景下，无锡市政府先后出台了《无锡市养老机构条例》《无锡市养老服务项目补贴办法》《无锡市市区养老机构内设医疗机构补贴实施细则》等有关养老服务的地方性法规和规范性文件。此外，无锡市政府还特别提出，政府部门不作为养老服务的直接提供者，而是积极鼓励民间组织的市场化发展，由市场根据老年人的实际需要向其提供相应的服务。显然，政府的行为表现为充分动员社会力量参与养老服务，推动市场化运作模式。

2. 营利性组织的行为

净慧养老中心作为服务于 B 社区的一家全国连锁的专业养老机构，全称为"无锡净慧养老服务运营管理集团有限公司"。该中心拥有专业管理团队和服务团队，建立了较为成熟的质量管理体系、GPS 定位系统、应急呼叫系统、远程视频监控系统、智能信息化管理系统等。中心下设无锡市净慧颐养公寓、无锡市中桥老年修养院等 6 家养老机构，拥有床位 2000 张，占地面积 78 亩，总建筑面积达 1.8 万平方米，中高级专业技术人员 80 人。就居家养老服务而言，净慧养老中心为营造和谐文明的社会人文环境，特别推出"居家养老百项服务"，让老年人得到"养老不离家、服务

---

① 《深圳市社区居家养老服务实施方案（第二次修订）》，广东省人民政府网站，http://www.gd.gov.cn/zwgk/wjk/zcfgk/content/post_2532240.html。

送到家"的贴心服务。中心工作人员为居家老人提供日常身体清洁、每周助洗、每日助餐以及家政类服务,对需要上门照顾的老人提供日间托老、卫生清洁、洗衣送餐、走访探视等特殊照料的百余种服务。其中,生活照料、康复护理、精神慰藉等为服务重点。营利性组织行为特点是高投入,高回报率,面向中、高收入家庭老人群体,实施高端服务。

(三) 联合型养老服务供给

联合型养老服务供给,即以政府、公益性社会组织和营利性组织作为养老服务最重要的供给主体,服务对象包含低、中、高各层级的收入群体,服务项目兼有无偿服务、低偿服务和有偿服务,以互助性、综合性为典型特征的服务供给模式。扬州市 C 社区是联合型养老服务供给主体的突出代表,以下分别从政府、公益性社会组织和营利性组织的具体行为进行分析。

1. 政府的行为

2015 年底,扬州市政府下发了《关于加强养老服务体系建设的实施意见》。该文件指出,要进一步提升政府购买养老服务能力,推进养老服务机构建设,强化居家养老的功能与效用,提升网络化、信息化、数字化水平;加大社区养老服务基础设施建设力度,提升养老服务机构运营质量,发展老年教育文体服务,增强老年人精神关爱。保障生活照料、医疗护理、精神慰藉、紧急救援等服务项目覆盖到城乡所有老年人。养老床位总数达到每百名老年人拥有 4 张以上,护理型床位占养老床位总数的一半以上,社会力量举办或经营的养老机构床位数占比达 70% 以上。建立养老服务准入、退出和监管机制,规范行业标准,做到养老护理人员全部岗前培训、持证上岗率达到 90% 以上。养老服务信息管理系统实现省到乡镇(街道)四级互联互通,建成全面覆盖的城乡应急救援服务信息网络。构建完善的经济困难老年群体养老补贴机制,努力调动公益性社会组织和民间组织的积极性,将经济困难老年群体作为保障重点,以确保老年人都能享受到最基本的养老服务。[①]

---

① 《关于加强养老服务体系建设的实施意见》,扬州市人民政府网站,https://www.yangzhou.gov.cn/zfxxgk/fdgkzdnr/shgysyjs/shjzshflhylfwly/art/2019/art_58af596be08949ea976f89dc7eb110f7.html。

2. 公益性社会组织的行为

C 社区是扬州市最大的拆迁安置社区，自 2005 年 8 月成立以来，始终坚持以关心关爱老年人为工作切入点，为使社区更多的老年人享受晚年幸福，社区养老服务中心建立了夕阳沙龙、老年大学、退管协会、雷锋信箱、义工联盟等。公益性组织定期为老人服务，组织落实服务队伍 8 支，活动队伍 23 支，两组队伍共千余名服务人员，定期开展老年志愿服务活动，提供居家、日托和全托个性化服务，使社区居家老人得到生活照料、救济救助、医疗康复、心灵慰藉、休闲娱乐等全方位的养老服务。公益性社会组织的特点有二：其一是资金来源广泛，包括政府提供、社会捐助、有偿或低偿服务等；其二是主要依托志愿者服务队伍开展相关服务。

3. 营利性组织的行为

中、高收入的老年人或自理能力欠佳的老年人，往往有额外和特殊的服务需求，如营养师、私人理疗师、24 小时保姆、高级护理等，一般是政府和公益性社会组织难以满足的。仅就自理能力而言，C 社区 80 岁以上的高龄老人超过 200 人，失能、半失能老年人有十多人，各类营利性组织服务侧重点不同的现状以及老人需求和经济实力的差异性，决定了这些老人需要多家营利性组织提供服务。社区为了满足这类老年人的需求，积极协助引进了一些技能高、责任感强、服务好的营利性组织为其提供服务。对于通过社区引进的这些营利性组织，社区工作人员都会对其资质、服务内容、服务对象、服务满意程度进行登记，一旦发现存在对老人不认真、不负责的行为或达不到老年人服务要求的情况，会做到及时警告、清理和更替，积极维护老年人的权益。在这里，营利性组织主要面向失能、半失能老年人提供有偿服务。

四　养老服务供给主体的行动特征与供给效果

从结构化理论出发，主体行动对于社会结构具有较大影响。吉登斯认为，"行动者利用结构，并且在利用结构的特质时改变或再生产结构。因而，结构化的过程就需要对结构的性质、利用结构的行动者以及相互嵌套并生产出多种模式的人类组织方式进行概念化"（吉登斯，2013：266～

267)。三种养老服务供给主体在社会结构的过程中对于服务体系或制度有着怎样的影响，我们暂且从以下几个方面来分析。

（一）三种养老服务供给主体行动比较

结合国内外的实践经验，养老服务供给的多元化可以实现优势互补，通过各参与主体的互动合作来最大限度地满足老年人需求，这种协作模式已经显示出强大的生命力。然而，多主体的养老服务供给体系是烦琐而复杂的，不同的养老服务供给主体又有着各自的优点和不足，只有明晰各种供给主体特征，才能被其他地区更好地借鉴、推广和采用。三种养老服务供给主体的行动特征具体表现如下。

1. 公益型养老服务供给特征

这种供给的优点突出表现在：投入少、见效快，满意度比较高。首先，就投入而言，根据民政部门测算，建设一个具有基本养老保障功能的养老机构，必需的成本支出可结合床位张数分为两部分：一是初期固定投入，约为5万~10万元/张；二是日常运营成本，约每月250~500元/张。这样算来，建成一个有100~200张养老床位的机构并运营一年，总支出在1000万元左右。就A社区而言，政府每年提供场地补贴的标准为800平方米以下补贴10万元，800~1000平方米补贴15万元，以此类推，每增加200平方米补贴增加5万元；床位补贴为每月160元/张。这样算来，政府仅需支付二三百万元就能建成原本需要投入上千万元建立的养老服务场所。其次，就见效而言，一家小型养老服务机构完成筹划—投资—建设—招募人员—规范章程—投入运营的整个流程，在一切顺利且高效落实的情况下至少也需要大半年的时间，而采用政府与公益性社会组织合作的方式，通过政府购买服务的方式提供养老服务，仅需几周就可能实现相同效果，即便是政府与营利性组织合作也很难如此快捷有效，因为营利性组织往往会在营利空间上进行更周密和细致的考察。最后，就满意度而言，因为我国60岁以上的老年人基本经历过困难和灾害时期，大多生活比较节俭，加之公益性社会组织不以营利为目的，提供的多为免费或廉价服务，并且有政府的规范和监督，服务质量有保障，服务对象总体满意度比较高。

这种供给特征的劣势突出表现在资金供给难以满足需求上。当前政府与公益性社会组织的合作还处于起步阶段，政府购买服务的种类和数量还不能满足老年人的实际需求，资金供给量也尚显不足。对公益性社会组织而言，尽管深圳市公益性社会组织的资金来源按照"三个一点"来筹集，但是 A 社区所在区的政府提供的用于养老服务的补贴仅占全部资金来源的 10%，加之筹集的福彩公益金资金的数额具有不稳定性和不确定性，老年人享用养老服务的成本还是比较大的，公益性社会组织在养老服务的提供上也还是有后顾之忧的。

2. 逐利型养老服务供给特征

这种供给的优点有二。一方面，管理分工明确细致。净慧养老中心的工作人员一直在采用"熟带生""高助低""专辅外"的管理运行模式。所谓"熟带生"，就是熟悉、熟练老年服务工作的人员向刚入职的工作人员传授如何与老人沟通并提供服务；所谓"高助低"，就是高学历、高技能的工作人员指导、辅助低学历、低技能的工作人员开展服务；所谓"专辅外"，就是在技术性强的服务项目中，由专业人员来辅导非专业人员开展服务。对于服务对象，工作人员也会根据其年龄大小、身体状况、病症特点、服务要求、服务地点等有计划性、有针对性、有目的性地开展服务。另一方面，服务保质保量。符合条件的老年人每月可享受两个工时的免费服务。每月月初由政府（民政部门）向这些老人分发"服务享用券"，当老年人接受服务后向净慧服务人员提供此券，每个季度净慧养老中心将这些"服务享用券"交还给政府部门，政府部门再就服务的及时程度、服务效果等情况进行评估审核，根据达标程度返还给净慧养老中心相应服务费用。也就是说，"服务享用券"还起到了监督服务质量，优化服务效果的作用。这就有利于服务中心向老年人提供保质保量的服务。

这种供给的劣势在于，对于营利性组织，监管工作不到位将会使之更早、更多地暴露出相关问题，进而影响到服务活动的正常有序开展，影响到老年人的切身利益。逐利性的本质促使营利性组织为了维护自身利益，在协助社区推进便民、利民服务的过程中出现懈怠情绪和排斥态度，如可能影响到诸如"爱心储备银行"等服务照护形式的发展。同时，由于受到利益的诱惑，一些营利性组织还会在管控不及时、不到位的情况下，通过直接或间接向居民推销产品的方式增加收益，进而影响居民的切身利益。

3. 联合型养老服务供给特征

这种供给的优点是便于整合资源，最大限度地满足不同人群、不同层次的需求，老年人整体满意度高。就 C 社区而言，从人群类别来看，①无劳动能力、无经济来源和无人照料的 17 位孤寡老人享受政府免费居家养老服务，其中 60~70 岁的孤寡老人每周提供 1 小时上门服务，71~80 岁的孤寡老人每周 2 小时，80 岁以上的孤寡老人每周 3 小时；②对除孤寡老人以外，条件较好的其他 60 岁及以上的"空巢老人"，适当收取一定费用；③对收入水平高，有特殊服务需求的老年人，依据具体要求联系公益性社会组织或营利性组织提供服务，并收取相应的费用。

采用这种供给的劣势有二。一是容易权责不清，影响公益性社会组织和营利性组织职能的发挥。面对多元主体，政府很难有效界定自身以及各参与主体职权的边界，这不仅容易造成政府部门工作混乱，对公益性社会组织和营利性组织安排和开展服务也会造成干扰。二是难以平衡各个服务供给方的权益，对政府的统筹管理能力提出了更高的要求。尽管老年人的身体状况和经济承受能力的差异性，简单地区分了他们对公益性社会组织和营利性组织养老服务的供给偏好，但是受到逐利性的驱动，营利性组织可能会主动挤占公益性社会组织的服务对象，或是在提供服务的同时或之后出现兜售产品的现象，进而危及老人的权益，或造成养老服务市场的混乱。

（二）养老服务供给主体对于供给对象的影响

如果把养老服务供给主体作为服务供给的实施者，那么老年人就是服务供给的对象，也可以称之为服务供给的客体。那么在供给主体的具体服务过程中，老年人会呈现何种状态，服务供给对老年人的影响到底是怎样的，这些问题直接影响目前城市社区养老服务体系及其规则的建立。

1. 享受服务成本的预算

对于老年人尤其是行动能力较弱的老年人而言，到社区服务机构的便利程度，很大程度上决定着他们接受服务的意愿与频率。问卷中，我们对老年人从家到最近的社区服务机构的距离进行了调查，其结果如表4-2所示。通过统计结果可以看出，三个社区的老年人中，到社区服务机构的路程在500米以下的均占到一半以上，在这一路程范围内A社区老人的比重最大，占到83.3%；最低的是B社区，也能达到57.1%，这大大方便了老年人接受和享用服务。此外，还可以看出三个社区的老年人中，到社区服务机构的路程超过1000米的均达不到10%，这说明了社区服务机构布局合理。

表4-2 三个社区老年人到社区服务机构的路程

单位：%

	A社区	B社区	C社区
500米以下	83.3	57.1	77.3
500~1000米	11.7	33.3	18.2
1000米以上	5.0	9.5	4.5

资料来源：根据赵一红主持的中国社会科学院重大国情调研项目（2015CASS0327）的调查数据整理所得。

2. 接纳服务的主观意愿

老年人对社区提供的养老服务项目的认知与态度，反映的是老年人对社区养老服务的了解及接纳程度，同时也能从另外一方面体现出社区现有养老服务工作的有效性与针对性。我们在调查问卷中列举了社区能够提供的10个服务项目，其结果如表4-3所示。就"社区是否提供或举办过相关服务"而言，A社区和B社区各有侧重，A社区更侧重在老年服务热线、日托所或托老所、组织文体活动等方面提供服务，B社区更侧重上门探访、老年服务热线、困难救助、老年饭桌或送饭、组织文体活动等服务；总体而言，C社区的老年人认为社区提供或举办相关服务的比重要高于A社区和B社区。在对社区负责人进行访谈的过程中我们了解到，很多服务项目社区均有涉猎，只是很多老人没有参与和享用。从中不难发现，社区提供服务设施或者服务项目，更多的是应付上级部门的检查，或者是领导表彰业绩的方式，并没有从服务社区居民、满足老年人的切身需要出发,致使宣传不到位、居民不知晓,很多设施形同摆设,很多服务项目并没有切实开展。

表4-3 老年人对社区提供相关服务的认识

单位:%

服务种类	A社区提供该服务	B社区提供该服务	C社区提供该服务
上门探访	51.7	76.7	81.8
老年服务热线	55.0	57.5	72.7
法律援助	50.0	42.5	81.8
困难救助	50.0	71.4	68.2
家政服务	51.7	51.2	77.3
老年饭桌或送饭	53.3	63.4	59.1
日托所或托老所	56.7	47.5	59.1
心理咨询	50.0	31.7	63.6
组织文体活动	60.0	76.2	86.4
代办、代购、代邮	53.3	37.5	59.1

资料来源:根据赵一红主持的中国社会科学院重大国情调研项目(2015CASS0327)的调查数据整理所得。

3. 对硬件服务的认同度

老人对社区服务场所或服务设施的认识情况,一方面可以反映社区养老服务设施与老人养老服务需求的对接情况,另一方面也可以反映出社区养老服务设施的使用效率的高低。为此,我们在调查问卷中列举了社区能够提供的服务场所和设施,调查问卷的结果如表4-4所示。从该表中我们可以比较出,A社区和B社区在已有场所或设施提供上各有侧重,仅对已有"室外活动场地"的回答相差较大,其他类别大致相当。C社区的老年人对该社区已有活动场所或设施的提供上认可度较高,且明显高于A社区和B社区。此外,我们还可以看出,对于"以上都没有"和"不知道"的回答,A社区和B社区都有老人选填;而对于C社区,这两项则没有老人选择,这可能与社区宣传的力度,或老人对社区服务的认同度有关。

表 4-4　老年人对社区已有活动场所或设施的认识

单位：%

场所或设施	A 社区	B 社区	C 社区
老年活动室	80.0	90.9	95.5
老年健身房	45.0	52.3	86.4
棋牌室或麻将室	48.3	40.9	72.7
图书馆	66.7	50.0	90.9
室外活动场地	58.3	84.1	86.4
老年学习室	46.7	45.5	72.7
老年康复中心	28.3	18.2	68.2
以上都没有	1.7	2.3	0
不知道	3.3	0	0

资料来源：根据赵一红主持的中国社会科学院重大国情调研项目（2015CASS0327）的调查数据整理所得。

4. 居住生活状态的感受

老年人有比青壮年人、中年人更长的时间生活在社区中，老年人对生活的评价，很大程度上反映了老年人对社区服务的接受和认可情况。从表4-5 可以看出，三个社区老年人对目前生活的满意程度都比较高，在 70% 左右，这在一定程度上也反映出三个社区的养老服务工作都取得了较为理想的成绩，得到了老年人的认可和肯定。其中，C 社区被调查的老年人对目前生活满意的比重略高且没有一人对目前生活不满意，这在一定程度上也可以说明，该社区的养老服务工作更为出色。

表 4-5　三个社区老年人对目前生活的评价

单位：%

评价	A 社区	B 社区	C 社区
满意	68.3	70.5	72.7
一般	30.0	27.3	27.3
不满意	1.7	2.3	0

资料来源：根据赵一红主持的中国社会科学院重大国情调研项目（2015CASS0327）的调查数据整理所得。

总的来说，以上对三种养老服务供给主体的分析表明，不同的服务供给模式可以产生不同的供给效果。本书就 A 社区、B 社区和 C 社区的养老服务情况对社区负责人和老年人进行调查发现，由政府、公益性社会组织和营利性组织共同提供养老服务的 C 社区在众多方面都优于由政府和公益性社会组织提供服务的 A 社区以及由政府和营利性组织提供服务的 B 社区。C 社区中政府、公益性社会组织和营利性组织有效的互动合作机制是提供优质、满意服务的关键。显然，供给主体的不同行动，对于服务提供的客体及其养老服务体系的建构具有不同的影响。

五 对于供给主体的定位

吉登斯的结构化理论认为，主体行动者不是被动服从客体即现有的社会结构与制度的安排的，行动主体在时间与空间中的实践活动即能动性可以对制度的建立、政策法规的形成产生积极的影响作用，同时既定的制度与政策又可以成就行动主体的积极作用。这就突破了传统社会学理论中主客体二元对立的局面，将两者融为一体。本书运用结构化理论分析框架的目的在于使用该理论工具分析养老服务供给主体的行动对于养老服务的客体对象与客观环境的形成所造成的影响。本书依据服务对象、服务项目和服务特征等方面将养老服务供给主体分为公益型、逐利型和联合型三种类型，深入梳理了三种养老服务供给主体的行为及互动给供给客体即老年人所带来的影响，希望对于今后我国构建养老服务制度体系起到参考作用。同时本书依照划分的类型对三类代表性社区展开访谈和问卷调查，了解和比较了各种供给主体的优劣，最终发现，每种行动主体均有其特点和适用性，不论是哪种类型的养老服务供给主体，只要能够代表本社区老年人的利益、满足本社区老年人的多元化需求，均能收到良好的效果，充分表明了行动主体对于客体的影响，养老服务体系的建立有赖于行动主体的积极性。无论哪一类型的养老服务供给主体，都应注意以下几个方面。

1. 主体角色定位与关系对养老服务供给主体机制的影响与作用

养老服务供给主体结构不是单一的，而是多主体多中心的，可以包括政府、社会组织、企业、其他组织机构等，它们在一定的法律与政策制度下共同行使服务供给主体的权利和义务，从而形成一个相互协作，彼此一致的协同关系，形成一种相互作用、相互融合的服务供给主体机制。在此基础上各自分担责任，各自履行着职能与义务，从而在整个养老服务发展中发挥出巨大作用。当然，服务供给主体的多元化容易造成多方主体责任界限不清，同时多方主体之间的互动、协调、一致性可能存在问题，在这种情况下服务供给主体机制的建构便被提上议事日程。服务供给主体之间的角色协作推动了服务供给主体机制的运行，如何在多方供给主体的背景下促进各方主体的协作与合作，从而实现机制运行的有效性，这是我们应该关注的重点。这种机制运行在政府层面，就表现为积极推动养老服务体系制度建设，颁布政策法规，加大财政投入力度，以使更多老年人享受到充分而优质的养老服务；在社会组织层面，就表现为充分动员和筹措社会资源，宏观上执行政府政策，微观上运用各方资源，促进养老服务发展；在企业层面，就表现为积极履行企业责任，发挥企业经济效能等。各类主体的协同互补构成我国养老服务的主体机制，并展开各种不同的养老服务供给主体的运行模式。但是，从某些方面来看，各养老服务供给主体之间是否能够理智行动并不受约束地共处于同一个系统结构之中，维持整个社会养老服务体系的正常秩序、同时发挥积极作用，这是一个需要进一步深入研究与探讨的问题。

2. 行动主体适应社会结构的发展需要，主要表现在适应社区客观环境的发展需要

无论是公益型、逐利型还是联合型的养老服务供给主体，都有其存在的价值和意义，都有其优点和不足，也都有适用的领域和空间。我们需要结合客观环境的特点，结合社区内居民的收入、健康和照护情况等，选择适合本社区养老服务需求的供给主体及形式。这样才能最大限度地丰富老年人的生活、提高老年人的生活品质，为建立更加合理的养老服务机制与体系提供条件。

3. 服务供给主体行动将强化社会结构中的制度监管、规则制约，充分保障养老服务体系运行的规范性和有效性

服务供给主体行动从主观上要求进一步完善养老服务供给的社会结构，包括制度监管、规则制约等一系列评估评价指标体系。同时，社会结构的完善又激励、引导、扶持更多的养老服务供给主体参与进来，防范、

避免潜在养老服务问题出现，从而形成了养老服务体系中的双向互动的良性循环。在提供养老服务的同时，各参与主体在不同类型项目中所起的作用是不同的，与之相对应，产出和收益也会有所差异，尤其是营利性组织，在监管不严的情况下往往会受利益的驱使出现违规、越轨的行为。由此，制度监管与规则制约又反过来对服务供给主体起着制约作用。在结构化理论视角下，主体与客体、行动与结构、个人与社会等将会相互包含、融入，充分表现其二重性的特征（赵一红、庞志，2020）。

第五章
养老服务体系寻求供需结构平衡发展

一 日益增长的养老需要与养老供给的不平衡不充分发展

通过第三章的实证调查分析可以发现，在以南京、杭州、上海为代表的东部地区，一方面人口老龄化起步早、程度深、速度快，另一方面由于经济发达、地方财政充裕、人均收入水平较高，东部地区养老机构及其服务的发展领先全国。譬如，江苏、上海养老机构数量就分列我国前两名（黄钢，2019）。从近几年陆续兴建和投入使用的养老机构规模来看，东部地区也位居我国前列。譬如，我们在杭州调查的滨江绿康阳光家园，就是目前国内规模最大的公建民营医养结合养老机构之一。

那么，以南京、杭州、上海为代表的东部地区的机构养老是否已经能够完全满足当地人民群众对美好养老生活的需要了呢？如果不能，那么问题出在何处呢？

（一）南京、杭州、上海养老机构老年人需求

通过调研我们认为，虽然南京、杭州与上海的机构养老领先全国，但相比于老年人迅速增长的美好养老生活需要，仍有巨大差距。根据我们对

8个养老机构的调查,老年人对美好养老生活的需要突出地体现在以下三个方面。

1. 对降低养老费用的迫切期待

在我们调查所及的8个机构,尤其是公建民营和民营机构中,老年人最普遍关心的头等问题是费用还能不能进一步降低、国家还能不能进一步出台相关优惠照顾政策、政府还能不能给予相关补贴等。例如,在悦华安养院,就有一位90岁高龄的老人告诉我们:由于孩子忙于工作,他现在常住安养院中,所需费用来自自己的退休金和子女补贴,虽然目前勉强够用,但随着自己需要越来越多的照顾,他感到经济压力越来越大,所以他希望将来能有更多的对于高龄老人养老费用的优惠减免。

对降低费用的期盼更加热切的是祖堂山社会福利院中的老人,这些老人大多来自南京的各种中小型企业或公司,他们普遍反映,相比于公务员和事业单位退休职工,从企业和公司退休的老人退休金普遍偏低。因此,虽然他们有强烈的机构养老愿望,对所在养老机构的服务也基本满意,但随着养老费用逐年提高,他们可能会放弃机构养老。尤其是,有一对主动找我们访谈的夫妇,男方为退休职工,女方无业,老两口靠男方一人退休金和储蓄负担费用。于是,看到我们时,他们就特意来向我们咨询,国家有没有对类似他们夫妻俩这种类型老人养老的特殊优惠政策。

与此类似,我们在杭州的滨江绿康阳光家园、上海的怡乐家园邻里汇和银康老年公寓等机构中,都听到了老年人们同样的希望降低养老费用的呼声。

2. 对便捷充分的交通、医疗条件的期盼

本书所访8个机构中老人最普遍的第二个需求是希望有便捷、充分的交通和医疗条件。其中,对便捷交通条件尤其关注的是那些住在地处偏远郊区的机构的老人,如南京祖堂山社会福利院和杭州滨江绿康阳光家园的老人。在祖堂山社会福利院,就有生活能够自理的老人抱怨,福利院离市区太远,周围也没有超市、便利店等购物场所,最近的公交站离福利院足有1.5公里,想要买点自己想要的东西非常艰难不便。

对便捷、充分医疗条件的期盼则明显存在于每个机构中。目前,除了租用江苏老年医院分院的南京建邺区社会福利院,以及本身建有医院的杭州滨江绿康阳光家园,其他机构的大部分医疗康复事务是外包给社区医院或更高等级的其他医院的。而由于社区医院等医疗、卫生单位和养老机构行政上分别属于不同条块,即使两者合作再紧密,真正遇到老年人病患治疗、报账报销时,也仍有很多环节需要老年人或其子女不断往来奔走。

3. 对优质多样服务的需求

老年人第三个普遍的需求是较现有水平更优质多样的服务。据我们调查,在8个机构中,目前最主要的服务依然集中在膳食和看护方面,也有部分医疗康复服务,除此之外,仅有少量的集体文娱活动及小组的读报、画画、书法活动。由专业社工等组织的活动,我们仅在十分强调和突出社工作用的上海银康老年公寓看到过。并且,从其组织的"记忆家园"活动效果十分明显、深受老年人喜爱与欢迎中,也可明显感受得到老年人非常渴望类似服务。

(二) 机构养老不平衡不充分发展

毫无疑问,机构养老近年在以南京、杭州、上海为代表的东部地区发展迅速是不争的事实,但同时,这种发展与这些地方老年人对美好养老生活的需要相比,仍有较大落差也是不争事实。那么,何以会出现这样一种多少有些自相矛盾的现象呢?

我们认为,矛盾的根源是近年南京、杭州与上海的机构养老的发展的不平衡与不充分。

1. 机构养老各类型间的不平衡发展

无论南京、杭州还是上海,近几年发展最快、最迅速的都是民营养老机构。虽然公建民营养老机构带有政府投资性质,但实际经营主要仍由民营企业或公司全权负责。追逐利润是企业的天性,自然,这些民营机构也不能除外。这样一来,在近年大部分养老机构属于民营类型的发展背景下,养老费用居高不下甚至逐年增长也就不足为怪了。

与此同时,由于三地的公办养老机构近年增长有限,并且,为解决一度出现的"一床难求"现象,类似上海市徐汇区社会福利院的公办机构,不得不提出诸如只接受具有上海市徐汇区户口的80岁以上五级以上托底保障老人入院等的限制条件。由此,也造成了一方面公办机构具有提供优质低价服务的能力，另一方面这些机构又有养老床位闲置的矛盾景象。

近些年公建民营和民办养老机构为避免受城市中心高地价影响，纷纷选择未开发的城郊和偏远地区兴建养老机构，这也是造成老年人出行不便的一个很重要原因，其中尤以南京祖堂山社会福利院和杭州滨江绿康阳光家园为典型。

另外，相比于公办机构与公立医疗、卫生事业单位之间的天然紧密关系，公建民营和民办养老机构无论如何努力，其与公立医疗、卫生事业单位间都或隐或显地存在着一定距离，这也必然造成彼此间在医疗卫生事务上的沟通成本和诸多障碍。

2. 优质养老服务发展得不充分

尽管南京、杭州与上海的机构养老服务水平目前已经位居我国前列，但通过上文分析，我们已经看到，这种服务大部分还是营养膳食和日常护理，高质量、多形式的针对老年人精神文化生活需要的服务发展仍不充分。与此同时，三地养老机构对从业人员与照护人员的资质审查仍不够严格，从业人员专业性不强。在已经获得相关资质的工作人员中，受过正规专业教育、拥有专业技能的少之又少。这些都明显制约着机构养老服务未来的进一步发展。

二 未来我国机构养老发展趋势

如果说当前我国机构养老的主要矛盾在于老年人日益增长的美好养老生活需要与养老机构及其服务的不平衡不充分发展间的矛盾的话，未来我国机构养老又将如何发展？

我们认为，随着我国人口老龄化的逐渐到来与加深加剧，机构养老进一步发展是大势所趋。在机构养老的未来发展中，鉴于单纯的由国家和政府财政负担的公办机构已经无法满足快速经济增长时期人民生活水平提高而带来的多样化养老需要的增长，公建民营、民办养老机构需要也必须得到大力发展，以有效满足人民需要。进一步，公建民营和民办养老机构要想真正发展，就必须遵循市场运行规律，参与市场竞争。在市场竞争中，必须由市场信号来代替政府命令发挥调节市场的作用,通过调查了解潜在的市场需要,抓住市场机遇,用市场的方法来解决机构发展中遇到的问题(刘红,2009)。

但是,大力发展公建民营、民办养老机构并不意味着国家和政府就能减轻自己的养老责任。相反,为真正满足老年人对美好生活的需要,国家与政府必须加大财政投入力度,制定相关政策,大力建设公办养老机构,逐步扩大包容范围,以使更多老年人享受到优质低价的养老服务。与此同时,国家和政府还应从宏观上制定更多优惠政策,并通过为公建民营、民办养老机构提供多种形式补贴和补助的方式,切实有效降低这些机构中老年人的养老负担。

与此同时,为打破目前机构养老中存在的养老服务与医疗、卫生服务的条块分割壁垒,进一步的机构与制度改革势在必行。以各地实践来看,医养结合式养老可能是一个可供考虑的改革方向。

目前,迫在眉睫的是,专业养老人才的培养和储备必须提上议事日程。要真正满足老年人日益迫切的高质量、多形式的精神文化养老生活需求,除了医疗、护理、康复的专门人才外,还需要大量的社会保障、社会工作专门人才,而这些人才的培养,绝非一日一时之功。他们的成长,既需要教育机构的精心培育,也需要养老机构的实践锻炼。只有这样,机构养老服务发展不充分的问题才能从根本上得以解决。

三 积极应对我国城市机构养老供需结构发展不平衡

当前养老机构的发展呈现两极化趋势:一部分养老机构"一床难求"并打造出标杆,另一部分养老机构的床位空置率较高。其中,虽然公办养老机构的入住率较民办养老机构高一些,但总的来说床位的利用率较低。大部分原因是养老机构的质量问题,但这同时也反映着老年人群体对养老机构的有效需求并没有那么大。未来我国养老机构的发展不应该只注重床位数这一客观指标的建设,而应该看到老年人真实的需求,并且要提高每一张养老床位的质量,这样才能真正将养老机构的作用发挥出来。基于前述对养老机构的调研,我们认为养老机构发展的完善主要应当针对以下几点来展开。

1. 加大有效资金投入力度，保障资金的持续性

针对养老机构发展较为缓慢的地区，要加大资金的投入力度。政府要在自身财力范围内尽可能地增加对养老服务的资金支持，同时要鼓励社会力量兴办养老机构、吸引社会资金进入养老服务领域，并且鼓励有能力的组织和个人对养老服务进行一定的资金捐助。针对养老机构发展较快的地区，后续要加大有效的资金投入力度。有效的资金投入是要先根据机构的评估确定机构应该重点建设的内容，并根据本地区老年人的状况确定需要发展的某方面养老服务，再定向地投入资金，而不是一味地为了满足床位硬性指标而增加床位数。要充分回应老年人已有的以及根据老龄化趋势可能有的服务需求，满足老年人的有效需求。

为了保障养老资金的持续性，公办养老机构的经费应当建立动态的保障机制，随时根据需求去确定发展方向，同时采用公建民营、购买服务等多种方式去支持民办养老机构的发展。公建民营机构和民办养老机构要强化自身的"造血机能"，在保障安全的前提下提升养老服务资金的市场运营收益。银行等金融机构应当增加对养老服务企业或建设项目的信贷投入。机构自身也不能故步自封只依靠补助来发展，可以积极主动去与大企业进行资本合作，打造养老品牌，得到更多的资金支持。在养老服务资金有限的状况下，养老机构要根据自身状况寻找灵活且安全的实现资产保值增值的路线。

2. 制定内部管理规范，建立机构等级评估标准

要保持养老机构的稳定持久发展，必须设置机构内部的管理规范，内容需要涉及机构的日常运营、不同岗位的职责、分级收费标准、服务内容的划分和具体操作、服务的监督和评估、职业培训及晋升体系、矛盾处理预案等。同时还应根据实际情况制定老年人能力评估标准、用药安全评估标准及家庭背景评估标准等，以期更好更准确地为老年人提供各项养老服务。除机构自身要加强建设外，养老机构的监管主体还应该建立统一的养老机构行业管理规范、准入准出机制以及服务评估标准等规范。民政部应该加快《养老机构服务标准体系建设指南》的相关内容的完善，让养老机构的发展有行业规范可参考。

在鼓励养老机构建设的时期，大量社会力量涌入养老产业，养老机构的数量快速增长，人均床位数也有了显著的增加，但这同时也造成了养老机构质量参差不齐的状况。为了更好地推动养老事业的发展、更好地为老年人提供养老服务，养老产业可以引入机构等级评估机制，在竞争中提高服务质量。我们调研了解到的南京市做法就值得推广，南京市建立了包含115条指标的养老机构评估表，其中包括老年人能力评估标准、机构标准化建设、机构安全评估等各项内容，通过这些标准来对养老机构的等级进行评定，并按照评定的等级来确定补贴的比例，评级较高的养老机构的补贴较多，评级较低的养老机构补贴较少。另外，我们在调研中还发现，在试行长期护理保险的地区，照护等级评估的实际操作中出现了第三方病理评估评级和机构生活照料评级存在差异的情况，导致老年人没有享受到应得的养老服务，未来可以采用两种评级方式结合的评估方法来改进。

3. 评估老年人有效需求，推进医养结合发展

老年人的有效需求指的是老年人有某方面的需求倾向而且会主动寻求需求的满足。许多老年人可以接受机构养老的方式，但却并不一定会选择这种方式，这就不算是有效需求。因此，掌握本地区老年人的总体状况以及评估老年人的有效需求十分必要。当前，入住养老机构的大多数是失能、失智老人和高龄老人，根据身体状况的不同对照护的需求不同，对机构环境的设计的要求也不同。身体较健康的老年人仅需要机构提供一些日常的照料服务，同时有一定的活动空间和活动设施，组织一些文娱活动。失能老人需要长期卧床，平时一名服务人员可以同时照护多名失能老人，负责的只有生活照料的相关内容。失智老人需要更多的是精神上的支持和关怀，像上海市由一些养老机构承办的记忆家园项目专门针对失智老人打造适宜的环境及服务。

随着年龄的不断增长，老年人在医疗上的花费通常只增不减。虽然目前医养结合领域得到了一定的发展，但发展中的障碍以及问题仍然存在。由于医疗和养老分属不同部门管理，虽然有疗养院和内设医疗机构两种方式，但医疗保险的使用还是存在一定的问题，这一点还需要相关部门共同商讨出更为合适的制度。除了继续关注慢性疾病的问题，还要多增加康复治疗以及口腔治疗的设置，口腔问题是在养老医疗建设中被忽视的内容。

4. 提高工作人员待遇，完善岗位责任制建设

养老机构中一线护理人员通常是年龄较大的女性，通过合同聘任，薪酬普遍较低，但工作强度却很大、社会认可度也不高，这影响了护理人员的工作热情和服务效果。为解决这一问题，首先要完善养老服务工作人员的福利保障制度，从整体上提升养老服务工作人员的待遇和社会认可度，并鼓励更多的人加入养老服务领域。其次要发挥员工组织和社工部门等各组织的作用，员工组织作为工作人员发声的窗口来保障员工权利及福利；社工组织要密切关注养老服务队伍中的工作动态，及时发现工作中的困难和疑虑，通过主动商谈和组织活动等方式解决，激发工作人员的归属感和认同感。

在保障工作人员福利待遇的基础上，养老机构也应该保证对养老服务工作人员专业性的要求，以期提高养老机构服务的专业性。养老机构首先要增加并明确岗位的设置，给专业人才以机会，给年轻人才以机会。其次要建立完善的岗位责任制度，明确岗位与责任相伴随，同时要针对不同的工作岗位定期进行培训，加强工作人员的工作能力和专业水平，鼓励工作人员考取专业资格证书等。最后要鼓励服务人员注重自身专业理论水平和业务能力的提升，养老服务既需要理论知识也需要实践经验，二者的有效结合才能保持持久的竞争力。

5. 加强多种资源合作，运用信息化手段

面对巨大的养老压力，仅靠养老机构单一类型的主体是没有办法完全满足老年人养老需求、解决养老问题的，必须寻求与有更多资源的主体合作。在发展初期，养老机构要与资本企业合作获得资金支持，与政府合作获得项目，以及与医疗机构合作来提供医疗服务。在运营过程中，养老机构可以与社会组织、企业合作来拓展服务内容、开展多种活动，与高校或志愿组织合作来丰富人才队伍，与心理咨询事务所或法律事务所合作来解决相关问题，做得好、有能力的机构还可以结合社区养老和居家养老业务来拓宽服务领域。

养老机构首先会使用一些信息化设备，如智能护理床、服务呼叫器、康复辅具等智能设备；还会有信息平台的建设，推广建立老年人基本信息电子档案，通过数据平台实现对养老机构的日常管理，录入信息保证对服

务记录的保障和监督；同时也可以建设以网络为支撑的机构信息平台，实现居家养老、社区养老与机构养老服务的衔接。

四 积极应对我国城市社区养老供需结构发展不平衡

社区是居家养老和机构养老的联结点，为了更好地服务社区中的老年人、为其提供居家养老支持，社区需要加强与社会资源的合作，将社区养老的服务项目整合起来，以期满足老年人全方位、多层次的养老服务需求。具体应该从以下几个方面入手进行改善。

1. 增加资金来源渠道，吸引社会资金

目前的社区养老主要还是靠政府资金投入，对于庞大的老年群体来说，仅靠政府财政投入无法满足老年人不断增长的养老需求。政府作为发展养老事业的主体，应该采取各种方法来吸引社会力量进入养老领域投资。首先可以出台一些优惠政策来鼓励社会力量的投资，同时辅助社会组织的孵化和发展，在其有能力有收入的时候反过来促进社区养老的发展。其次还可以发挥福利彩票的作用，从中抽取一定比例的资金建立养老服务资金账户，作为社区养老的部分发展资金。最后还可以将部分资金在保障安全的前提下进行投资，通过获取资金回报的方式来维持正常的运转，我国的一些省市已经在采用这样的方法。

2. 建立社区养老服务的统一规范

首先是关于社区养老硬件建设的基本化和标准化规范，必须设置专门针对养老服务的站点或者窗口，根据老年人的分布状况以及需要程度建设日间照料中心，确定活动区域、各类设施的配置标准，但标准设置要分情况进行灵活规定。其次是要有关于社区养老服务项目的规范化标准，要认真评估和审查项目申请人的权限和资格、组织机构的资质以及项目设立的标准，同时明确项目开展过程中的责任划分问题。再次是要确立社区养老服务的监管体系，要对项目开展状况进行监督，建立具有可操作性的评估标准对社区养老服务的服务内容、服务质量以及服务效果进行评估。最后要加强各相关部门间的合作，明确职责划分的领域，

3. 增加服务内容，提高服务质量

通过调查我们发现，老年人的养老服务需求呈现多层次且多样化的特点，当前大多数社区提供的养老服务并不能满足他们对养老服务的需求，问题主要出在服务内容、质量以及宣传层面。首先，社区要利用与居民交流频繁的优势，对社区老年人的基本状况、养老服务需求进行摸底调查，然后通过从满足普遍需求到满足个别需求的方式增加社区养老服务内容。其次，要尽可能地与服务效果较好的社会组织或企业建立长期有效的合作关系，保证服务的可持续性，并且要采用定期对服务项目进行评估的方式保证服务质量。最后，社区要积极主动与老年人交流，形成一种信任关系，然后再进行社区养老宣传，提高老年人的接纳度和认可度，等等。在调研过程中，我们了解到一种发展社区养老比较好的模式，即引入成熟的养老机构，采用机构服务渗透到社区或者合作建设日间照料中心的方式进行发展。

4. 加强人才队伍建设，提升专业水平

养老服务工作人员面对着繁重的工作任务和较低的工资水平，而且社会认可度比较低。所以政府应该从宏观角度出发，提升养老服务工作人员的定位，将其作为发展养老事业和社会建设的重要人才资源，鼓励专业人才去从事养老服务的相关行业。同时还应该落实养老服务工作人员的薪资和服务待遇的激励机制，提供明确的职业上升通道，让工作人员有保障、有期待。在提升数量的基础上还应该提升人才的质量，首先要增设与养老服务有关的专业，培养专业人才；其次要对已在职的工作人员进行服务内容的培训，提高其专业技能水平，要鼓励他们自主学习老年护理、康复、心理及社会工作的专业知识；最后还要有专门的人员对工作人员进行心理辅导，缓解其工作压力，帮助其解决服务过程中遇到的问题。在培养专业养老服务工作人员的基础上，还要发展志愿者团队，如组织高校的学生、党员干部为社区的老年人开展慰问活动等，为社区养老服务人员提供辅助并缓解其工作压力。

5. 利用现代技术，打造智慧养老服务平台

以社区老年人的服务需求为导向，以社区服务站和社区日间照料中心为依托，以服务统筹的形式汇集便民信息、热线电话、健康档案、服务手

册、社区呼叫系统等，构建社区养老服务信息网络和服务平台。养老服务平台的打造可以依托科技部的科技惠民计划，或者引入企业的产品，将老年人的数据库和养老服务的数据库整合到同一个系统中，以"虚拟养老院"的形式满足老年人多样化的养老需求。调研中发现，湖北省襄阳市的"12349居家养老一键通"服务平台、上海市和江苏无锡市的"安康通"智慧养老服务平台等，都是值得其他省市借鉴的成功经验。考虑到一些老年人的状况，服务平台的设计要简单易操作，屏幕字体的设计要大，紧急状况的按钮要方便；还必须同时发展线下的养老服务，以防有老年人无法有效利用养老服务平台。

五 城市社区综合养老服务体系的建构

通过对养老服务体系的分析，可以总结出养老服务的总体发展实际上是不均衡的，这不仅体现在区域、城乡的养老服务体系建设上，还体现在不同养老形式的发展进程上，同时也体现在同一养老形式下的不同养老服务提供主体的发展程度上。然而，老龄化的进程不会等待养老服务的全面完善，因此各地区要统筹规划，加强各种养老形式和养老服务主体之间的合作。在国内外养老经验的发展基础上，社区最适合作为资源整合的联结点，以其为核心建立社区综合养老服务体系的方式或许是解决当下养老问题的关键。

社区综合养老服务体系是在借鉴发达国家社区照顾的养老服务经验的基础上，根据我国的人口老龄化程度、社会经济发展水平以及当前养老服务发展的优劣势提出的综合养老服务模式。潘屹（2015）认为，社区综合养老服务体系是依托社区平台，多方主管部门参与，配置整合公共、社会和个人各方资源，有效连接机构与居家，形成有机的服务体系，提供综合养老服务的体系系统。景天魁（2015）将社区综合养老服务体系归纳为充分发挥政府的统领性、群众的主体性以及社会的协同性作用，以家庭为基础，以社区为依托，以机构为支撑，整合辖区内的各种养老资源，为老年人提供包括无偿的公益服务、低偿的基本养老服务以及较高收费的个性化养老服务在内的系统服务，它是以社区养老机构为支撑点，将辖区内的家庭养老、居家养老与机构养老等形式整合在社区这个平台上，为老年人提供家政服务、生活照料、文化娱乐、精神慰藉、心理健康等综合而全面的养老服务。前述社区综合养老服务体系的探讨是包括城乡两个部分的，但本书仅针对城市社区来探讨。基于城市社区的特点，结合调研的内容，本书尝试提出以下关于城市社区综合养老服务体系建设的内容。

（一）体系架构

完善的体系建设是养老服务有效开展的前提。养老服务现阶段的发展鼓励多种主体采用多元化的方式开展，在数量和多样性上有了很大的发展，但也造成了地区间发展差距较大以及质量无法保证的状况。基于此，我国的社会体制背景下，采用以社区为核心发展综合养老服务体系，在全国范围内进行宏观规划，由地方政府灵活应用的方式应该是最优之选。

1. 政府宏观的统筹规划

我国"未富先老"的状况带来了繁重的养老压力，只有通过整体规划优化资源配置的方式才能使问题得到解决，政府应当发挥主导作用。政府在城市社区综合养老服务体系中发挥的作用主要在养老政策、财政投入及补贴政策、管理规范、人才队伍建设、资源整合等方面。

首先，要建立有效的供需匹配机制。先对老年人按照健康状况和人口特征大致进行需求的划分，同时对应进行养老形式的划分和养老服务的划分，不同养老形式的服务主体按照服务内容和服务能力再进行划分，承担不同的养老服务的责任。在供需双方按种类细分之后再进行匹配，可以自理的老年人更多由家庭和社区提供养老服务，而机构则为失能失智及高龄老人提供服务，具有更强的专业性；不同服务能级和消费水平的养老机构满足不同收入水平的老年人的服务需求，"三无""五保"老人由公办养老机构统一提供兜底性质的服务，有高端服务需求的老年人由民办高档养老机构提供服务；养老机构的类型也应该多样化，其服务应该根据老年人生活能力和需要加以分层、分级，从完全自理到完全失能，对应的服务也应加以细分。社会为老年人群体提供服务，不是要对所有人提供统一化的服务，而是让服务资源适应个人和群体的不同需求。识别有效服务需求，有针对性地提供有效的服务供给，能够在提供符合老年人状况的养老服务的基础上提高社会资源的利用率，也有利于明确不同养老服务主体的服务范围及责任划分。

其次，要确立服务标准和管理规范。第一，在确立了供需匹配机制之后，不同的养老服务主体要承担其服务范围内的责任，就要有对应的管理标准。在确立基本的服务资质、场地、设施以及服务内容的硬性规定的同时，也要给予各地区、各机构具体适用的自主权，做到规范性和自主性的结合。第二，要科学地规划社区综合养老服务平台，建立社区综合养老服务的政策体系。对养老机构尤其要有明确的准入、准出的机制以及具体的管理规范和评估标准，以保证其服务质量，使其成为社区养老服务的依托。第三，要明确养老服务体系的管理机制，在明确责任分配的基础上，协调养老服务领域各相关部门之间的关系，推动合作的发展。

再次，要完善养老服务体系的支持体系。第一，保证养老资金。在根据老龄化程度适当加大养老领域的财政投入力度的同时，也要拓展资金来源的渠道，采用政策及宣传等方式吸引社会力量进行养老方面的投资，鼓励并支持各养老服务主体增强自身的资金"造血"功能，保证资金的可持续性。第二，要加强社会福利体系建设。要扩大养老保险、医疗保险的覆盖范围，让老年人的养老资金得到保证，同时还要加快完善家庭养老的政策支持体系，并推进长期护理保险的实行。对于特殊老人的补贴政策也要落实到位，加强对贫困老人的识别和帮助。第三，要建立健全法规体系。推进与老年人有关的法律法规的完善，建立处理由赡养老人以及养老服务所引发的法律纠纷的处理流程。第四，要加强人才队伍建设。在学校设立与养老有关的专业和课程培养专业人才，加强对相关从业人员的培训，推进养老服务工作人员薪资待遇的提高以及社会认可度的提升，尤其是要适当提高养老服务人员的补贴标准。同时要改善岗位的设置，在社区及公办养老机构中增加对于养老服务工作人员的专岗专人的设置，并提高相关专业人才的待遇。

最后，要通过政策推动医养结合以及异地养老等问题的解决。这两个问题是目前在养老服务领域发展过程发展的比较普遍的问题，因涉及政策制度的内容而很难通过具体的实施过程得到解决。医养结合的发展需要从整体上加强卫生部门和民政部门的合作，明确二者在养老服务领域的服务内容及职责范围，探索二者之间有效的合作方式，满足老年人的医疗需求和养老需求。可以通过卫生部门主体兴办疗养院、民政部门主体建设卫生站、养老机构与医院签订合作协议等方式进行，在资源上实现互通和共享，同时要关注养老和康复方面的整体发展。截至目前，异地养老的问题得到了一定程度的解决，但居家养老补贴和服务、养老机构入住等方面的户籍限制仍然存在，但如果统一放开的话也可能造成管理混乱和人员拥挤的问题，可以针对出现这一状况的地区出台相应的特别政策，以平衡养老服务资源和养老服务需求。

2. 因地制宜的具体发展模式

各地养老服务的提供要因地制宜，不需要整齐划一。无论是养老服务体系的整体建设，还是诸多研究，都很看重硬性数量标准、服务站的配置、场地和设施的配置。实际上更应该强调的是"软"标准，因为每个地区和每个社区的状况都有所不同，根据自身的情况采用合适的方式来发展对应的服务才能实现资源最大程度的有效利用。但因地制宜的前提是，服务内容、服务空间和服务质量至少应该保证达到前述整体规划中所提出的最低标准。地方养老服务具体发展规划的设计应该通过以下路径提出。

首先，以当地的老龄化状况和财政状况为前提。从整体来看，我国的财政状况是跟不上老龄化发展的节奏的，也就是所谓的"未富先老"。但如果具体分析，如前述对全国分地区的老龄化状况所显示，每个地区的老龄化状况也存在着差异性。华东、华中和西南地区老年人的比例比较高，东北地区的老年抚养比较高，每个地区都需要寻求平衡财政负担与养老负担的方式。对老年人来说，要扩大养老金的覆盖面，并且为一些特殊的老年人提供各种形式的补贴，以保证其基本生活。此外，各级政府要完善土地供应政策和税收优惠政策，通过这样的方式对养老服务主体进行扶持，现阶段高额的成本让想在养老服务领域有所发展的主体望而却步。同时，政府部门要鼓励养老服务机构尽可能利用闲置财产，在土地、设施、政策上给予优惠减免。同时，可以在社区公共服务设施的构建上提供优惠，加强老年人服务设施的功能衔接，提高为老设施和场所的利用率。还可以对应开展城市无障碍环境建设，推动并支持对老年人家庭住房进行适老化改造，并对老年人日常生活区域的公共设施进行改造。

其次，以当地养老领域的发展状况作为基础。在对老龄化状况和财政状况进行分析之后，政府就对养老领域建设规划的目标和预算有了大致的判断。在此基础上，还要掌握当下养老领域的发展状况，才能确定建设规划的具体执行内容，更好地进行资源的分配。不同区域、不同领域、不同组织可以在物质资源、人力资源、组织形式和技术方法上采用不同整合方式，促进养老服务资源的最大化使用。不同的地区通过不同的资源管理结构和管理范畴来满足不同层次老年人的不同需求，发挥自身的优势，比如政府、社会组织、企业等的前期发展优势，可以很好地解决养老问题。之前已在养老建设某方面具有优势的地区，只需要将优势发挥出来、以此为核心对接养老服务。之前并没有形成养老整体发展先发优势的地区，也可以依托已有的全国范围内的社区建设发展，以社区为核心统筹服务资源的社区综合养老服务体系也可作为一种较好的发展方式。

再次，以养老服务和相关机构的完善为目标。国家要出台一系列的政策鼓励社会力量进入养老领域，扶持培养和指导养老服务组织发展的组织，支持民间力量共同参与到社会养老的实践活动中去，发挥包括社团、志愿者、自治组织和民营社会企业在内的各种力量。但数量上的达标并不意味着养老服务建设的完成，还需要有一套对应的监督体系和评估标准来保证养老服务的质量，只有在国家通用标准规范下达标的服务、机构才算是养老领域实际完成的目标。为了支持社会养老的实践活动，各地区还应该根据实际情况设置承担评估责任的第三方社会组织、养老服务及养老机构的指导培训中心等，在养老机构发展的各个阶段为从事养老服务的相关主体提供具体的指导。同时还可以利用现代科技手段，引入养老服务平台和养老服务设备，为供给方和需求方创造直接交流的环境，同时有利于实现居家、社区与机构养老服务的有效链接。

最后，以当地社会资源作为支撑。社会力量是养老服务的潜在支撑，关键在于各地区如何调动社会资源。以社区为核心，把社会组织、营利部门和志愿者的力量组织起来，才能完成综合为老服务的任务。政府的任务是做好养老服务的统筹规划，营造有利于养老服务发展的社会环境，为不同养老服务主体的发展及合作创造条件，同时还要起到制定标准和监督管理的作用。社区基于其政府和市场的连接点的特殊地位，是最适合作为核心来调节政府和市场平衡的。不同服务形式的最优合作方式是，社区为居家养老的老年人提供支持，为在社区日间照料中心、日托所的老年人提供日常的养老服务。机构与社区合作的展开是建立在地理位置的接近和机构服务的专业性上的，当机构有能力为自身范围之外的老年人提供服务，便可以延伸到社区进行合作，这样既能为社区服务提供一定的指导，又能通过服务的口碑发展一些潜在的服务对象。这样构建的结果就是社区综合养老服务体系。

（二）具体内容

基于体系架构，发展社区综合养老服务体系要达到的效果应该是：以社区为平台来整合养老服务的各种资源，为老年人提供全面而综合，但又有分层的多样化的服务内容，同时采用差异化的服务收费方式满足不同层次的服务需求。对老年人提供的养老服务的内容主要包括生活照料、医疗保健、文化娱乐、精神慰藉及社会参与等整体关怀。为老年人提供综合养老服务的社会服务机构主要包括老年护理机构、老年日托中心、老年活动中心等。老年社会服务的工作人员则主要包括护理人员、管理人员、社会工作者、心理工作者、医务工作者及志愿者，再加上家庭、邻里等非正式网络的支持。要保证社区综合养老服务体系的构建以及良性运行发展机制的实现，需要从这些具体方面入手来进行探讨。

1. 服务内容的完善

首先，要明确不同主体的角色和功能。社区养老和居家养老虽然承担了大部分老年人的养老服务，但选择这两种养老方式的老年人通常是基本上能自理的老年人，而选择机构养老的老年人大多数是失能、半失能的老年人。社区居家养老可以执行分层管理，不同的行政等级下设置指导中心和服务中心，有针对性地对老年人提供服务。服务内容方面，社区和居家服务只需要满足老年人一些基本的需求，所需设施和活动的专业性要求低但多样化要求高，机构则要提供更为专业化的服务。机构养老领域本身也存在角色和功能的划分，公办养老机构更多地为特殊老人提供低价的兜底性质的服务，而民办养老机构的灵活性较强、可以满足老年人多样化多层次的需求，二者的角色应该是互补的。在角色和功能划分的基础上，养老服务的供给主体间要在广泛参与的基础上，建立起沟通与合作的关系。

其次，有效需求服务的完善。在角色和功能划分的基础上，不同的服务主体明确各自的发展方向，不是盲目增加床位数、以数据达标为目标，而是以增加能满足老年人有效需求的服务为目标。养老服务体系的建设是为了满足老年人不同的养老需求，因此要继续加强对老年群体的了解，采用科学、合理的方式评估老年人的有效需求。社区养老和居家养老应该从不同类型老年人的不同需求、合作的服务提供主体的能力范围及社区内服务设施和项目的建设入手来完善养老服务，机构养老则要通过提升设施专业化水平和服务水平的方式来进行。社区仅依靠自身的能力肯定是无法服务庞大的老年群体的，这时候就要主动引导社会资源进入社区，包括就近的医疗服务、入户的助洁助浴等生活便利的相关服务及其他服务资源。社区主体更多地要做好资源对接和服务监管工作，促进社区内形成老年人"有事找社区"的观念。机构养老需要更关注服务专业化的建设，在房间和设施的设置、分区及照顾比、医疗及康复服务配备、人员的培训和监督等方面不断完善，探索出一套机构服务的标准来。其实目前有很多机构已经形成自己的发展模式，但养老机构的总体状况仍参差不齐，若是机构之间能够加强交流合作，那么机构的整体水平应该能得到很大幅度的提升。

2. 人才队伍的建设

一是福利制度的建设。当前养老人才队伍发展的两大困境是福利待遇水平低和社会认可度低。在政府整体出台提升养老服务工作人员薪资和福利待遇的相关政策的背景下，各养老服务主体也应该在明确工作人员规模和结构的基础上，设计具有激励性质的薪酬福利、绩效考核以及岗位晋升的相关标准。同时，各养老服务主体也应该确保充足的资金来源，为工作人员按时按规定发放薪酬和福利，从而更好地吸引和稳定养老服务工作人员。除了资金方面的福利，为了及时发现工作人员工作中的困难和疑虑，维护养老工作人员的合法权益，可以发挥设立专门服务工作人员的社会工作岗位或是链接专业社会组织的社会工作者的服务，以期让工作人员能处在更利于发展的环境中，需要时能获得更多的支持。

二是岗位设置的完善。很多养老服务主体并没有把岗位的划分与设置作为组织管理的一部分内容确立下来，这就造成了身兼数职导致专业性不足或某方面的工作没有人负责的问题。岗位设置的规范化及岗位责任制的确立十分必要，也是对专业人才的一种激励。养老服务主体应该在组织制度上将明确的组织架构和岗位设置确定下来，采用专人专岗的方式将岗位的工作内容确定下来，并执行岗位责任制，在岗就要在职责范围内负责。此外，还可以积极引导工作人员参与所在养老服务主体的日常事务，使其享有一定的参与权和决策权，使其具有更强的归属感和积极性，也会使各项工作的推进更为顺利。

三是培训及服务监督。养老服务主体应该为工作人员提供完善的培训机制，满足员工自我提升的需求和职业发展的需求，提升养老服务工作人员的专业水平。培训的展开应该针对不同岗位需求、学历背景的工作人员的特点，制定不同的培养方案，有针对性地开展专业培训。应当多运用相关的社会培训资源，倾听工作人员的个人发展需求，同时执行一些办法鼓励工作人员的自我提升，对专业资质的获得给予一定的奖励。在个人提升的基础上，还要加强对工作人员服务的监督，很多问题和疑惑都是在日常实践过程中出现的，服务监督办法的使用不仅能规范养老服务主体的服务标准，也有利于工作人员个人能力的完善。

3. 社会资源的链接

要完善社区综合养老服务体系建设，仅依靠政府、社区及养老机构几大主体是远远不够的，政府搭建社区的养老服务平台，然后鼓励各种社会力量参与到养老服务事业中来，综合的养老服务主体和内容丰富的养老服务才能更好地满足多样化的养老服务需求。养老市场的确立和企业的进驻，使得多层次的养老服务消费需求得到满足，同时市场机制的建立能促进养老机构服务水平的提升。政府购买养老产品与服务的方式，能发挥专业性社会组织与社会企业的作用，将其优势很好地发挥出来，促进养老服务资源的优化配置。

地方在规划设计时也要发挥已有的特色优势。可以将社区作为养老服务资源的集合平台，对接养老机构、相关企业、社会组织、高校等主体的资源，让物质提供者、精神慰藉者、医护照料者共同发挥作用。老年大学发展较好的地区，可以利用老年大学的带动和辐射作用，推进分级的老年中心的建立和老年协会的管理，以其为核心统筹养老服务资源来提供服务。因此，发挥本地区的优势资源才是养老服务领域发展的核心要义，但不管是哪种发展方式，人才资源都是最核心的资源。要吸引有专业技能和较高学历背景的毕业生加入养老服务行业，加强培训，建立专业化队伍。其他人才资源方面，要与志愿者队伍建立长期稳定的合作关系。还可以发挥低龄老人的余热，建立传承和互助的社区养老环境。

4. 信息化智能化手段的使用

居家养老中信息化手段的应用主要是对老年人的身体状况进行监测、对紧急状况作出处理以及一些智能化的辅助工具的使用。社区养老则是以社区及居家老年人的服务需求为导向，以社区的日间照料为依托，通过便民信息、健康档案、紧急呼叫、热线电话等形式，构建社区综合养老服务信息平台。信息化手段在养老机构中的使用是建立老年人的基本信息及护理要求的档案，采用线上办公的方式对养老机构进行日常管理、服务的监督和评估，同时建立机构的信息平台和资源链接的平台，与老年人的家人、社区、提供服务的社会组织实现有效交流。从总体上推动居家、社区与机构养老服务的有效衔接，实现不同养老方式的功能区分。虚拟养老院就是信息化手段使用的很好实例，一个服务平台、一部热线电话和一批企业就完成了全市的养老服务，虚拟与实体相互补充，适用于基础建设处于初期阶段或者居住比较分散的地区。

对于服务提供者来说，信息化手段的使用应该是很方便的。但如果使用的主体是老年人，尤其是高龄的老年人，可能反而是一种负担。因此居家养老服务平台和养老服务设备的设计要简单易操作，考虑到老年人不识字、老花眼等各种状况，界面的设计要有图标和较大的字体，按键操作也是越简单越好。紧急求助的设置要明显并且方便触发，设计的时候要经过多次测评，以防老年人在紧急的状况下无法及时得到救助。还有许多细节的内容需要专业的信息化手段设计者更多进行关注。

5. 评估与监督机制的建立

首先，对老年人服务需求进行评估。社区在执行养老政策之前，要先进行广泛的调研和实地考察，要充分评估老年人有效服务需求以及社区服务供给能力，在发展的动态过程中要适时更新对老年人的需求评估。社区也要保障相关养老服务工作者入户调查的沟通和协调工作，让社区老年人意识到这是为了更好地为他们提供养老服务。机构对老年人的评估应有一系列的评估标准，主要是对老年人的能力状况、用药状况以及家庭背景的评估，通过评估按照服务等级有针对性地为老年人提供服务。目前长期护理保险中对老年人的能力等级的评估在第三方机构单次评估和入住机构护理等级划分间有偏差，忽略了老年人的日常状况，未来采取入住机构和第三方组织分别评估然后取中间值的方式可能更为合适。

其次，对养老服务主体资质进行评估。社区在支持和引导各类社会组织或第三方进驻社区来参与居家养老和社区养老服务时，也要建立对其评估和监督的体系。评估主要是采用全国或地方合适的行业规范先对其主体资质进行确认，同时通过项目申请书或之前相关工作的材料来了解其是否有能力且有经验作为养老服务的主体提供服务。由于养老机构"一床难求"和空床率高体现出的质量参差不齐的状况，养老机构准入及建设相关标准的出台迫在眉睫，养老机构最基本要确保的可持续的资金来源、适老环境的建设、专业人员的配备以及基本医疗的配置一定是评估养老服务主体资质最主要的几个方面。

最后，对养老服务的使用及效果进行评估。对养老服务的使用及效果的评估，主要可以通过第三方组织或机构来进行全程的养老服务监督，在发展过程中总结出专业化的评估规范。同时要采用使用率统计和满意度评价的方式，通过对老年人使用服务的频次及接受服务的老年人的满意度评价来促进养老服务工作的改进。政府及监督机构要加大相应的评估与反馈的力度，将社会公众对养老服务质量的投诉和意见反映在对养老服务主体的要求中。良好的供给-反馈机制才能使得社区综合养老服务体系符合养老服务需求的变化情况，更适应时代的发展。

第六章
供需平衡：我国养老服务体系建构的逻辑

一 供需结构平衡是建立养老服务体系的基本原则

在我国老龄化不断加速的背景下，建设本土化的养老服务体系、建构我国老有所养老有所依的养老服务体系迫在眉睫。"养老服务体系"是一个内涵比较丰富的概念，是一个"使老年人在生活中获得全方位养老服务支持的系统"，而在这种系统结构中，养老服务体系却常常表现出碎片化和非体系化现象。养老服务体系中的供需结构平衡便是一个关键问题。从我国多年来颁布的养老政策来看，我国在养老服务体系建构方面的整体部署与设计较薄弱，没有注重从供需结构平衡的角度进行养老政策设计与制度安排。同时，把供需的制度结构放在什么样的框架下去思考，是基于老年人的需求还是国家供给模式、是基于政策制度框架还是老年人对于养老服务体系的认同等，也缺乏深入研究，导致难以构建出适合我国本土化发展的养老服务体系，而本书就试图针对这一问题进行深入探索。

民政部在讨论我国"十四五"养老服务体系建设规划文件讨论稿时将养老服务定义为"以提高老年人生活质量为目的，以防范、减少和应对失能状况为重点，为老年人提供的生活照料、康复护理、精神慰藉等综合性服务"；将养老服务体系定义为"老年人在生活中获得全方位养老服务支持的系统",一般涉及养老服务事业、产业、慈善业、设施建设、人才发展、文化培育、体制机制改革、重点项目工程、标准、监管、保障措施等。这给我们讨论多年的养老服务体系从概念到内容提供了可供借鉴的参考。目前我国养老服务发展与建设与党中央要求和新时代老年人口日益增长的养老服务需求相比,还存在着底层保障体制不健全、服务质量不够高、区域发展不平衡、有效供给不够充分、养老人才队伍匮乏等问题。

近年来我国社会养老服务体系建设有了一定发展,例如养老机构数量不断增加,服务规模不断扩大,老年人的精神文化生活日益丰富;养老服务的运作模式、服务内容、操作规范、标准化的服务评价体系等也在不断探索并相继建立,积累了有益的经验。但是,在养老服务体系建设过程中,我国还面临诸多实践问题与理论问题需要研究和解决,其中比较突出的就是养老服务体系建设的结构问题,比如供需结构、供给主体结构、政策结构、行动结构等,这些结构放在什么样的框架下去思考,是基于老年人的需求还是国家供给模式,是基于政策制度框架还是大众对于养老服务体系的认同等,都有待进一步研究。

二 供需结构中养老服务建设的非体系化现象

从我国多年来颁布的养老政策与建立的制度来看,我国在养老服务体系建构方面缺乏整体部署与设计,尚未形成合理的体系,也没有注重从供需结构平衡的角度进行养老政策与制度的设计。再从我国目前养老事业发展情况来看,一方面"未富先老",另一方面区域经济发展不平衡,东部、中部、西部之间由于经济发展不平衡,养老服务发展也很不平衡,这种不平衡在城乡之间表现得更加突出。养老服务体系应当是一个"使老年人在生活中获得全方位养老服务支持的系统",实际上目前在这种系统结构中,养老服务体系却常常表现出碎片化和阶层化的现象。这会导致需求与供给失调、制度与政策执行失调等,从而表现出非体系化现象。其中,养老服务体系中的供需结构是一个关键问题。在近年养老事业发展过程中,虽然取得了一定的成绩,例如居家养老覆盖面逐渐扩大,社区服务内容不断拓展，养老机构数量增加明显，但是，随着老龄化和高龄化的快速发展，老年人的需求表现出新的特点，目前的养老服务体系还无法完全满足这种具有新特点的需求。更为显著的现象是，不同的经济发展水平和发展路径也造就了地区间发展不平衡不充分的问题，表现为资源分配的不均衡和服务水平的参差不齐；此外，随着养老产业的发展，养老的阶层化也比较明显，即高收入老年人能够享受更加优质的养老服务。这些都导致了目前养老服务体系所呈现出的碎片化现象，而其中供需结构失调是养老服务体系碎片化最为突出的表现。

三 基于结构化理论的方法论解释

针对我国养老服务体系建构的复杂性，本书试图将吉登斯的结构化理论作为一种方法论视角进行分析。有些学者认为吉登斯的结构化理论并未给我们提供一个可供参考的可普遍运用的学说，难以应用在具体的场景与问题分析之中，只不过是"针对理论的实践"，是一个"概括化的实践"而已，而非解释学中的实践。但是，吉登斯结构化理论最突出的特点是强调了在客体性条件的制约下人的主体能动性的问题，而这种客体性并非物的客观性。在吉登斯看来，这种客体性是一种既定的社会制度，在这种既定的社会制度下客体性所表现出的因素就是时间与空间，人只能在特定的时空条件下进行角色分工，从而形成一种互动的基本条件，但是，正是在这种既定的社会结构中，人的主体能动性的发挥又形成或创造了社会结构。因此，人的主体能动性的发挥与客体性的社会制度化构成是一个同步的过程。

根据时空社会科学的研究性质，中外学者对于时空与社会之间的关系做了大量的研究。其中，安东尼·吉登斯在《结构化理论》中，对于时空与社会的关系，提出了比较深入的分析视角。此前人们普遍接触的是自然科学或者哲学中的时空概念，比如牛顿经典时空观与康德唯心主义时空范畴，往往把时空看成是一个行动者的场所或环境、一种自然常态、一种衡量历史的刻度表，是一个纯粹的变量。但是，吉登斯完全打破了之前人们普遍的思维方式，把时空结构看成是一个社会理论研究的范畴，特别是社会结构的范畴，而不单纯是一种环境。

吉登斯认为，"结构化是一个双向的过程"。"规则是行动者在各种环境下面理解和使用的'可归纳的程序'。吉登斯指出，规则其实就是一套方法论或技术……如同结构的其他关键特质一样，资源是行动者用来处理事务的工具……当行动者互动时，他们利用资源；当他们利用资源的时候，他们就操作权力以建构别人的行动"（特纳，2006：451~452）。在这里吉登斯特别强调了行动者在客体性的时间与空间中利用规则与资源的同时又再生产了结构，这就提出了客体性的时空重构问题。时空何以重构，这完全取决于时空范畴与社会场域的联系。吉登斯在《社会的构成》一书中认为"结构作为被反复不断地组织起来的一系列规则或资源，除了作为记忆痕迹的具体体现和协调作用之外，还超越了时空限制，其特点就是'主体的不在场'。相反，不断纳入结构的社会系统则包含了人类行动者在具体情境中的实践活动，这些实践活动被跨越时空再生产出来"（吉登斯，1998：89）。同时，吉登斯突出强调了行动者与结构之间的关系。"社会系统的结构性特征对于它们反复组织起来的实践来说，既是后者的中介，又是它的结果。相对个人而言，结构并不是什么'外在之物'：从某种特定的意义上来说，结构作为记忆痕迹，具体体现在各种社会实践中，'内在于'人的活动……不应将结构等同于制约。相反，结构总是同时具有制约性与使动性。"（吉登斯，1998：89~90）这里不仅强调了社会客体性与个人主体性之间的关系，而且强调了在客体性条件的制约下主体能动性的问题。

当然，吉登斯上述结构化理论主要是用来解决传统社会学功能主义理论关于社会结构与行动者能动性的二元对立的关系问题，并没有直接将时空结构作为核心问题加以关注，也没有提出一个可供参考的理论分析框架。但是，吉登斯却给我们提出了关于社会时空结构可借鉴的一些关键问题。第一，结合客体空间的时间性社会整合和系统整合的分析框架，即"在时间和空间跨度中规则和资源被用来形成互动，在互动中使这些规则和资源得到了再生产或者转化"（特纳，2006：454）。第二，提出再生产的结构，就是社会秩序的建构。他认为围绕社会结构，在客体的时间与空间中，作为主体的行动者维持和再生产了结构，这种"再生产的结构"就是他认为的社会"秩序",这才是我们理解社会结构与社会变迁的关键所在。第三,如何突破制度的各种制约性,运用权力进行合理的资源配置。提出了"实践的根本性质是结构二重性,结构二重性的根本形式是制度时间(惯例)"(景天魁等,2012:12)。这为社会科学的研究提供了一种理论与方法论视角,也体现出社会科学与自然科学理解时空范畴的不同。

当用这种社会时空范畴(社会活动规模、社会影响广度深度、社会事件范围)去理解我国养老服务体系中的需求与供给、制度与治理、养老服务体系发展的系统整合与秩序重构的时候,在研究视角上就会有如下思考。第一,我国幅员辽阔、老年人口众多,养老服务体系的建构是在各种制度因素、组织因素、社会关系因素等的基础上建构超越时空的联合体,因此社会时空结构的转换与重构,正是我国养老服务体系建构的重要推动力量。第二,我国地域发展不平衡,东部、中部、西部地区间差距较大,经济发展水平参差不齐,对于养老资源的占有也表现出收入分配上的时间差距与贫富地区上的空间差距,如何改变这种结构失衡与公共资源不均、如何在社会再生产过程中运用规则与资源等,也正是运用社会时空结构视角解决问题的关键。第三,吉登斯的结构与行动构成了社会实践的再生产过程中的时空维度,在这种时空维度下行动者对社会结构能够产生积极影响。这种影响主要表现在社会制度下的时间与空间再生产的互动过程中,即供给主体各自行为的互动结构及其对于养老服务供给制度的形成和影响。因此,当前养老服务实践过程中的行动者对于养老服务制度建构具有关键性的作用。

四 养老服务体系建设的供需结构平衡与重构

(一)供需结构失衡及其对未来养老服务体系发展的限制

前面章节调查分析了六个城市的养老机构供需结构的基本状况。供给和需求是养老服务体系重要的两个环节,虽然养老服务生产即消费的特征使得其供给不具有弹性、无法依据需求的状况随时进行供给的调整,二者很难达到完全匹配的状态。但二者的匹配程度越高,服务便越能得到充分的"消费",就代表整个养老服务体系越趋于完善。根据我们的调查,至少在几个相关城市中,现有的养老服务供给满足不了老年人的需求,特别是优质养老服务的提供更需要进一步增加,否则将会限制我国养老服务体系的发展和整体建构。因此,在研究中要尽可能地用合理科学的方式来了解需求,并按照需求的内容提供服务,在更大程度上实现供需之间的平衡。这个过程的前提是要对服务需求方的特征以及需求内容有整体上的认识。

上述情况的存在无疑给我国养老服务体系的建立与发展带来了巨大障碍。

(二)养老服务供需结构的资源配置及重构

从上述经验分析的角度和供需失衡情况来看,我国养老服务供需结构明显存在二元对立。首先,地域发展不平衡导致了供需结构在资源配置上的不平等。我国由于地域间经济发展水平的参差不齐,对于养老资源的占有也表现出阶层上的差距与地区上的差距,这就引起供需在结构上的二元对立,这在我们调查的东部地区与西部地区之间表现得比较突出。其次,养老服务体系制度建立者们的能力基础决定了资源配置的均衡程度。吉登斯认为资源产生权力,但权力不是资源,而是行动者在社会环境中对资源的支配能力,即物质配置与组织能力,当前养老服务实践过程中的行动者对于养老服务制度建构具有关键性的影响。最后,上述两种原因导致了第三种情况,即在我国养老机构中表现出的供需结构的矛盾尤其明显。行动者在行动过程中更多考虑的是资源是否配置而不是资源配置是否均衡,这就如同前面的经验分析中表现出的养老机构所提供的服务项目未必是老年人迫切需求的内容,两者间存在供需结构的二元对立。上述几个方面,要求我们从制度重构角度考虑养老服务提供的合理性及其资源配置的平衡问题,更加有效地利用资源。

1. 解构供需二元对立,重构供需关系结构

严格意义上的供需问题,应该是经济学讨论的概念。但经济学讨论供需问题常常围绕价格展开,而社会学所讲供需平衡问题常常从社会结构与制度结构角度讨论。总体上讲,我国养老服务体系建立的其中一个核心问题就是供需结构平衡。在养老服务方面,我国具有广大的需求者,截至

2023年底，我国60岁以上老年人达2.97亿人，这是一个庞大的消费群体。诸多地产开发商、保险公司等纷纷把发展目标转向养老产业，大批资金流入养老市场。关键的问题是上述养老产业的发展基本上聚焦在一个经济学概念上的供需平衡即价格与使用价值平衡的问题上，很少探讨社会结构层面的供需平衡问题。社会结构层面需要探讨的是老年人对于养老服务的需求度与国家和社会提供的养老供给是否在需求结构上能够达到平衡，重点针对的是老年人的需求，而非单纯的供给量，其中存在一个二元结构问题。我们之前的调查显示，目前许多养老机构的发展只是单纯追求供给量，忽略了老年人的真正需求，即供给与需求双方分别追求各自目标：一方面，供给方政府、企业、社区、社会组织等，在提供养老服务的时候常常考虑的是公共服务的计划（比如政府）、养老产业的效益（比如企业）、养老服务指令性任务的完成（比如社区）等，很少以需求为导向来构建养老服务体系；另一方面，广大老年人群体的需求往往是个性化的、具体的，常常表现在服务的细节上，很多时候不是高端与星级养老院所能满足。这一情况导致了养老的供给与需求二元对立的格局。

本书所讲的供需二元对立，是在结构与行动基础上的二元对立，在此情形下，需要重构我国养老服务供需结构。从吉登斯结构的二重性视角来看，供需可以作为规则与资源的结构化特征，同时体现实践的二重性即实践中行动者的能动性与受动性的关系。从养老服务实践的国家层面来说，一方面我们需要充分发挥政府在养老服务体系建构中的积极作用，另一方面从老年人需求的时空结构的制约性上，我们又需要发挥在建构养老服务体系过程中的积极能动性。特别是在养老的具体实践中使用规则与资源时，需要在时空结构中不断再生产出结构即重构出更加适合老年人需求的供需关系模式，这两方面具有互动、共生、共建的双重建构性关系。

2. 解构行动与结构二元对立，重构供需制度-结构

行动与结构之间的关系问题，一直是传统社会学理论研究的关键。以往社会学理论中行动与结构是抽象对立的，而吉登斯却在行动者的主体能动性和结构的客观制约性之间搭建起了桥梁，从而批判地解构了行动与结构的二元对立的关系。在这一基础上，我们提出政府作为行动者，在实践

中要充分发挥自身的积极建构功能，而不是受制于社会结构。从我们调查的数据来看，虽然目前我国的养老服务在供需方面存在不少问题，但国家在应对老龄化的到来方面采取的一系列积极政策是卓有成效的。

国家多项养老政策的颁布对于我国养老服务体系的发展起到了推动作用，但基本上是围绕养老服务的宏观设计，鲜有从养老服务的供需结构角度进行的制度安排。从多年来我国养老服务政策中可以看出，我国早在1983年就提出了建立老年人日间照料中心，1994年提出建立适合我国国情的国家、社区、家庭、个人相结合的社会养老保障体系等目标，2011年提出构建我国养老服务体系建设的基本框架，明确我国养老服务体系建设的目标、任务、方式、运行机制、资金筹措、保障措施等内容，2011年又进一步指出国家要建立和完善以居家为基础、社区为依托、机构为支撑的社会养老服务体系等，基本上是从国家公共服务计划出发，很少以老年人的需求为导向来构建养老服务体系，这恐怕是我们多年来在养老服务建设方面的一个误区。从多年来我国颁布的养老服务政策看，一是缺少服务体系建立的具体架构，真正的养老服务体系并没有建立起来，至今仍然在探讨之中。二是行动者往往受到既定环境或社会结构的制约，难以发挥自身能动性，所制定的养老政策呈现出碎片化的情形，没有按照养老服务整体架构去设计。三是缺少养老服务供需结构平衡的视角，深陷行动与结构的二元对立之中。目前许多机构与社区实施的养老服务，供与需双方是对立并相互脱节的，这一点尤为重要。

有鉴于此，今后我国养老服务体系建设需要重点从供需制度层面进行顶层设计。

首先，在供需制度结构层面，始终以老年人需求为导向。供需的制度结构放在什么样的框架下去思考，是基于老年人的需求还是国家供给模式、是基于政策制度框架还是老年人对于养老服务体系的认同等，这个问题需要我们深入思考，也是我们重构供需制度结构的关键。在此情形下，所谓制度结构，就是行动者与社会结构之间要达到一种平衡，政府的养老服务政策、政府制定的制度内容以及政府的资源配置能力是与社会环境即结构相互协调、相互作用的，这里的社会环境也可以被视为广大老年群体的需求资源，有必要在这种需求资源上去配置养老资源，使供需结构始终较为合理与平衡。追求供需结构平衡在一定程度上也可以说是社会结构二重性的体现。当然，吉登斯在他的《社会的构成》这本书中讲到社会结构二重性的时候，更多地是从一种方法论的视角解决传统社会学的行动与结构二元对立即主客体的二元对立问题，但我们也不妨借鉴这种研究视角来探讨如何实现养老服务供需结构平衡、如何防止供需结构失衡乃至影响我国养老服务体系建设的方向，同时如何发挥政府在制度与政策层面的积极能动性，这也可以说是本书研究的初衷。

其次，从国家层面来说，建构我国养老服务体系本身就是采取了一种社会时空结构的视角。从时空结构视角看，服务体系的建构是全方位的，这不仅仅是地域概念，更主要的是多维度的社会制度结构概念，比如政策体系、服务标准化体系、评估监管制度体系、养老服务网络技术与信息体系等，都需要突破我们原有的政策制度框架，从供需结构平衡的角度进行设计，这正是我国养老服务体系建构所需要遵循的逻辑。（赵一红、聂倩，2022）

五 我国社会福利现代化与养老服务体系的建构

（一）社会福利现代化发展的逻辑

1. 社会福利发展与社会发展的关联性

当我们在思考社会福利现代化发展与马克思社会发展理论的关联性时，势必会涉及"发展"和现代化的概念与研究。从社会学的发展理论来看，20世纪60年代前后，美国的社会科学家创立的"现代化理论"就频繁使用这两个概念，因此"现代化理论"也是发展社会学最初的理论形态。而现代化作为一种社会转型，突出地表现在由传统向现代社会的转变过程中。这个过程在理论上形成了不同的发展理论，如发展社会学、发展经济学、发展政治学等，在实践上表现出"现代化国家"和"后发型现代化国家"等不同的发展模式。但是，对发展概念的研究和认识最早是从发展经济学开始的，其间经过了新古典经济增长等各种经济增长模型和理论到法国经济学家弗朗索瓦·佩鲁的"新发展观"。新发展观注重各种非经济因素在社会发展中的作用，如生态环境、教育、住房、健康、养老、就业等社会综合发展指标，而非单纯的经济增长指标。在此综合发展指标中，笔者认为许多内容包括在社会福利发展之中，即社会福利的发展是社会发展的一个重要指标。

中国作为"后发型现代化国家"，其现代化经历了一条艰难曲折的发展道路。后发型国家在社会结构和文化背景方面与早发型国家有很大差别，因此后发型国家的发展模式有其自身特点。改革开放之后，我国进入现代化建设之中，经济飞速发展，但在经济快速发展的同时也积累了许多问题，出现了"后发型现代化国家"发展中不可避免的矛盾。例如，地区差距、贫富差异较大，生态和自然环境遭到破坏，养老与社会保障压力增加，就业、教育、医疗、文化等各方面发展滞后，社会服务业跟不上社会发展的需求、社会矛盾加剧，等等。詹姆斯·米奇利在《社会发展：社会福利视角下的发展观》一书中也指出："当今发展中最为棘手的一个问题就是经济富裕环境中贫困现象的持续存在。在世界许多地方，经济发展并没有带来相应程度的社会进步，这种现象往往被称为扭曲发展。任何社会如果在经济发展的同时没有出现相同程度的社会发展，就会存在扭曲发展。在这些国家，问题不是缺乏经济发展，而是未能使经济与社会发展目标相和谐，未能保障经济进步使整体人口受益。"（米奇利，2009：4）

上述社会发展中出现的问题会严重影响社会福利发展，尤其表现在教育福利、就业保障、老年福利、公共卫生制度、医疗服务、住房福利等方面，这些方面对现代化的社会发展和现代化的福利发展有重大影响。由此，从社会发展与社会福利现代化之间的关系看，社会发展必定会促进社会福利发展。但从目前各国发展尤其是我国社会发展情况来分析，未必会出现两者一致性发展的状态，关键在于我们对于社会发展如何理解和把握。

《当代西方社会发展理论新词典》一书把发展理论分为广义和狭义两种："狭义的发展理论是专门研究发展中国家如何实现现代化的理论；广义的发展理论把现代化作为一个世界性的历史进程，不仅研究发展中国家如何实现现代化，而且研究发达国家是如何从传统农业社会转变为现代工业社会并进而向信息社会变迁的过程。"（庞元正、丁冬红，2001）我国及其他亚洲国家的发展实践证明已有的发展理论无法解释其发展的自身状况，尤其是我国发展实践的复杂性无法套用"传统与现代二分法"的发展模式。因为无论从其政治特征还是经济特征上分析，我国社会的发展早已跳出传统发展理论的发展框架。从政治特征上看，我国现代化启动的时间、背景、体制等都与西方国家完全不同。美国历史学家布莱克与美国政治学家亨廷顿对"后发型"现代化政治特征进行了较为深刻的研究。亨廷顿用大量材料证明了许多传统国家虽然贫困落后，但都相当稳定，另一些富裕国家在政治上却不稳定，这说明贫困和政治不稳定之间没有直接的因果关系。在发展过程中，我们要避免下列问题出现，即现代化在刺激社会成员的期待与欲望的同时，又因为经济与政治发展水平不能满足这种期待和欲望给人们带来挫折感，从而引发社会不稳定。因此，"在非西方国家的现代化进程中，传统体制、国家整合、社会动员、经济发展、政治参与及社会福利等诸项问题，不是依次而是同时出现在这些国家面前"（亨廷顿，1989：43），并且面对的发展问题相比西方国家来说更加复杂、更加艰难，尤其是社会福利的发展。我国在改革开放之前缺少福利发展的实践经验，福利制度与体系尚未完全建立起来，在进行社会福利现代化的过程中更需要总结自身特色和发展经验。从经济特征上看，我国目前完全有可能比发达国家更快速地实现工业化及经济快速发展并赶上发达国家，但目前许多方面还未能把这种可能变为现实，其中最主要的原因是缺少与实现工业化和经济快速发展所相应的制度条件包括社会福利发展的制度条件。

目前，我国处在全面建设中国式现代化的历史条件下，迫切需要建立中国特色的社会福利制度，以实现中国社会福利现代化。景天魁等在《当代中国社会福利思想与制度》一书中积极主张中国要实现大福利，认为大福利概念有四层含义：第一，大福利是以全体社会成员为对象的社会福利；第二，大福利是以社会成员的基本福利需求为本的社会福利；第三，大福利是多元主体共同提供福利支持的社会福利；第四，大福利是包括社会救助、社会保障、公共福利和社会互助等四种供给方式的社会福利（景天魁等，2011：3~4）。中国发展研究基金会在2009年度发展报告提出了

"发展型社会福利体系",指出"发展型社会福利体系"的整体框架主要包括教育保障、就业保障、基本生产保障、养老保障、健康保障、住房保障和其他保障等七个组成部分(中国发展研究基金会,2009:27~28)。

上述无论是大福利概念还是发展型的社会福利体系都强调社会福利的发展与社会整体发展的关联性,即社会福利的发展要以全体社会成员为对象,以此促进全民福利的发展,突出以人为本,同时要与中国经济社会相适应。这无疑印证了社会发展应该是一种系统性的整体发展,而不是单纯的经济发展的观点。社会发展是包括福利发展在内的教育、环境、文化、健康、养老、就业、医疗等各方面的综合发展;以人民为主体,实现人的全面发展;消灭贫富差别,消灭异化,创建和谐社会,追求全人类幸福。这正是马克思社会发展理论的精华和当代意义所在。

2. 社会福利现代化发展机制

景天魁和毕天云在《建设中国特色福利社会的意义》一文中指出:"从发展社会学的视角看,现代社会福利制度产生于农业社会向工业社会转型的历史时期,既是社会现代化的需要,也是社会现代化的产物,还是社会现代化的标志。"(景天魁、毕天云,2009)"从中国现代化的发展趋势看,建设福利社会是中国特色社会主义现代化的必然选择……社会福利现代化既是中国特色社会主义现代化的组成部分,也是中国特色社会主义现代化的重要目标。"(景天魁、毕天云,2009)既然社会福利现代化是我国社会主义现代化的组成部分,其内在机制表现在何处、又是如何运行的?

社会福利现代化的发展机制应该在两个方面表现出来:一方面是现代化的福利发展途径,另一方面是现代化的福利发展指标体系。所谓社会福利现代化的发展机制,即通过社会福利的发展途径和指标体系,因满足社会全体成员的基本福利需求和缓解随之产生的政治、经济、文化等各方面的矛盾而形成的一种功能和作用,以有效地确保各项制度安排的顺利实现。

首先,现代化的福利发展途径应该包括政府主导、社会福利治理、社会服务与社会政策等内容。关于政府主导和干预,从我国社会福利发展来看,现代化的社会福利需要政府主导。社会福利现代化是一国福利发展的模式，即一国采取什么样的福利制度和本国政府的相关制度与政策有着密切关系。一国政府在福利发展方向上如何制定政策、制度和法律，构建一种适合本国现代化发展的福利体系，而不单单是福利供给，这在很大程度上反映出本国的社会福利发展水平。社会福利现代化中的政府主导通过政府强度和政府能力表现出来。政府能力包括政策能力、指导能力、监督能力、调控能力、协调能力、社会动员能力及利益综合能力等。而政府强度按照罗素的观点是指一国政府"权力的密度或组织的强度"（罗素，1988：135）。这样的强政府必须有能力利用各种调控社会的手段来治理社会，实现其福利发展目标；通过经济、文化、法律、道德规范等手段，建立法律、税收、金融等制度，以治理社会与提高社会福利水平；在社会福利体制、过程和政策方面注重建立协调机制，增强社会福利的公平性，确保全国各族人民平等共享社会福利发展的成果。

政府应在上述基础上根据社会成员的基本福利需求，如健康、教育、就业、养老、居住、生态环境等方面的需求，提供适度的福利政策和高水平的服务。现代的社会服务内容也包括上述健康、教育、住房、养老等服务。目前，我国在社会服务方面刚刚起步，但在志愿服务、慈善机构发展、社会工作人才队伍建设等方面已经迅速发展了起来。虽然目前的社会服务不一定能充分满足全体社会成员的需求，但党的领导和政府主导，已经在很大程度上促进了我国社会福利的发展，例如我国《慈善法》和《社会工作人才队伍建设发展纲要》的颁布，包括各种养老政策、教育法规等。这些社会福利政策和社会服务分别在不同程度上积极推进了社会福利的发展和社会福利现代化的进程。

其次，社会福利现代化发展机制的另一个方面是现代化的社会福利指标体系，此处不谈经济福利指标体系。关于社会福利指标体系，社会科学家始终试图采用量化的方式对社会福利的实现情况进行测量。其中一种重要的方式是对衡量社会福利状况的关键统计数据加以比较，这些统计数据被称为指标。通常使用的指标有失业率、人均寿命、贫困率、犯罪率、就业率、入学率、收入水平、储蓄率、社会平等、生活环境等。上述统计数据有利于研究者推断一个社会福利水平和现代化程度的高低。另一种方式是将上述社会福利指标整合为一种社会福利指标体系。在这一社会福利指标体系中，要积极降低贫困率、犯罪率和失业率；提高收入水平，提高入学率和延长人均寿命，促进社会平等，保护生态环境，以此实现社会福利现代化。

（二）社会福利现代化的构成

一个国家要实现社会福利现代化，必须有相应的基础条件。笔者认为，以下三部分为社会福利现代化的基础条件，也是其构成要素。其一，物质生产力的发展；其二，社会福利的可持续性发展；其三，政策与制度的实施和发展。

1. 物质生产力的发展

马克思在《1857—1858年经济学手稿》中多次说到物质生产力与精神生产力，同时把物质生产力与精神生产力统称为"一切生产力"。实际上在马克思的著作中，物质生产力与精神生产力是有所区别的。"'物质生产力'这一概念的界定主要有两个方面：一是它只是生产有形有状的具体物质财富的能力，而不包括生产无形的生产关系（制度）财富和人口、自然产品等财富的生产能力；二是在生产有形有状的具体物质财富的一切生产能力中，只包括具体的物质性因素和精神性因素之中蕴藏着的生产物质财富的生产能力。一句话，'物质生产力'就是一切具体的物质性因素和具体的精神性因素中所蕴藏的能够生产物质财富的生产能力。"（刘森林，2003：71）"邓小平从生产力在社会发展中最终起决定作用的高度，明确以生产发展为重点，把握住了社会福利的关键，对中国社会福利建设进行了历史定位，指出了正确的发展方向。"（景天魁等，2011：67）由此，社会福利现代化是依托社会的物质生产力的发展水平，但是依托物质生产力的发展，并不是单纯追求经济的高速增长，这是完全不同的两种含义。因为单纯高速的经济增长并不能消除或减少贫困，相反，贫富悬殊将会扩大。社会的物质生产力的发展对于福利现代化的促进作用应该有如下几个方面。一方面，物质生产力促进社会福利发展。首先是经济来源，税收、收入、慈善捐赠、政府补助等。社会福利通过上述经济来源促进自身发展，而这些都依赖于社会物质生产力的发展和提高。税收和收入是社会福利制度运作的基础；慈善捐赠可以来自个人也可以来自慈善组织，这部分经费也是社会福利发展的条件之一。其次是政府的福利补充，这将是一国社会福利发展的重要因素，尤其是在公共供给和公共经费方面，政府仍然是医疗、教育、收入维持、福利服务等经费的主要来源。如果要扩大上述福利经费来源，就要大力发展物质生产力。与此同时，政府要根据法律、政策、规章、治理等手段促进税收、收入、政府补助等福利积累，从而促进福利发展。另一方面，社会福利发展反过来又促进物质生产力发展。例如，通过投资人力资本，即提高入学率和提高健康水平，积累人力资本；以更好的政策鼓励贫困人群积极投资人力资本；发展社会保障项目，为贫困人群提供更高收入以增加资产；等等。最后，积极促进就业，社会福利以及失业保障金可以促进劳动力市场的发展。上述几方面将促进物质生产力的发展，因此，我国在实现社会现代化发展的过程中要积极促进社会物质生产力的发展，这是社会福利现代化的重要基础。

2. 社会福利的可持续性发展

马克思说："在现代世界，生产表现为人的目的，而财富则表现为生产的目的。事实上，如果抛掉狭隘的资产阶级形式，那么，财富岂不正是在普遍交换中造成的个人的需要、才能、享用、生产力等等的普遍性吗？"（《马克思恩格斯全集》第46卷上册，1979：486）马克思认为现代资本主义发展只是某些领域、某些方面、某些阶层的片面发展，社会正在向更高层次发展，不是滞留于资本主义发展阶段，而是向共产主义发展。因此，马克思的社会发展理论对于我国社会福利发展及养老服务体系的建立具有世界观和方法论的指导意义。

根据马克思的社会发展理论，我国社会福利发展是以可持续性发展为目标的，而社会福利可持续性发展首先表现在能够建立符合社会普遍发展规律、符合我国经济社会发展形势要求的社会福利体系上，这种社会福利体系能够促进社会公平、提高社会生产力。其次，社会福利体系的制度设计要体现协调性和整合性，有利于促进社会公平，适应经济增速减缓和人口老龄化的趋势，适应快速推进的城镇化和大规模人口迁移的趋势，保持经济和财政发展的可持续性，在上述基础上促进社会福利的可持续性发展。因此，深入研究马克思的社会发展理论，为我们实现中国特色社会福利现代化提供了新的发展思想与发展视角，促使我们从实际出发，建立可持续性发展的社会福利体系。

3. 政策与制度的实施和发展

政策与制度是社会福利现代化最重要的基础。一个国家的政治制度、福利政策与社会福利现代化的属性相一致。国家在追求满足人民生活需要与提高人民福利水平的同时，必须使得个人或家庭达到最基本生活水平，保障本国人民在健康、医疗、养老、教育、就业等方面的需求。弗兰茨-克萨韦尔·考夫曼在《社会福利国家面临的挑战》一书中提到福利国家的社会类型与其他性质的国家的区别在于"较高程度的法定的国家干预：在这里，社会关系不是基本上被视为是不受国家管理的，而是宣布国家拥有提高福利的干预职能"（考夫曼，2004：20）。哥斯塔·埃斯平-安德森在《福利资本主义的三个世界》一书中提到"在解释福利国家制度方面，主要有两种研究方法：一种强调结构与整个体系，另一种强调制度与行为者"（埃斯平-安德森，2010：19）。哥斯塔·埃斯平-安德森主张福利体制与一个国家的政治、经济、社会制度紧密相连，并主张福利体制不仅是一种政治和经济发展的结果，而且是维持和加强既往国家价值的制度。因此，他从发达资本主义国家福利制度发展的比较研究视角出发进行综述，提出必须重新构造方法论和政治经济学的概念，以便充分研究福利国家的制度。

哥斯塔·埃斯平-安德森用福利体制作为分析框架，"福利体制"这一概念对他来说不是单纯对资本主义国家的福利、福利水平和福利政策的度量方面进行比较，更主要的是从福利国家的政策和制度模式、阶层形成模式、福利过程模式、政治结构、福利平等性等方面分析福利国家。他把福利国家从福利体制上分为保守主义、自由主义与社会主义，根据保守主义、自由主义和社会主义制度特征划分福利国家群体并进行福利平等性等综合排序。从排序中可以看出，从保守主义国家特征分析，奥地利、比利时、法国、德国、意大利等国家的福利计划得分较高，非商品化程度很高；从自由主义国家特征分析，哥斯塔·埃斯平-安德森按贫困救助变量的聚集特征将各国分成三个群体，即一个群体的分数非常高（加拿大、法国和美国），一个群体是中等水平，还有一个群体的贫困救助真正是边缘性的（北欧各国）。同时，按私人养老金特征，他将各国分成了两个群体，一个群体有大额的私人养老金，一个群体几乎没有私人养老金；同样地，在卫生变量上也分为两个群体（埃斯平-安德森，2010：98~99）。

综上，从哥斯塔·埃斯平-安德森的福利资本主义三个世界的划分来看，福利国家的社会制度、社会政策等对本国的社会福利发展水平有着明显的影响。我国在建设具有中国特色的社会主义福利制度的同时，也要积极研究形成具有中国特色的社会福利发展的制度和政策。例如，我国历年养老服务政策说明，国家的福利政策对于本国的福利发展起着至关重要的作用，如第一章中表1-1所示。米奇利在《社会发展：社会福利视角下的发展观》一书中提出："制度性视角可以被看作是能够将前面所探讨的不同社会发展干预手段结合起来的战略性途径。为促成这些不同战略的融合，制度性视角要求政府积极管理并协调各种战略的实施。政府应该积极指导社会发展过程，以期最大限度地激励社区、市场和个人的参与。政府除了推进与指导社会发展，还应该通过制定各种公共部门政策与方案来直接促进社会发展。"（米奇利，2009：162）

上述学者的论述，一方面指出，资本主义福利体制不同，其福利水平和福利效果也不同；另一方面从制度主义视角指出，政策的实施对社会福利及社会发展起着重要作用。尽管这些论述没有直接指出国家制度与社会政策在社会福利发展中的作用，但从这些论述和分析可看出国家制度和政府政策在养老、社会保障、住房、医疗、健康、教育、就业、社会服务等方面起着关键性作用。因此，制度与社会政策可以作为福利现代化发展的重要基础之一。

（三）马克思的社会发展理论视角下的中国社会福利现代化

社会福利现代化与马克思的社会发展理论密切联系。马克思主义强调人的全面发展，主张消灭私有制、消灭剥削。马克思主义认为共产主义社会的目标是人的全面发展，在达到这一理想社会之前，无产阶级的目标是争取自身及全人类解放。马克思的社会发展理论始终强调在生产力与生产关系之间的矛盾运动中生产力是最主要、最活跃的因素，是社会发展的根本动力。马克思主义还认为，一个社会的性质是由其生产方式的性质决定的。因此，社会生产方式的变更是一切社会变迁中最根本的因素。按照马克思主义的发展观，人、社会和自然界是统一的，人的全面发展和社会的发展是一致的。因此，社会发展的目标不仅仅在于发展经济和消除贫困，还应该包括社会平等、政治民主、环境保护及个人的幸福和自由发展。这表明生产的目的是最大限度地满足广大人民不断增长的需要，这是马克思的社会发展理论的核心思想，与中国社会福利现代化发展目标相一致。

1. 马克思的社会发展理论的核心理论与价值

首先，劳动异化与剩余价值学说是马克思的社会发展理论的核心。马克思在《1844年经济学哲学手稿》中提出了劳动异化理论。马克思指出，异化劳动是私有制运动的结果。马克思从几个方面分析了劳动异化的表现："劳动所生产的对象，即劳动产品，作为异己的东西，作为不依赖于生产者的力量，是同劳动对立的。……以上我们只是从一个方面，亦即从劳动者同他的劳动产品的关系这一方面，考察了劳动者的异化、外化。但异化不仅表现在生产的结果上，而且也表现在生产行为本身中，表现在生产活动本身中。如果劳动者不是在生产行为本身中把自己从自身异化出去，那么劳动者怎么能像对待某种异己的东西那样同自己的活动的产物相对立呢？产品不过是活动、生产的结果。"（马克思，2021：65、68）因此，在资本主义私有制下，劳动者无法自由地支配自己和自己的劳动，劳动者受到来自自己劳动的压迫，生产的劳动产品越多，其受压迫的程度越深，劳动变成了一种外在的、脱离了人的本性的东西，这就是劳动异化。这种异化表现在人与人的关系上，就是剥削与被剥削的关系。马克思对于资本主义私有制的批判，探索了人类社会发展规律的核心问题；同时，马克思对于剩余价值理论的分析，也揭露了资本主义社会发展的本质。剩余价值理论指出，剥削是资本主义系统的内在动力。历史唯物主义的基本观点认为，生产活动是理解人类社会生活的决定因素；人类创造性劳动是一种社会劳动，这种创造性的劳动最终要消灭剥削、消灭贫困，实现人类解放，这恰恰是马克思社会发展理论的重要前提。而消灭剥削，正是社会主义国家制度的目标，也是我国社会福利现代化的目标。如何保持生态发展平衡、保障人民身体健康、保障福利平等，是中国社会福利制度发展面对的重要任务。可持续性发展强调人人享有合理利用自然资源和社会资源的权利及保护其生存环境的义务，从而表现出人人享有劳动成果、享有平等的社会福利。

其次,马克思的生产力是人类社会发展的根本动力理论,也是马克思的社会发展理论的核心。马克思主义认为,人类通过创造性的集体劳动创造了自己的生活方式。因此,生产力发展水平决定了社会福利的发展水平,生产关系发展决定了社会福利制度的发展,两者相辅相成。

2. 社会发展的本质与中国社会福利现代化的发展

马克思的社会发展理论,主要围绕历史观意义上的社会历史发展最本质的问题展开分析。例如,对社会发展的矛盾与规律、社会发展的根本动力、社会发展的历史形态、社会发展的主客体关系等进行分析,以揭示社会发展的本质。此外,马克思通过一定社会发展中的具体范畴,如经济基础与上层建筑、国家、革命、政党、意识形态、阶级与阶级斗争、革命变革等,以生产活动是人类社会发展的决定因素为主线,深刻分析了人与自然、人与人之间的内在关系,以此揭示资本主义社会的产生、发展和灭亡的历史发展规律。

马克思主义社会福利思想与马克思的社会发展理论紧密相关。马克思主义社会福利思想直接贯穿于其对资本主义社会和共产主义社会运行机制与矛盾的分析之中,建立在对社会主义社会和共产主义社会发展的预期的基础之上。马克思提出社会生产力发展的基本原理,并以此阐述社会化大生产所必需的社会救济和社会保险等,这些内容构成了马克思社会福利思想。因此,马克思在对资本主义社会的本质进行深刻剖析的基础上,提出了实现人的全面而自由发展的思想,这正是马克思主义社会福利思想的核心。马克思认为,物质资料再生产是人类生存和发展的物质基础。在此理论基础上,马克思又提出物质资料的再生产是社会再生产的内容;劳动再生产是社会再生产的必要条件。劳动力再生产的基本手段是消费,而消费的前提是个人劳动报偿和社会保障。但在资本主义社会大生产条件下,劳动者的劳动风险增加,失业、工伤、疾病等使得来自劳动力市场获取消费越发困难,为了确保劳动力的扩大再生产,必须通过社会保障及社会福利减少劳动者的风险,以此保证社会再生产的进行并促进社会发展。与此同时,马克思还提出了社会保障及社会福利实施的国家责任,认为只有通过国家政府的权威性和立法的形式,才能使社会福利保障和福利制度体现出平等性、有效性。

上述马克思主义社会福利思想的基本原理，完全渗透在马克思关于社会发展本质的理论思想之中。这些思想和理论为我们建立中国特色的社会福利制度、实现社会福利现代化发展指明了方向。与此同时，马克思关于非西方国家社会发展问题的理论，对于我国社会福利的发展具有直接意义。马克思关于东方社会发展理论的分析，揭示了东西方不同的文化与社会结构及发展道路，为我国社会主义的发展及社会福利现代化发展提供了理论基础。马克思对非西方国家的经济结构、政治结构、劳动组织和社会运行特点的分析，对于我国社会福利现代化具有现实意义。

首先，我国社会福利现代化的发展要突出福利平等原则，实现适度普惠型社会福利的发展，使我国公民人人享有福利权利和福利机会平等。我国长期存在城乡二元社会结构，使得社会福利结构城乡差别巨大，农民社会福利缺失。即使是在城市居民中，社会福利的享有也表现出不平等，如企事业单位的福利差别，享受养老服务模式的差别，享受教育、就业、医疗、健康等方面的福利差别，社会保障水平的差别，等等。这些社会福利上的不平等，严重影响我国社会福利的发展。要消灭福利差别和不平等，就要坚持社会福利的制度化和法治化。从制度层面看，社会福利涉及国家、政府、个人、社会、社会组织等，关系到众多利益群体，如果没有一套广泛而合理的福利制度和政策，很难协调众多利益群体。从法治层面看，社会福利法调整的是各种福利项目主体在权利、义务上的相互关系，如果没有一套健全的社会福利法律体系，人们就很难享受公平的福利权利和机会。因此，建立适合我国社会福利发展的福利制度和福利法律体系非常重要。当然，我们在强调社会福利平等化的同时，并不能否定效率，因为公平性是需要具备前提的，即一方面要以社会产品按生产需要分配为基础，另一方面要最大限度地发挥社会福利资源的效用，否则难以谈论福利公平，更难以谈论社会平等与社会和谐。

其次，我国社会福利现代化发展是在物质资料生产力发展基础上的社会福利可持续性发展。社会福利的可持续性发展，需要良好的生态环境，建立生态平衡，兼顾享用自然资源的权利与保护自然环境的义务，建立一个环境保护之下的社会发展的运行机制；需要重视福利文化价值、创立全新的社会福利发展理念,用以重新调整人与自然、人与社会、人与人之间的关系,以建立社会福利价值标准、积极进行福利制度改革与创新、完善福利法规体系、实行各方福利责任分担、促进社会福利治理和社会服务社会化。上述内容都在强调社会福利可持续性发展,其核心就是生产系统与资源系统要保持平衡,社会福利的资金筹措和分配要考虑生态效益和文化效益。例如,福利资源的补偿和再生产能力、生产过程中的废弃物消化和分解能力等,使生产和消费形成一种生态的循环关系,因此,可持续性发展的生产与社会投资为社会福利开辟了一条广阔的道路。综上所述,马克思的社会发展理论的核心思想与中国社会福利现代化发展的本质密切相关。马克思的消除贫困、人人平等、可持续性发展、物质资料的再生产是人类生存和发展的物质基础等思想,无不体现出实现社会福利现代化的本质要素。

(四) 社会福利现代化基础上我国养老服务体系全面发展

上文分析了在马克思的社会福利思想的基础上我国社会福利现代化的内涵、特征及发展。随着我国社会经济的发展和进步,社会福利制度不断完善和提升,在这个过程中,社会福利现代化与我国养老服务体系全面发展之间有着密切而复杂的关系。随着人口老龄化不断加剧,养老服务需求日益增长,养老服务体系面临诸多挑战。如前所述,我们面临如下挑战:首先,养老服务供需矛盾突出,表现在养老服务供给总量不足、养老服务类型单一、养老服务提供的内容传统等方面;其次,服务质量参差不齐,养老服务设施简陋,养老服务专业人员缺乏,服务水平与质量不高,无法满足老年人多方面的需求;最后,养老服务区域发展不平衡,城乡之间、区域之间、经济发达与经济欠发达地区的养老服务发展水平差异比较大,表现出极为明显的地域化特征。在此情况下,我国养老服务体系发展与社会福利发展相关联。

1. 社会福利现代化为养老服务体系提供制度和各方面保障

社会福利现代化是国家和政府通过立法和政策,向全体社会成员提供旨在提高物质文化生活水平和质量的一系列津贴、设施和服务。在这一过程中,养老服务体系作为社会福利体系的重要组成部分,得到了制度上的有力保障。随着社会福利制度的不断完善，养老服务体系在政策引导、资金支持、服务供给等方面打下了更加坚实的基础，有利于养老服务体系的全面发展。第一，政策积极支持与引导。社会福利现代化为养老服务体系提供了政策支持和引导。政府通过制定和完善相关政策法规，明确养老服务的发展方向和目标，推动养老服务体系不断完善；通过加大财政投入、税收优惠力度等措施鼓励更多的社会力量参与养老服务体系建设。第二，资源合理配置与优化。社会福利现代化有助于优化养老服务体系。社会福利现代化注重资源的有效整合与合理配置，通过政府购买服务、公建民营、民办公助等多种方式，引导社会资本投入养老服务领域，提高养老服务供给效率和质量。第三，服务质量创新与提升。在社会福利现代化的推动下，养老服务不断创新服务模式、优化服务流程，提高服务的便捷性和可及性。推广"互联网+养老"服务模式，利用智能技术和信息平台为老年人提供更加精准、高效的服务。加强养老服务标准化建设，提高服务质量和水平，确保老年人享受到优质高效的养老服务。第四，加强人才培养与社会参与。加大对养老服务专业人才的培养和引进力度，提高从业人员的专业素质和技能水平，为养老服务体系的全面发展提供人才保障。

2. 养老服务体系全面发展是社会福利现代化的重要体现

养老服务体系的全面发展，包括养老服务内容的丰富、服务质量的提升、服务方式的创新，是社会福利现代化的重要体现。构建多层次、多支柱的养老服务体系，满足不同养老群体的多元化需求，不仅提高了老年人的生活质量，也促进了社会和谐稳定。在这个过程中，政府、市场、社会等多方力量共同参与，形成了协同推进养老服务体系发展的良好格局。这些都是社会福利现代化的重要体现。综上所述，社会福利现代化与我国养老服务体系之间存在相互促进、相辅相成的关系。未来，随着社会福利制度的不断完善和现代化进程的不断加快，我国养老服务体系将实现更加全面、高质量的发展。

参考文献

埃斯平-安德森，哥斯塔，2010，《福利资本主义的三个世界》，苗正民、滕玉英译，商务印书馆。

边恕、黎蔺娴、孙雅娜，2016，《社会养老服务供需失衡问题分析与政策改进》，《社会保障研究》第3期。

蔡山彤、敖楹婧，2016，《城市老年人居家养老服务需求及影响因素——基于成都的社会调查》，《人口与社会》第3期。

常宗虎，2000，《怎么看 怎么办？——养老机构入住率情况的调查与分析》，《中国民政》第9期。

陈功，2003，《我国养老方式研究》，北京大学出版社。

陈景亮，2014，《中国机构养老服务发展历程》，《中国老年学杂志》第13期。

陈莉、卢芹、乔菁菁，2016，《智慧社区养老服务体系构建研究》，《人口学刊》第3期。

陈社英，1988，《老人社区服务初探》，《南方人口》第4期。

陈卫，2016，《国际视野下的中国人口老龄化》，《北京大学学报》（哲学社会科学版）第6期。

陈滟冰，2015，《人口老龄化背景下我国城市养老服务体系建设研究》，硕士学位论文，南京大学。

陈志科、马少珍，2012，《老年人居家养老服务需求的影响因素研究——基于湖南省的社会调查》，《中南大学学报》（社会科学版）第3期。

程开明、李泗娥，2019，《科学研究中的P值：误解，操纵及改进》，《数量经济技术经济研究》第 7 期。

《当代中国》编委会,1994,《当代中国的民政(下)》,当代中国出版社。

党俊武、王莉莉,2023,《中国老龄产业发展报告(2021~2022)》,社会科学文献出版社。

党俊武,2018,《新时代中国老龄产业发展的形势预判与走向前瞻(上)》,《老龄科学研究》第 11 期。

党俊武,2005,《中国应对老龄社会的战略思路》,《中央民族大学学报》第 4 期。

邓汉慧、涂田、熊雅辉,2015,《社会企业缺位于社区居家养老服务的思考》,《武汉大学学报》(哲学社会科学版)第 1 期。

丁建定、李薇,2014,《论中国居家养老服务体系建设中的核心问题》,《探索》第 5 期。

丁志宏、魏海伟,2016,《中国城市老人购买长期护理保险意愿及其影响因素》,《人口研究》第 6 期。

董红亚,2012a,《我国社会养老服务体系的解析和重构》,《社会科学》第 3 期。

董红亚,2012b,《养老机构的职能再造:基于社会养老服务体系协调发展的思考》,《南京人口管理干部学院学报》第 1 期。

董红亚,2010,《中国政府养老服务发展历程及经验启示》,《人口与发展》第 5 期。

董克用、王振振、张栋,2020,《中国人口老龄化与养老体系建设》,《经济社会体制比较》第 1 期。

董克用、张栋,2017,《高峰还是高原?——中国人口老龄化形态及其对养老金体系影响的再思考》,《人口与经济》第 4 期。

杜鹏,2013,《中国人口老龄化现状与变化》,《中国社会保障》第 11 期。

多亚尔、莱恩、伊恩·高夫,2008,《人的需要理论》,商务印书馆。

范逢春,2014,《农村公共服务多元主体协同治理机制研究》,人民出版社。

房列曙、陈恩虎、柴文杰,2005,《社区工作》,合肥工业大学出版社。

傅桦,2000,《社会养老模式及其服务设施》,《首都师范大学学报》(自然科学版)第 2 期。

辜胜阻、吴华君、曹冬梅，2017，《构建科学合理养老服务体系的战略思考与建议》，《人口研究》第 1 期。

顾静，2014，《上海市居家养老供需非均衡问题及解决对策研究》，硕士学位论文，上海工程技术大学。

桂世勋，1995，《未来中国老年人的家庭与社会照顾模式研究》，《南方人口》第 2 期。

桂雄，2015，《当前我国社会养老服务体系建设存在的问题和建议》，《经济纵横》第 6 期。

郭丽娜，2019，《居家养老服务供需平衡：基于"弹性"的经济学分析框架》，《中国老年学杂志》第 5 期。

亨廷顿，塞缪尔·P.，1989，《变化社会中的政治秩序》，王冠华、刘为译，生活·读书·新知三联书店。

洪艳，2009，《"政府购买服务"的探索与实践——基于宁波市海曙区政府购买居家养老服务的思考》，《湘潮》（下半月）（理论）第 4 期。

胡薇，2012，《国家回归：社会福利责任结构的再平衡》，知识产权出版社。

黄钢，2019，《上海市养老机构评价报告（2018）》，社会科学文献出版社。

黄俊辉、李放、赵光，2014，《农村社会养老服务需求评估——基于江苏 1051 名农村老人的问卷调查》，《中国农村观察》第 4 期。

黄清峰，2014，《中国养老服务产业发展研究》，博士学位论文，武汉大学。

吉登斯，安东尼，1998，《社会的构成》，李康、李猛译，生活·读书·新知三联书店。

吉登斯，安东尼，2013，《资本主义与现代社会理论》，郭忠华、潘华凌译，上海译文出版社。

贾玉娇，2017，《中国养老服务体系建设中的突出问题与解决思路》，《求索》第 10 期。

江海霞、陈雷，2010，《养老保障需求视角下的城市空巢老人居家养老服务模式》，《前沿》第 3 期。

景天魁、毕天云，2009，《建设中国特色福利社会的意义》，《学习与实践》，第 9 期。

景天魁，2015，《创建和发展社区综合养老服务体系》，《苏州大学学报》（哲学社会科学版）第 1 期。

景天魁等，2011，《当代中国社会福利思想与制度》，中国社会出版社。

景天魁等，2016，《建设中国特色福利社会》，中国社会科学出版社。

景天魁等，2010，《福利社会学》，北京师范大学出版社。

景天魁等，2014，《普遍整合的福利体系》，中国社会科学出版社。

景天魁、何健、邓万春、顾金土，2012，《时空社会学：理论和方法》，北京师范大学出版社。

考夫曼，弗兰茨-克萨韦尔，2004，《社会福利国家面临的挑战》，王学东译，商务印书馆。

孔子，1980a，《为政篇第二》，《论语译注》，杨伯峻译注，中华书局。

孔子，1980b，《公冶长篇第五》，《论语译注》，杨伯峻译注，中华书局。

李昺伟等，2011，《中国城市老人社区照顾综合服务模式的探索》，社会科学文献出版社。

李春立，2009，《机构养老策略浅析》，《理论观察》第 3 期。

李建新，2005，《国际比较中的中国人口老龄化变动特征》，《学海》第 6 期。

李薇、丁建定，2014，《中国居家养老服务的发展状况研究》，《当代中国史研究》第 1 期。

李志明，2016，《中国养老服务"供给侧"改革思路——构建"立足社区、服务居家"的综合养老服务体系》，《学术研究》第 7 期。

梁磊、郭凤英，2016，《基于"时间银行"养老平台模式体系研究及实践》，《新疆社会科学》第 3 期。

梁誉、李静、韩振燕，2019，《我国城市养老服务发展 70 年回顾与前瞻——基于分配-供给-输送-财务四维框架的分析》，《河海大学学报》（哲学社会科学版）第 5 期。

廖敏、张蕾，2006，《养老机构发展主要问题及对策研究——长沙市养老机构及入住老人的调查与思考》，《长沙民政职业技术学院学报》第 2 期。

林卡、仲鑫，2008，《北欧国家发展社区服务的经验和启示》，《浙江学刊》第 1 期。

凌文豪、王又彭，2019，《构建城乡统一社会养老服务体系的路径探寻——基于河南省 9 市 553 份调研问卷的分析》，《河北大学学报》（哲学社会科学版）第 1 期。

刘红，2009，《中国机构养老需求与供给分析》，《人口与经济》第 4 期。

刘森林，2003，《重思发展——马克思发展理论的当代价值》，人民出版社。

罗素，伯特兰，1988，《权力论——一个新的社会分析》，靳建国译，东方出版社。

《马克思恩格斯全集》（第 46 卷）（上册），1979，人民出版社。

马克思，2021，《1844 年经济学—哲学手稿》，刘丕坤译，研究出版社。

毛佩瑾，2019，《新时代我国养老服务体系创新发展研究》，《行政管理改革》第 11 期。

米奇利，詹姆斯，2009，《社会发展：社会福利视角下的发展观》，苗正民译，格致出版社。

民政部社会福利和慈善事业促进司，2013，《新政突破养老困局 养老服务迎来春天——解读〈国务院关于加快发展养老服务业的若干意见〉》，《社会福利》第 9 期。

穆光宗，2012，《我国机构养老发展的困境与对策》，《华中师范大学学报》（人文社会科学版）第 2 期。

穆光宗，1997，《有关人口老龄化若干问题的辨析》，《人口学刊》第 1 期。

穆光宗、张团，2011，《我国人口老龄化的发展趋势及其战略应对》，《华中师范大学学报》（人文社会科学版）第 5 期。

穆光宗、朱泓霏，2019，《中国式养老：城市社区居家养老研究》，《浙江工商大学学报》第 3 期。

倪东生、张艳芳，2015，《养老服务供求失衡背景下中国政府购买养老服务政策研究》，《中央财经大学学报》第 11 期。

潘屹，2017，《长期照护保障体系框架研究——以青岛市长期医疗护理保险为起点》，《山东社会科学》第 11 期。

潘屹，2015，《社区综合养老服务体系建设：挑战、问题与对策》，《探索》第 4 期。

潘屹，2014，《优化整合城乡资源，完善社区综合养老服务体系——上海、甘肃、云南社区综合养老服务体系研究》，《山东社会科学》第 3 期。

庞元正、丁冬红，2001，《当代西方社会发展理论新词典》，吉林人民出版社。

彭希哲、胡湛,2015,《当代中国家庭变迁与家庭政策重构》,《中国社会科学》第 12 期。

钱宁,2004,《"社区照顾"的社会福利政策导向及其"以人为本"的价值取向》,《思想战线》第 6 期。

钱宁,2002,《社区照顾与中国社会福利制度的改革》,《中国青年政治学院学报》第 4 期。

钱宁,2015,《中国社区居家养老的政策分析》,《学海》第 1 期。

钱亚仙,2014,《老龄化背景下的社会养老服务体系研究》,《理论探讨》第 1 期。

全国人大内务司法委员会调研组,2017,《关于应对人口老龄化与发展养老服务的调研报告》,《社会保障评论》第 1 期。

沈毅,2018,《人口老龄化背景下社会化养老服务体系构建——以大连为例》,《地方财政研究》第 5 期。

盛见,2019,《社会养老服务有效需求不足的根源分析与破解路径》,《中州学刊》第 12 期。

石园、纪伟、张智勇、赵俊,2019,《基于差异化服务内容的社区养老服务需求与供给协调机制研究》,《人口与发展》第 3 期。

史蒂文森,1996,《社区照顾——概念和理论》,载夏学銮主编《社区照顾的理论、政策与实践》,北京大学出版社。

史薇、谢宇,2014,《家庭养老资源对城市老年人居家养老服务需求的影响研究——以北京市为例》,《西北人口》第 4 期。

宋全成,2016,《人口高速老龄化:我国社会养老服务面临严峻挑战》,《理论学刊》第 2 期。

睢党臣、彭庆超,2016,《"互联网+居家养老":智慧居家养老服务模式》,《新疆师范大学学报》(哲学社会科学版)第 5 期。

孙宏伟、孙睿,2013,《我国社会养老服务体系建设的政策选择》,《东北大学学报》(社会科学版)第 4 期。

唐钧、刘蔚玮,2018,《中国老龄化发展的进程和认识误区》,《北京工业大学学报》(社会科学版)第 4 期。

特纳，乔纳森·H.，2006，《社会学理论的结构》，邱泽奇、张茂元等译，华夏出版社。

特斯特，苏珊，2002，《老年人社区照顾的跨国比较》，周向红、张小明译，中国社会出版社。

田北海，2008，《社会福利社会化的困境与出路》，《学习与实践》第6期。

田北海、王彩云，2014，《城乡老年人社会养老服务需求特征及其影响因素——基于对家庭养老替代机制的分析》，《中国农村观察》第4期。

田青，2010，《老人社区照料服务——基于福利多元主义的比较研究》，博士学位论文，华东师范大学。

童星，2015，《发展社区居家养老服务以应对老龄化》，《探索与争鸣》第8期。

王贵林、孙飞雪、何毅，2012，《应对人口老龄化问题的政策与法律研究》，兰州大学出版社。

王桂云，2015，《多元化社会养老服务体系建设对策研究》，《中国人口·资源与环境》第12期。

王宏禹、王啸宇，2018，《养护医三位一体：智慧社区居家精细化养老服务体系研究》，《武汉大学学报》（哲学社会科学版）第4期。

王俊文、文杨，2014，《我国农村养老服务需求现状及对策研究——基于江西赣州的调查》，《江西社会科学》第9期。

王莉莉，2013，《中国居家养老政策发展历程分析》，《西北人口》第2期。

王莉莉、董彭滔、孔伟，2017，《"十二五"我国养老机构发展现状回顾与分析》，《老龄科学研究》第4期。

王琼，2016，《城市社区居家养老服务需求及其影响因素——基于全国性的城市老年人口调查数据》，《人口研究》第1期。

王思斌，2010，《社会工作概论》（第二版），高等教育出版社。

王思斌，1994，《社区照顾对中国社会的借鉴意义》，《社会工作研究》第3期。

王晓峰、刘帆、马云博，2012，《城市社区养老服务需求及影响分析——以长春市的调查为例》，《人口学刊》第6期。

王笑娴、黄武，2018，《民族地区农村养老保险制度可持续发展研究——以广西为例》,《安徽农业科学》第 23 期。

王艳芳、冯志涛,2009,《城市社区居家养老需求供给影响因素分析》,《合作经济与科技》第 11 期。

王宇静,2023,《我国城市机构养老发展现状及完善方向——以六城市养老机构的调研为基础》,《长春师范大学学报》第 9 期。

王振波、吴湘玲,2017,《城市社区居家养老服务模式研究——以武汉市为例》,《理论月刊》第 10 期。

魏文斌、李永根、高伟江,2013,《社会养老服务体系的模式构建及其实现路径》,《苏州大学学报》(哲学社会科学版)第 2 期。

吴玉韶,2013,《中国老龄事业发展报告(2013)》,社会科学文献出版社。

习近平,2017,《决胜全面建成小康社会 夺取新时代中国特色社会主义伟大胜利——在中国共产党第十九次全国代表大会上的报告》,人民出版社。

夏学銮,1996,《社区照顾的理论、政策与实践》,北京大学出版社。

向运华、王晓慧,2019,《公平理念在中国:改革开放 40 年社会保障事业回顾和展望》,《河北大学学报》(哲学社会科学版)第 3 期。

萧公权,2014,《中国乡村——论 19 世纪的帝国控制》,张皓、张升译,联经出版事业有限公司。

熊茜、钱勤燕、王华丽,2016,《社区养老服务体系的构建——基于居家老人需求状况的分析》,《山东大学学报》(哲学社会科学版)第 5 期。

徐倩、周沛,2016,《我国社会养老服务认识误区及优化方略》,《学术论坛》第 5 期。

闫青春,2000,《社会福利社会化的指导性文件——对〈关于加快实现社会福利社会化的意见〉的评析》,《中国民政》第 4 期。

杨善华,2015,《以"责任伦理"为核心的中国养老文化——基于文化与功能视角的一种解读》,《晋阳学刊》第 5 期。

杨韡韡、常超,2019,《养老机构效率与选择偏好差异分析》,《统计与决策》第 8 期。

杨彦、李惠菊、卜小丽、王进才、丁军洲,2019,《西部地区机构养老服务发展的现状及对策研究——以甘肃省为例》,《护理研究》第 12 期。

杨永、张瑛、杨连招、莫新少、胡艳宁，2018，《广西城市社区居家养老服务体系构建的SWOT分析》，《中国老年学杂志》第9期。

袁妙彧、方爱清，2018，《积极老龄化视角下的新型社区养老院模式构建》，《学习与实践》第2期。

张红凤、罗微，2019，《养老服务资源对老年人社会养老服务需求的影响研究》，《中国人口·资源与环境》第4期。

张继荣、李兆君，2016，《城乡居民养老服务需求及影响因素研究——以宁夏为例》，《调研世界》第7期。

张明敏，2018，《中国养老进行时：亟待建立服务保障体系和长期照顾保险体系》，《公益时报》10月9日。

张明、朱爱华、徐成华，2012，《城市老年人社会服务体系研究》，科学出版社。

张文娟，2016，《城市社区养老服务发展现状及问题分析》，载杜鹏主编《回顾与展望：中国老人养老方式研究》，团结出版社。

张新辉、李建新，2019a，《社区老年服务供需动态变化与平衡性研究——基于CLHLS 2005—2014的数据》，《社会保障评论》第2期。

张新辉、李建新，2019b，《现代化变迁与老年人家庭地位演变——以代际同住家庭经济决策权为例》，《人口与经济》第4期。

张洋，2016，《我国社会养老服务体系完善研究》，博士学位论文，东北师范大学。

张园，2018，《供给侧改革下养老服务产业化发展的现实困境与路径构建》，《企业经济》第10期。

章晓懿，2012，《政府购买养老服务模式研究：基于与民间组织合作的视角》，《中国行政管理》第12期。

赵一红，2015a，《福利治理与政府购买社会工作服务——基于北京市S社区老年社会工作服务案例分析》，《社会工作》第4期。

赵一红，2015b，《意识形态福利视角下的养老模式——城市社区养老和机构养老的比较分析》，《中国社会科学院研究生院学报》第3期。

赵一红等，2019，《我国城市社区综合养老服务体系建设状况分析》，社会科学文献出版社。

赵一红，2013，《宏观与微观双重视角下中国社会福利制度的路径选择》，《社会科学》第 1 期。

赵一红，2019，《论新时代背景下中国社会工作的人民观》，《河北学刊》第 6 期。

赵一红、聂倩，2022，《供需与结构：中国社会养老服务体系建构的逻辑——基于六城市养老机构的实证调查》，《社会学研究》第 6 期。

赵一红、庞志，2020，《城市社区养老服务供给主体的结构化分析》，《学术研究》第 9 期。

赵一红，2016，《我国本土化老年社会工作的发展路径研究》，《社会科学辑刊》第 1 期。

赵一红，2012，《政府购买社会工作服务模式分析》，《社会工作》第 4 期。

郑晓婷、曾智，2008，《我国城市社区养老保障研究》，《科教文汇》（下旬刊）第 21 期。

中国发展研究基金会，2009，《中国发展报告 2008/09：构建全民共享的发展型社会福利体系》，中国发展出版社。

中华人民共和国民政部，2023，《中国民政统计年鉴 2023》，中国社会出版社。

钟春洋，2015，《社会养老服务体系的完善路径探讨——基于老年人服务短缺视角的分析》，《河北师范大学学报》（哲学社会科学版）第 2 期。

钟慧澜，2017，《中国社会养老服务体系建设的理论逻辑与现实因应》，《学术界》第 6 期。

周弘，2002，《国外社会福利制度》，中国社会出版社。

周晓虹，2015，《文化反哺：变迁社会中的代际革命》，商务印书馆。

周云、陈明灼，2007，《我国养老机构的现状研究》，《人口学刊》第 4 期。

朱文娟、赵久华、黄梅，2019，《老龄化视角下养老机构存在的问题及对策——以六安市养老机构现状为例》，《呼伦贝尔学院学报》第 4 期。

Atkin, K. 1996. "Care in Chaos: Frustration and Challenge in Community Care." *Sociology of Health & Illness* 19 (4).

Beringer, T., Crawford, V., Montgomery, A., & Gilmore, D. H. 2003. "Institutional Care for Elderly People in North and West Belfast. A Decade of

Change from 1989 – 1999. " *Aging Clinical and Experimental Research* 15 (1).

Bihan, B. L. ,& Martin, C. 2006. "A Comparative Case Study of Care Systems for Frail Elderly People: Germany, Spain, France, Italy, United Kingdom and Sweden. " *Social Policy & Administration* 40 (1).

Bing-Jonsson, P. C. , Hofoss, D. , Kirkevold, M. , Bjørk, I. T. , & Foss, C. 2016. "Sufficient Competence in Community Elderly Care? Results from a Competence Measurement of Nursing Staff. " *BMC Nursing* 15 (1).

Bischoff, K. E. , Sudore, R. , Miao, Y. , Boscardin, W. J. , & Smith, A. K. 2013. "Advance Care Planning and the Quality of End-of-Life Care in Older Adults. " *Journal of the American Geriatrics Society* 61 (2).

Bord, L. , & Bayley, M. 1973. "Mental Handicap and Community Care: A Study of Mentally Handicapped People in Sheffield. " *Social Forces* 53 (3).

Bridges, J. , Flatley, M. ,& Meyer, J. 2010. "Older People's and Relatives' Experiences in Acute Care Settings: Systematic Review and Synthesis of Qualitative Studies. " *International Journal of Nursing Studies* 47 (1).

Campbell, A. L. , & Morgan, K. J. 2005. "Federalism and the Politics of Old-Age Care in Germany and the United States. " *Comparative Political Studies* 38 (8).

Copley, G. 2016. "UK Options After Brexit: Go Big or Stay Home. " *Defense & Foreign Affairs Strategic Policy* 44 (8).

Dahlberg, L. 2010. "Interaction between Voluntary and Statutory Social Service Provision in Sweden: A Matter of Welfare Pluralism, Substitution or Complementarity?" *Social Policy & Administration* 39 (7).

Eskildsen, M. , & Price, T. 2009. "Nursing Home Care in the USA. " *Geriatrics & Gerontology International* 9 (1).

Esping-Andersen, G. 1999. *Social Foundations of Postindustrial Economies*. Oxford University Press.

Harris-Kojetin, L. , Lipson, D. , Fielding, J. , Kiefer, K. , & Stone, R. I. 2004. "Recent Findings on Frontline Long-Term Care Workers: A Research Synthesis 1999-2003. " *Journal of Meteorological Society of Korea*.

Harrison, F., Low, L. F., Barnett, A., Gresham, M., & Brodaty, H. 2014. "What do Clients Expect of Community Care and What are Their Needs? The Community Care for the Elderly: Needs and Service Use Study. "*Australasian Journal on Ageing* 3 (3).

Hatch, S., & Mocroft, I. 1983. *Components of Welfare Voluntary Organisations, Social Services and Politics in Two Local Authorities*. London: Bedford Squa-re Press.

Jegermalm, M., & Welfare, S. 2013. "Housing and Care of the Elderly in Sweden: The Role of the Municipalities. " *The Hague; European Urban Knowledge Network (EUKN), monthly newsletter.*

Johnson, N. 1987. *The Welfare State in Transition: The Theory and Practice of Welfare Pluralism*. University of Massachusetts Press.

Jothi, S., Lakshminarayanan, S., Ramakrishnan, J., & Selvaraj, R. 2016. "Beneficiary Satisfaction Regarding Old Age Pension Scheme and Its Utilization Pattern in Urban Pu-Ducherry: A Mixed Methods Study. " *Journal of clinical and diagnostic research* 10 (9).

Krumholz, H. M., Brindis, R. G., Brush, J. E., Cohen, D. J., Epstein, A. J., Furie, K., Howard, G., Peterson, E. D., Rathore, S. S., Smith Jr, S. C., & Spertus, J. A. 2006. "Standards for Statistical Models Used for Public Reporting of Health Outcomes: An American Heart Association Scientific Statement from the Quality of Care and Outcomes Research Interdisciplinary Writing Group. " *Circulation* 113 (3).

Lipson, D. J., & Simon, S. 2010. "Quality's New Frontier: Reducing Hospitalizations and Improving Transitions in Long-Term Care. " *Mathematica Policy Research*.

Liu, Z. W., Yu, Y., Fang, L., Hu, M., Zhou, L., & Xiao, S. Y. 2019. "Willingness to Receive Institutional and Community-based Eldercare among the Rural Elderly in China. " *PloS One* 14 (11).

Meredith, B. 1993. "The Community Care Handbook: The New System Explained." *ACE Books.*

Olson, L. K. 1994. *The Graying of the World: Who will Care for the Frail Elderly?* Haworth Press.

Pfau-Effinger, B. 2005. "Welfare State Policies and the Development of Care Arrangements." *European Societies* 7 (2).

Roit, B. D. ,Bihan, B. L. ,& Österle, A. 2007. "Long-term Care Policies in Italy, Austria and France: Variations in Cash-for-Care Schemes." *Social Policy & Administration* 41 (6).

Rose, R. 1986. "Common Goals but Different Roles: The State's Contribution to the Welfare Mix" in Rose, R. & Shiratori, R. *The Welfare State East and West*. Oxford: Oxford Universtiy Press.

Rossiter, C. , & Wicks, M. 1982. "Crisis or Challenge? Family Care, Elderly People and Social Policy." London: Study Commission on the Family.

Schmidt, S. 1995. "Social Security in Developing Countries: Basic Tenets and Fields of State Intervention." *International Social Work* 38 (1).

Shimada, H. , Suzuki, T. , Suzukawaet, M. , Makizako, H. , Doi, T. , Yoshida, D. ,Tsutsumimoto, K. , Anan, Y. ,Uemura, K. , Ito, T. , & Lee, S. 2013. "Performance-based Assessments and Demand for Personal Care in Older Japanese People: Across-sectional Study." *BMJ OPEN* (3).

Szebehely, M. , & Trydegrd, G. B. 2012. "Home Care for Older People in Sweden: A Universal Model in Transition." *Health & Social Care in the Community* 20 (3).

Tomasz, K. ,Ewa, B. ,& Joanna, K. 2015. "Comparative Analysis of the Expected Demands for Nursing Care Services among Older People from Urban, Rural, and Institutional Environments." *Clinical Interventions in Aging* 10.

Vanitha, D. 2014. "Institutional Care of the Elderly: A Study of Old-age Homes in Hassan City, Karnataka, India." *International Journal of Interdisciplinary and Multidisciplinary Studies* 1 (5).

Vasunilashorn, S. , Steinman, B. A. , Liebig, P. S. , & Pynoos, J. 2011.

"Aging in Place: Evolution of a Research Topic Whose Time has Come." *Journal of Aging Research* 2012 (2).

Viliotti, M. 2013. "Complementary Therapy: Comfort for those in Need of Palliative Care." *End of Life Journal* 3 (4).

附　录

附录1

省份：_____ 编号：_____

我国城市社区养老服务体系需求调查问卷

（社区老人卷）

> 叔叔/阿姨：
>
> 您好！
>
> 我们是中国社会科学院大学的调查员。我们现在正在进行一项关于全国城市社区综合养老服务体系建设状况的调查，目的是了解一下我国当前养老服务尤其是养老服务体系、养老服务模式、养老服务设施、养老服务水平等方面的一些问题。您的合作对我们了解有关信息具有十分重要的意义。
>
> 问卷中问题的回答没有对错之分，您只要根据您平时的想法和做法在相应答案上勾选即可。对于您的回答，我们将按照《统计法》的规定，严格保密，且只用于统计分析，请您不要有任何顾虑。希望您能协助我们完成此次访问，谢谢您的合作。
>
> 　　　　　　　　　　　　　　　　　　　　　　　　　　　年　月　日

A. 个人基本情况

A1. 您的性别：

1. 男　　　2. 女

A2. 您的年龄：____岁。

A3. 您的受教育程度是：

1. 未上学　2. 小学及以下　3. 初中　4. 高中/中专　5. 大专及以上

A4. 您目前的婚姻状况是：

1. 初婚有配偶　　　　　2. 再婚有配偶　　　　　3. 丧偶

4. 离婚　　　　　　　　5. 未婚　　　　　　　　6. 同居

A5. 现和您共同居住的有（可多选）：

1. 配偶　　　　　　　　2. 子辈　　　　　　　　3. 孙辈

4. 其他亲戚　　　　　　5. 保姆　　　　　　　　6. 自己居住

7. 其他（请注明：＿＿＿）

A6. 您退休前所在单位的类型是：

1. 党政机关　　　　　　2. 企业　　　　　　　　3. 事业单位

4. 社会团体　　　　　　5. 无单位　　　　　　　6. 自办企业

7. 军队　　　　　　　　8. 其他（请注明：＿＿＿）

A7. 您目前的主要生活来源是：

1. 自己的离/退休金　　　2. 自己劳动/工作所得

3. 配偶的收入　　　　　4. 子女的资助

5. 其他亲属的资助　　　6. 政府/非营利组织的补贴/资助

7. 以前的积蓄　　　　　8. 房屋、土地等租赁收入

9. 其他（请注明：＿＿＿）

A8. 2015 年您家庭平均每月的收入是：

1. 无收入　　　　　　　2. 700 元及以下

3. 701～1500 元　　　　 4. 1501～3000 元

5. 3001～5000 元　　　　6. 5001 元～10000 元

7. 10001 元及以上

A9. 下面询问一些您在养老项目上的支出情况（按 2014 年情况）。

1. 康复护理	元/年
2. 长期照料	元/年
3. 医药费用	元/年
4. 家政服务	元/年
5. 其他（请注明：＿＿＿＿＿＿＿＿）	元/年

A10. 您觉得您目前的身体状况是：

1. 很健康 2. 健康

3. 一般 4. 不健康

A11. 您患有下列慢性病中哪一种或哪几种：

1. 高血压 2. 糖尿病

3. 慢性支气管炎 4. 肺气肿

5. 肺心病 6. 心脏病

7. 关节炎 8. 风湿病

9. 哮喘 10. 其他（请注明：____）

A12. 就目前的身体状况来讲，您的生活起居（如：吃饭、穿衣、洗澡、上厕所）是否需要别人为您提供帮助：

1. 需要 2. 不需要

A13. 现在是否有人照料您的生活起居：

1. 有 2. 没有

A14. 您与子女联系的频率是：

1. 几乎天天 2. 每周至少一次

3. 每月至少一次 4. 一年几次 5. 几乎没有

A15. 您和朋友联系的频率是：

1. 几乎天天 2. 每周至少一次

3. 每月至少一次 4. 一年几次 5. 几乎没有

A16. 如果您遇到问题和困难，最希望得到谁的帮助：

1. 配偶或子女 2. 其他亲属

3. 朋友、邻居 4. 居委会和社区工作者

5. 拨打120、110等救助热线

6. 其他（请注明：____）

A17. 您认为应该由谁承担养老责任：

1. 政府 2. 所在社区 3. 子女

4. 老人自己或配偶 5. 不好说

A18. 您心中最理想的养老方式是：

1. 住在家里由亲人照顾 2. 住在家中接受社区服务

3. 住在养老院　　　　　　　　4. 其他（请注明：＿＿）

A19. 总的来说，您对您目前生活的评价是：

1. 满意　　　　　　　　2. 一般　　　　　　　　3. 不满意

B. 社区支持情况

B1. 您家到最近的服务机构的距离大概有：

1. 500 米　　　　　　　　2. 1 公里　　　　　　　　3. 2 公里

4. 3 公里　　　　　　　　5. 3 公里以上

B2. 您到社区医疗机构需要花费约＿＿＿分钟。

B3. 下面询问您一些关于社区医疗机构提供服务的情况。

服务类型	a. 您是否需要社区医疗机构提供此服务：1. 是　2. 否	b. 去年（2015 年）您是否使用过此服务：1. 是　2. 否	c. 您对此服务的评价：1. 满意　2. 一般　3. 不满意（前一项选否，则此项不填）
1. 上门护理服务			
2. 上门看病服务			
3. 康复治疗服务			
4. 紧急救助服务			
5. 特殊药品服务			
6. 日常保健服务			

B4. 下面询问您一些关于社区为老年人提供相关服务的情况。

服务类型	a. 社区是否提供/举办过此服务：1. 是　2. 否	b. 就您自身而言，您认为社区是否有必要向社区老年人提供该服务：1. 是　2. 否
1. 上门探访		
2. 老年人服务热线		
3. 法律援助		
4. 困难救助		
5. 上门做家务		
6. 老年饭桌或送饭		
7. 日托所或托老所		
8. 心理咨询		
9. 组织文体活动		

续表

服务类型	a. 社区是否提供/举办过此服务： 1. 是　2. 否	b. 就您自身而言，您认为社区是否有必要向社区老年人提供该服务： 1. 是　2. 否
10. 代办购物和邮寄		
11. 其他（请注明：_____）		

B5. 您所在的社区有哪些适合老年人的活动场所或设施（可多选）：

1. 老年活动室　　　　　　2. 老年健身房

3. 棋牌室/麻将室等　　　　4. 图书馆

5. 室外活动场地　　　　　6. 老年学习室

7. 老年康复中心　　　　　8. 以上都没有

9. 其他（请注明：____）

B6. 总体来讲，您对目前社区提供的相关养老服务的评价是：

1. 满意　　　　　　2. 一般　　　　　3. 不满意

B7. 您认为社区中的这些养老服务还需要哪些改进：

1. 增加服务项目（请注明：____）　2. 提高工作人员专业性

3. 降低费用　　　　　　　　　　4. 其他（请注明：____）

我们的访问到此结束，再次感谢您对我们工作的支持与配合。

附录2

省份：_____ 编号：_____

我国城市社区养老服务体系供给调查问卷

（社区负责人卷）

尊敬的_____社区负责人：

您好！

我们是中国社会科学院大学的调查员。我们现在正在进行一项关于全国城市社区综合养老服务体系建设状况的调查，目的是了解一下我国当前养老服务尤其是养老服务体系、养老服务模式、养老服务设施、养老服务水平等方面的一些问题。您的合作对我们了解有关信息具有十分重要的意义。

问卷中问题的回答没有对错之分，您只要根据贵社区的真实情况回答即可。对于您的回答，我们将按照《统计法》的规定，严格保密，且只用于统计分析，请您不要有任何顾虑。希望您能协助我们完成此次访问，谢谢您的合作。

年　月　日

A. 社区基本信息

A1. 贵社区的总人口数为____人，其中男性____人，女性____人。60岁以上的人口有____人，60岁以上的男性有____人，60岁以上的女性有____人。其中半失能老人____人，男性半失能老人____人，女性半失能老人____人。失能老人____人，男性失能老人____人，女性失能老人____人。

A2. 贵社区人员的主要职业类型（包括已退休人员退休前职业类型）是：

1. 党政机关工作人员　　2. 事业单位工作人员

3. 企业管理人员　　　　4. 企业职工

5. 军人　　　　　　　　6. 个体经营人员

7. 其他（请注明：_____）

A3. 去年（2014 年）贵社区用于养老服务的经费为____元，其中政府投入____元、各种社会捐助____元，社区服务项目收入投入____元，博彩、有奖募捐基金收入_____元，其他（请填写收入来源及金额）：_____。

（无相应项目请填 0）

A4. 2015 年 1 月 1 日以来贵社区用于养老服务的经费为_____元，其中政府投入_____元、各种社会捐助_____元，社区服务项目收入投入____元，博彩、有奖募捐基金收入_____元，其他（请填写收入来源及金额）：_____。

（无相应项目请填 0）

A5. 去年（2014 年）贵社区用于养老服务经费的支出为_____元。具体支出项目和金额为：

A6. 2015 年 1 月 1 日以来贵社区用于养老服务经费的支出为_____元。具体支出项目和金额为：

B. 社区居家养老服务供给情况

B1. 贵社区内提供居家养老服务的机构有_____个，其中政府组织机构____个，非营利性的民间组织机构____个，营利性的组织机构____个。

B2. 贵社区内提供居家养老服务的机构由不同的兴办主体兴办的个数为：政府单位兴办____个，国内非营利社会团体兴办____个，民办企业兴办____个，基金会兴办____个，涉外社会组织兴办____个，其他兴办主体兴办____个。

B3. 贵社区内是否设立了社区服务中心/服务站：

1. 是　　　　　　　　　2. 否（请跳到 B5 继续作答）

B4. 社区服务中心/服务站提供的社区居家养老服务项目有（可多选）：

1. 社会保障相关服务（包括生活救助站、社保卡受理分站点、医疗保险事务受理、慈善捐赠事务受理等）

2. 医疗保健相关服务（社区卫生服务中心/服务站、康复治疗室、体质测试站等）

3. 社会福利相关服务（包括社区福利院/日托所、残疾老人服务中心/服务站等）

4. 社区文体活动类服务（包括文化活动中心、老年人活动室、老人年体育俱乐部等）

5. 教育科普类服务（包括老年法律课堂与司法援助、老年大学、老年人图书馆和阅览室等）

6. 其他（请注明：_____）

B5. 贵社区内是否设立了社区卫生服务中心/服务站：

1. 是　　　　　　　　　　2. 否（请跳到 B7 继续作答）

B6. 社区卫生服务中心/服务站提供的老年人服务有：（可多选）

1. 自助体测（包括自动身高体重测量仪、血压计、血糖测试仪、身体成分分析仪等设备）

2. 健康宣传与指导（包括健康生活注意事项宣传、饮食营养指导、健康生活方式指导等）

3. 心理健康服务（包括心理疏导服务、心理咨询服务等）

4. 康复治疗（包括设立康复治疗室、上门提供康复服务等）

5. 紧急救助（包括吸氧设备、速效急救药品等）

6. 诊疗服务（包括常见病诊疗、慢性病用药监控、上门输液打针、输液室等专门房间的设置等）

7. 药品服务（包括常用药品、依照国家政策免费发放的特殊药品等）

8. 其他（请注明：_____）

B7. 贵社区提供的社区居家养老服务的方式主要是：

1. 有偿的小时工性质的家庭服务员入户服务

2. 低偿的小时工性质的家庭服务员入户服务

3. 无偿的小时工性质的家庭服务员入户服务

4. 有偿的社区站点形式的日间照料服务

5. 低偿的社区站点形式的日间照料服务

6. 无偿的社区站点形式的日间照料服务

7. 邻里志愿性质的服务

8. 其他（请注明：_____）

B8. 贵社区提供的社区居家养老服务项目主要有：

1. 迅铃急救　　　　　2. 电话送餐

3. 家政卫生　　　　　4. 长期护理

5. 情感陪护　　　　　6. 代办购物、邮寄等

7. 其他（请注明：_____）

B9. 贵社区开展过哪些慰老服务（可多选）：

1. 老年人讲座　　　　2. 定期免费体检

3. 少年志愿者进社区　4. 传统节日庆祝活动

5. 未开展过　　　　　6. 其他（请注明：_____）

B10. 依照国家福利政策，贵社区开展了哪些特殊老人群体的服务（可多选）：

1. 高龄老人补贴与养老服务　2. 失独老人补贴与养老服务

3. 空巢老人养老服务　　　　4. 其他（请注明：_____）

B11. 贵社区从事上述居家养老服务的工作人员____人，其中直接服务人员____人，管理人员____人。

B12. 贵社区从事上述居家养老服务的工作人员中男性____人，女性____人。20 岁及以下的____人，21~30 岁的____人，31~40 岁的____人，41~50 岁的____人，51~60 岁的____人，60 岁以上的____人。

B13. 贵社区从事上述居家养老服务的工作人员中，文化水平为小学及以下的____人，初中____人，职业高中____人，普通高中____人，中专____人，技校____人，专科____人，本科____人，研究生及以上____人。

B14. 贵社区从事上述居家养老服务的工作人员获得各类职业资格的情况是：心理咨询师三级的____人，二级的____人，一级的____人。助理社会工作师____人，（中级）社会工作师____人。医生中，住院医师____人，主治医师____人，副主任医师____人，主任医师____人。护理人员中，初

级护士____人，初级护师____人，中级主管护师____人，副主任护师____人，主任护师____人。

B15. 社区开展居家养老服务的工作人员的培训活动的情况是：

1. 仅有职前培训　　　　　2. 仅有职中培训

3. 兼有职前培训和职中培训　4. 未开展过培训

B16. 贵社区从事居家养老服务的工作人员的待遇（月工资）水平情况是：

1. 高于本市人均月收入水平　2. 与本市人均月收入水平大致持平

3. 低于本市人均月收入水平　4. 不好说

C. 社区居家养老服务接受情况

C1. 本年度（2015 年）贵社区接受过社区居家养老服务的老人平均为____人次/月。与去年同期相比这一人数的变化是：

1. 变多了　　　　　　　　2. 持平

3. 变少了　　　　　　　　4. 去年数据缺失无法比较

C2. 去年（2014 年）全年接受过社区居家养老服务的老年人共____人，其中男性____人，女性____人，半失能老人____人，男性半失能老人____人，女性半失能老人____人，失能老人____人，男性失能老人____人，女性失能老人____人。

C3. 2015 年 1 月 1 日以来接受过社区居家养老服务的老年人共____人，其中男性____人，女性____人，半失能老人____人，男性半失能老人____人，女性半失能老人____人，失能老人____人，男性失能老人____人，女性失能老人____人。

C4. 去年（2014 年）全年接受过社区居家养老服务的老年人按年龄分类后的人数是：60~64 岁的____人，65~69 岁的____人，70~74 岁的____人，75~79 岁的____人，80~84 岁的____人，85~89 岁的____人，90 岁及以上的____人。

C5. 2015 年 1 月 1 日以来接受过社区居家养老服务的老年人按年龄分类后的人数是：60~64 岁的____人，65~69 岁的____人，70~74 岁的____人，75~79 岁的____人，80~84 岁的____人，85~89 岁的____人，90 岁及以上的____人。

C6. 贵社区提供服务次数最多的居家养老服务项目是：

1. 迅铃急救　　　　　　2. 电话送餐

3. 家政卫生　　　　　　4. 长期护理

5. 情感陪护　　　　　　6. 代办购物、邮寄等

7. 其他（请注明：_____）

C7. 若请老人对接受的服务进行评价，您认为可能的打分是_____分（10分制）。

C8. 为了提高老人对所接受服务的评价，您最期待哪项举措：

1. 出台新的优惠政策和制度　2. 更广泛的资金来源和更多的资金支持

3. 更专业的服务人才加入　　4. 其他（请注明：_____）

我们的访问到此结束，再次感谢您对我们工作的支持与配合。

附录 3

省份：_____ 编号：_____

我国城市社区机构养老服务需求调查问卷

（社区养老机构老人卷）

> 亲爱的爷爷/奶奶：
> 　　您好！
> 　　我们正在进行一项关于老龄化与中国特色社区养老机构体系建设状况的调查，目的是了解社区养老院老人对所住养老院的服务满意程度与实际需求，以便向养老院提供一些意见和建议，使之更好地为老人服务。本问卷不记名，答案亦无对错，请您如实填答。您的填答信息我们将严格保密，绝对不会将您的信息资料等泄露给第三方。
> 　　衷心感谢您的支持与合作！
>
> 　　　　　　　　　　　　　　　　　　　　　　　　　　　年　月　日

第一部分　老人基本情况

1. 性别［访问员记录］：

（1）男　　　　　　　　（2）女

2. 您是哪一年出生的？

记录：［_____｜_____｜_____｜_____］年

3. 您的文化程度：

（1）小学及以下　　　　（2）初中

（3）高中或中专　　　　（4）大专

（5）本科及以上

4. 您退休前的职业是？

（1）机关及事业单位　　　（2）企业或工厂职工

（3）个体工商户　　　　　（4）务农

（5）其他

5. 目前的婚姻状况：

（1）已婚　　　　　　　　（2）离异或分居

（3）丧偶　　　　　　　　（4）未婚

6. 您的身体情况：

（1）很不健康，完全不能自理，需要照顾

（2）比较不健康，很多事情需要照顾

（3）一般，有些事情需要照顾

（4）比较健康，一般不需要照顾

（5）很健康

7. 您有多少个子女？

（1）无子女　　　　　　　（2）1个

（3）2个　　　　　　　　 （4）3个

（5）4个及以上

8. （多选）您的主要生活来源是？

（1）退休金或养老金

（2）配偶、子女或其他亲属资助

（3）房屋出租或投资红利等收入

（4）当地政府或社团救助

（5）其他

9. 您月平均收入（您的退休金、子女资助以及各种红利收入）：

（1）2000元以下　　　　　（2）2001~3000元

（3）3001~4000元　　　　 （4）4001~5000元

（5）5000元及以上

10. 您每个月生活费足够您的支出吗？

（1）够用有余　　　　　　（2）刚好够用

（3）有点紧张　　　　　　（4）十分困难

11. 您的经济来源是否稳定？

（1）很不稳定　　　　　（2）不太稳定

（3）一般　　　　　　　（4）比较稳定

（5）很稳定

12. 您目前享受以下哪种养老保险？

（1）没有　　　　　　　（2）城镇职工基本养老保险

（3）城乡居民养老保险　（4）商业养老保险

（5）其他养老保险（请注明：_____）

13. 您目前享受以下哪种医疗保险？

（1）没有　　　　　　　（2）城镇职工基本医疗保险

（3）城乡居民医疗保险　（4）商业医疗保险

（5）其他医疗保险（请注明：_____）

第二部分　老人入住意愿调查

1. 您在养老院住了多久？

（1）半年以下　　　　　（2）半年至一年

（3）一年至两年　　　　（4）两年到三年

（5）三年到四年　　　　（6）四年到五年

（7）五年以上

2. 您是通过何种方式知道本养老院的？

（1）社区内的养老机构　（2）广告、杂志等新闻媒体

（3）亲友推荐　　　　　（4）子女选择

（5）其他（请注明：_____）

3. （多选）您入住本养老院的原因：

（1）在家没人照顾　　　（2）减轻子女负担

（3）和子女住在一起矛盾多（4）和老年人在一起共同语言多

（5）价格合理　　　　　（6）医疗设备齐全

（7）护理人员专业细心　（8）离家距离近

（9）环境优美舒适　　　（10）交通方便，方便子女探望

（11）有丰富的休闲娱乐活动（12）其他（请注明：_____）

4. 您在养老院的这些费用主要由谁支付？

（1）自己　　　　　　　　（2）配偶

（3）亲友　　　　　　　　（4）国家/集体

（5）其他（请注明：_____）

5. 您在这里的生活习惯吗？

（1）很不习惯　　　　　　（2）不太习惯

（3）一般　　　　　　　　（4）比较习惯

（5）很习惯

6. 您在养老院的心情如何？

（1）不好　　　　　　　　（2）一般

（3）挺好　　　　　　　　（4）说不清

7. 如果可以选择的话，您是喜欢继续在这里养老还是回家养老或者其他形式养老？

（1）继续　　　　　　　　（2）回家

（3）其他形式养老（请注明：_____）

第三部分　老人对机构需求及满意度

1. （多选）您在该养老院享受到哪些养老服务项目？

（1）生活照料（饮食、打扫卫生、洗澡穿衣、陪同外出）

（2）医疗保健　　　　（3）紧急救援

（4）心理护理（精神慰藉、心理支持、咨询等）

（5）休闲娱乐活动　　（6）其他（请注明：_____）

2. （多选）您在该养老院还急需哪些养老服务项目？

（1）生活照料（饮食、打扫卫生、洗澡穿衣、陪同外出）

（2）医疗保健

（3）紧急救援

（4）心理护理（精神慰藉、心理支持、咨询等）

（5）休闲娱乐活动

（6）其他（请注明：_____）

3. （多选）养老院配置哪些物品？

（1）电视　　　　　　　　（2）电冰箱

（3）洗衣机　　　　　　　（4）厨房配套

（5）卫生间配套　　　　　（6）空调暖气

（7）安全扶手　　　　　　（8）防滑地板

（9）其他（请注明：_____）

4. （多选）您还需要配置哪些物品？

（1）电视　　　　　　　　（2）电冰箱

（3）洗衣机　　　　　　　（4）厨房配套

（5）卫生间配套　　　　　（6）空调暖气

（7）安全扶手　　　　　　（8）防滑地板

（9）其他（请注明：_____）

5. 现在，我们想了解您对养老院各项服务的满意度情况：

	很不满意	不满意	一般	满意	很满意
1. 饭菜质量（营养、分量、味道、冷热等）	1	2	3	4	5
2. 日常生活照料（打扫、洗漱、如厕等）	1	2	3	4	5
3. 住宿环境（房间宽敞、温控、分贝等）	1	2	3	4	5
4. 公共基础设施	1	2	3	4	5
5. 活动空间（范围、位置等）	1	2	3	4	5
6. 文化娱乐	1	2	3	4	5
7. 医护人员的服务态度	1	2	3	4	5
8. 护理人员、服务人员的服务态度	1	2	3	4	5
9. 行政管理人员的服务态度	1	2	3	4	5
10. 医疗护理（安全用药、定期体检、健康咨询等）	1	2	3	4	5
11. 精神慰藉（情感交流、心理咨询、不良情绪干预等）	1	2	3	4	5
12. 收费价格	1	2	3	4	5

6. 现在，我们想了解您对养老院总体的满意度情况：

（1）很不满意　　　　　　（2）不满意

（3）一般　　　　　　　　（4）满意

（5）很满意

7. 您居住养老院每月交费标准是？

（1）1000 元及以下　　　　（2）1001～2000 元

（3）2001～3000 元　　　　（4）3001～4000 元

（5）4001～5000 元　　　　（6）5000 元以上

8. 您认为养老院每月交费标准在以下哪个区间内可以接受：

（1）1000 元及以下　　　　（2）1001～2000 元

（3）2001～3000 元　　　　（4）3001～4000 元

（5）4001～5000 元　　　　（6）5000 元以上

9. （多选）您认为养老机构的最大缺点是？

（1）收费高　　　　　　　（2）没有家庭温暖

（3）伙食差　　　　　　　（4）卫生差

（5）服务差　　　　　　　（6）安全保障低

（7）床位少　　　　　　　（8）活动空间小

（9）服务人员不足　　　　（10）交通信息不便

（11）其他（请注明：_____）

10. （多选）您认为养老院还有哪些方面需要改进？

（1）降低收费

（2）转变服务态度

（3）改善居住环境

（4）改善饮食卫生情况

（5）加强工作人员的服务水平

（6）多元化组织文体活动

（7）聘请专业的医护人员

（8）其他（请注明：_____）

11. （多选）您认为政府需要如何支持养老院？

（1）提供资金　　　　　　（2）安排服务人员参加专业培训

（3）改善养老院及周边环境（4）减免养老院部分收费

（5）其他（请注明：_____）

12. 您对养老院的其他意见和建议？

13. 您认为国家在稳定和吸引养老服务专业人才方面应该做哪些工作？

我们的访问到此结束，再次感谢您对我们工作的支持与配合。

附录 4

省份：_____ 编号：_____

我国城市社区机构养老服务供给调查问卷

（机构负责人/工作人员卷）

> 尊敬的先生/女士：
> 您好！
> 为了加快建立健全社会养老服务体系，做好养老服务专业人才发展规划，我们正在进行一项关于老龄化与中国特色社区养老机构体系建设状况的调查，想了解贵机构在养老服务方面的情况。请根据本机构的实际情况，在相应横线或空白处填写相应内容。本问卷不记名，答案亦无对错，请您如实填答。您的填答信息我们将严格保密，绝对不会将您的信息资料等泄露给第三方。
> 衷心感谢您的支持与合作！
>
> 年 月 日

第一部 分机构基本信息

1. 机构名称：

2. 机构成立（开业）时间：_____年_____月。

3. 机构占地面积____平方米，服务用房____间，其中就餐用房____间，医疗用房____间，康复用房____间，老年心理咨询用房____间，休闲健身娱乐用房____间，学习培训用房____间，住宿用房____间，法律援助用房____间，其他用房____间（请详细填写用房种类和间数）。

4. 机构去年（2018年）的总收入是：____元，其中政府投入____元、各种社会捐助____元，服务项目收入____元，博彩、有奖募捐基金收入__

___元，其他____元（请填写具体收入项目及金额）。

5. 机构去年（2018 年）的总支出是____元。具体支出项目和金额为：

1. 房屋租金		4. 设备折旧费用	
2. 人员工资福利		5. 物业费用	
3. 水电煤气费用		6. 其他（　　）	

6. 2019 年 1 月 1 日以来，贵机构的总支出是____元。具体支出项目和金额为：

1. 房屋租金		4. 设备折旧费用	
2. 人员工资福利		5. 物业费用	
3. 水电煤气费用		6. 其他（　　）	

7. 机构人员规模及构成情况（截止到 2019 年 3 月底）

a. 共有职工数（人）：_____ 其中：男性_____人，女性_____人

b. 管理人员（人）：_____ 其中：具有专业技术职称（人）：_____

c. 医生（人）：_____ 其中：具有高级职称（人）：_____

d. 护士（人）：_____ 其中：男性_____人，女性_____人

e. 护理人员（人）：_____ 其中：男性_____人，女性_____人

f. 康复师（人）：_____ 其中：男性_____人，女性_____人

g. 心理咨询师（人）_____ 其中：男性_____人，女性_____人

h. 社会工作者（人）：_____ 其中：男性_____人，女性_____人

i. 助理社工师_____人，社工师_____人

j. 后勤人员（人）：_____

k. 其他人员（人）：_____

l. 具有哪些其他专业技术职称：_____

m. 在院最长时间_____年，该时间有_____人，该时间的人员类别是_____

8. 去年（2018 年）对工作人员的培训有过____次，参加培训的工作人员____人。其中家政服务类的____次，____人参加；生活照料类的____次，____人参加；医疗卫生类的____次，____人参加；康复类的____次，____人参加；保健类的____次，____人参加；医疗护理类的____次，

人参加；法律维权类的____次，____人参加；

其他____次，分别是____人参加

（请填写培训类型、次数和参加人数）

9. 在过去的一年中，有_____人加入，工作人员中有_____人离开。

10. 机构目前可用于半失能、失能老年人护理服务的床位数有_____张，实际入住床位数有_____张，入住率_____%。

可提供用于全托养老照护服务的床位数有_____张，实际入住床位数有_____张，入住率_____%。

11. 机构的收费标准是：_____（元/月）（如分很多种情况，请写出相应情况）_____。

12. 机构当前等待入住老年人平均每人等候入住天数是_____天。

第二部分　机构养老服务供给情况

1. （多选）贵机构拥有以下哪些老人室外活动场所：
   （1）医疗室　　　　　　（2）健身房
   （3）活动室　　　　　　（4）花园
   （5）图书馆或阅览室　　（6）食堂
   （7）其他（请注明：_____）

2. （多选）贵机构的室内（老人寓所）设施有以下哪些：
   （1）空调　　　　　　　（2）电视机
   （3）卫生间　　　　　　（4）报警器
   （5）电话　　　　　　　（6）轮椅
   （7）其他（请注明：_____）

3. （多选）贵机构提供的养老服务内容有哪些：
   （1）家政服务　　　　　（2）代办服务（购物、邮寄等）
   （3）短期和长期照料服务（4）医疗卫生服务
   （5）康复服务　　　　　（6）健康保健（含身体锻炼）
   （7）医疗护理服务　　　（8）心理咨询
   （9）法律维权　　　　　（10）困难救助
   （11）休闲娱乐活动　　　（12）老年人学习培训

（13）其他（请注明：_____）

其中，接受贵机构服务内容最多的前三项是：第一多的____，第二多的____，第三多的____，接受贵机构服务内容最少的是____。（请填写以上内容的代码）

4. （多选）贵机构开展了哪些医养结合项目：

（1）无　　　　　　　　　（2）药物管理

（3）健康档案　　　　　　（4）慢性病管理

（5）常见病多发病诊疗　　（6）中医诊治

（7）中医理疗　　　　　　（8）康复护理

（9）健康指导　　　　　　（10）预防保健

（11）院内感染控制　　　　（12）其他（请注明：_____）

5. （多选）贵机构开展医养结合服务的方式是：

（1）自建医院　　　　　　（2）自建医务室

（3）自建护理站　　　　　（4）与公立医院合作

（5）与民营医院合作　　　（6）与村/社区卫生服务机构合作

（7）医疗机构办养老机构　（8）其他（请注明：_____）

6. 贵机构提供的医养结合服务满足机构老人需要的情况如何：

（1）完全能满足　　　　　（2）比较能满足

（3）一般　　　　　　　　（4）比较不能满足

（5）完全不能满足

第三部分机构工作人员情况

1. 您的性别：

（1）男　　　　　　　　　（2）女

2. 您是哪一年出生的？［记录公历年。如果被访者以农历、生肖或其他方式报告自己的出生年，请换算成公历后再记录］

记录：［_____｜_____｜_____｜_____］年

3. 您目前的婚姻状况：

（1）未婚　　　　　　　　（2）已婚

（3）离婚　　　　　　　　（4）丧偶

4. 您的文化程度：

（1）不识字　　　　　　　　（2）私塾

（3）小学　　　　　　　　　（4）初中

（5）中专/高中　　　　　　　（6）大专及本科

（7）研究生及以上

5. 您具有的职业资格证书是：_____（没有填无）

6. 您具有职业的资格等级：

（1）初级　　　　　　　　　（2）中级

（3）高级　　　　　　　　　（4）无

7. 您具有的职业技能证书是：_____（没有填无）

8. 您具有职业技能等级：

（1）初级　　　　　　　　　（2）中级

（3）高级　　　　　　　　　（4）无

9. 您从事养老服务工作的工龄：

（1）1年以内　　　　　　　（2）1~3年

（3）4~6年　　　　　　　　（4）7~9年

（5）10年及以上

10. 您在现养老机构工作时间：

（1）试用期　　　　　　　　（2）1年以内

（3）1~3年　　　　　　　　（4）4~6年

（5）7~9年　　　　　　　　（6）10年及以上

11. 您在现养老机构属于：

（1）管理人员　　　　　　　（2）医生

（3）护士　　　　　　　　　（4）护理人员

（5）社会工作人员　　　　　（6）康复保健人员

（7）心理咨询人员　　　　　（8）后勤人员

（9）其他人员

12. 贵机构是否对工作人员进行入职培训：

（1）是　　　　　　　　　　（2）否→跳问14

13. （多选）贵机构开展了哪些入职培训：

（1）职业道德培训　　　　（2）护理技能培训

（3）急救知识培训　　　　（4）养老政策与法规

（5）心理咨询　　　　　　（6）团队建设

（7）媒体应对　　　　　　（8）服务礼仪

（9）医学常识　　　　　　（10）沟通技巧

（11）设备操作　　　　　 （12）其他_____

14. 贵机构是否对工作人员进行定期或不定期的在职培训？

（1）是　　　　　　　　　（2）否→跳问16

15. （多选）贵机构开展了哪些在职培训：

（1）职业道德培训　　　　（2）护理技能培训

（3）急救知识培训　　　　（4）养老政策与法规

（5）心理咨询　　　　　　（6）团队建设

（7）媒体应对　　　　　　（8）服务礼仪

（9）医学常识　　　　　　（10）沟通技巧

（11）设备操作　　　　　 （12）其他_____

16. 考虑到员工可能会与老人发生矛盾，您所在机构是否建立了规范的矛盾处置预案：

（1）有，很规范　　　　　（2）有，但不太规范

（3）没有

17. 您所在机构人员的流动性大吗？

（1）很大　　　　　　　　（2）比较大

（3）一般　　　　　　　　（4）不太大

（5）很稳定

18. （多选）导致员工流失的原因主要有哪些：

（1）工作时间长强度大　　（2）福利待遇差

（3）缺乏培训及晋升通道　（4）社会认同感低

（5）职业风险高　　　　　（6）精神压力大

（7）其他（请注明：_____）

19. 目前除养老护理员、医生、护士外，还急需哪些专业技术人员？（按急需程度填写）

第一：_____

第二：_____

第三：_____

第四：_____

第五：_____

20. 为促进贵单位（在提供养老服务方面）获得更好的发展，您有什么意见或建议？

我们的访问到此结束，再次感谢您对我们工作的支持与配合。

附录 5

访谈编码

序号	访谈编码	访谈时间	姓名	身份
1	YHA-1-1	2019年4月9日上午	H先生	悦华安养院负责人
2	YHA-1-2	2019年4月9日上午	L女士	悦华安养院工作人员
3	ZTS-1-1	2019年4月9日下午	S先生	南京市祖堂山社会福利院负责人
3	ZTS-1-2	2019年4月9日下午	C女士	南京市祖堂山社会福利院主任
4	JYQ-1-1	2019年4月10日上午	Y女士	南京市建邺区社会福利院院长
5	HSY-1-1	2019年4月11日上午	Z先生	杭州市社会福利中心负责人
6	LKY-1-1	2019年4月11日下午	C先生	杭州滨江绿康阳光家园负责人
7	XHY-1-1	2019年4月12日下午	X女士	上海徐汇区社会福利院院长
8	XHY-1-2	2019年4月12日下午	M女士	上海徐汇区社会福利院工作人员
9	LLH-1-1	2019年4月13日上午	J女士	上海徐汇区龙华街道怡乐家园邻里汇副院长
10	YKL-1-1	2019年4月13日下午	W女士	上海虹口区银康老年公寓负责人
11	KSY-1-1	2019年7月12日上午	L先生	昆明市社会福利院院长
12	BSY-1-1	2019年7月12日下午	Y先生	昆明柏寿老年公寓负责人
13	XFQ-1-1	2019年8月7日上午	G先生	哈尔滨市香坊区敬老服务中心负责人
14	ZAY-1-1	2019年8月8日上午	T女士	长春市绿园区至爱老年医疗护理院负责人

附录 6

参访照片

图 1　悦华安养院药房

图 2　悦华安养院挂牌

图 3 悦华安养院老人赠送的锦旗

图 4 南京市祖堂山社会福利院前台

图 5　南京市祖堂山社会福利院评估区

图 6　南京市祖堂山社会福利院房间

图 7　南京市建邺区社会福利院挂牌

图 8　南京市建邺区社会福利院党支部介绍

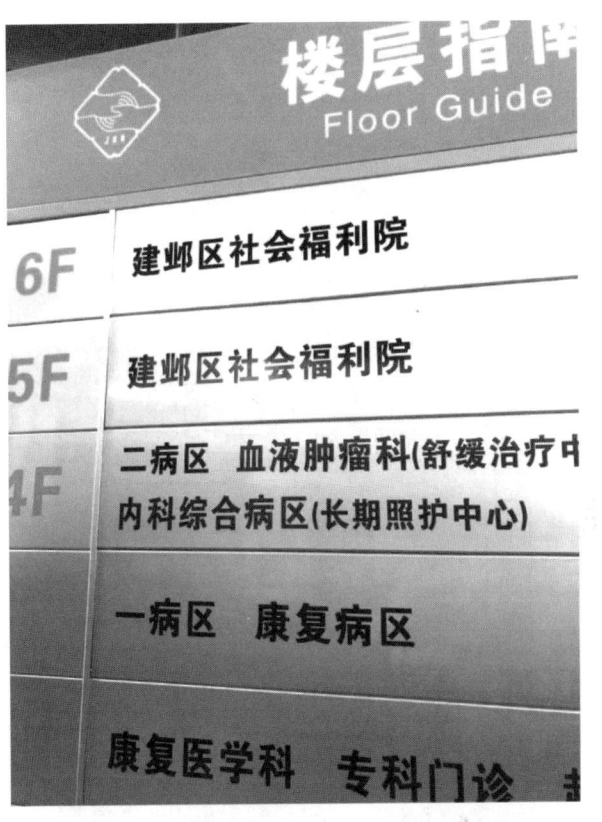

图 9　南京市建邺区社会福利院楼层指导

图 10　杭州市社会福利中心外景

图 11　杭州市社会福利中心老人情绪疏导沙盘室一角

图 12　杭州市社会福利中心老人情绪疏导沙盘室全景

图 13　杭州滨江绿康阳光家园外景

图 14　杭州滨江绿康阳光家园挂牌

图 15　杭州滨江绿康阳光家园楼盘

图 16　杭州滨江绿康阳光家园值班前台

图 17　上海徐汇区社会福利院介绍

图 18　上海徐汇区社会福利院服务项目

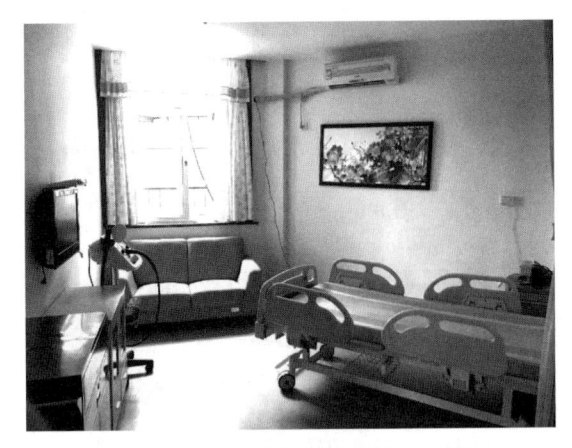

图 19　上海徐汇区社会福利院临终关怀室

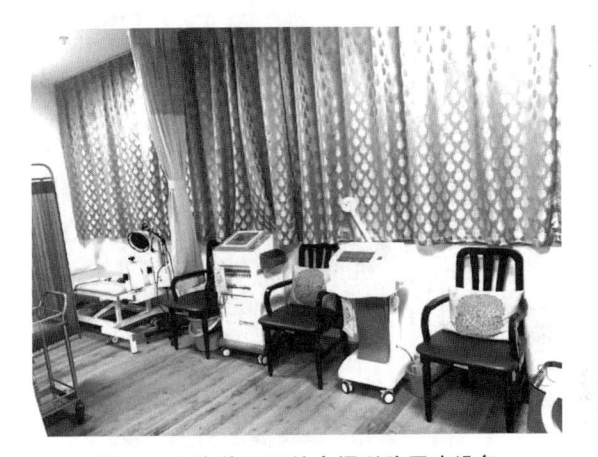

图 20　上海徐汇区社会福利院医疗设备

图 21　上海徐汇区龙华街道怡乐家园邻里汇门头

图 22　上海虹口区银康老年公寓文化墙

图 23　昆明柏寿老年公寓外景

图 24　哈尔滨市香坊区关东人家老年公寓外景

图 25 哈尔滨市香坊区关东人家老年公寓外景

图 26 哈尔滨市香坊区关东人家老年公寓荣誉墙

图 27 哈尔滨市香坊区关东人家老年公寓介绍

图 28 哈尔滨德耐颐养公寓外景

附录 271

图 29　哈尔滨德耐颐养公寓导台

图 30　哈尔滨德耐颐养公寓活动室

图 31　哈尔滨德耐颐养公寓日常活动

图 32　长春市绿园区至爱老年医疗护理院外景

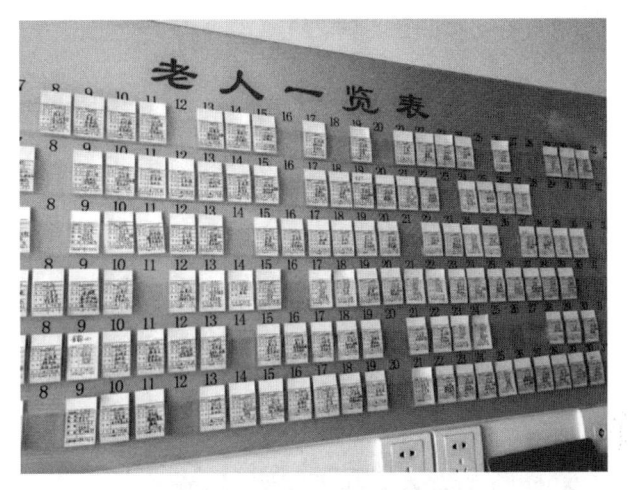

图 33 长春市绿园区至爱老年医疗护理院老人情况表

图 34 长春市绿园区至爱老年医疗护理院介绍

图 35　长春市绿园区至爱老年医疗护理院养老服务培训基地介绍

图 36　长春市绿园区阳光家园颐养院挂牌

图 37　长春市绿园区阳光家园颐养院房间

图 38　长春市绿园区阳光家园颐养院室内活动厅

图书在版编目(CIP)数据

供需与结构：我国城市社区养老服务体系建设研究／赵一红等著.--北京：社会科学文献出版社，2025.6.
ISBN 978-7-5228-5532-5

Ⅰ.D669.6

中国国家版本馆 CIP 数据核字第 20254EC464 号

供需与结构：我国城市社区养老服务体系建设研究

著　　者／赵一红 等

出 版 人／冀祥德
责任编辑／孟宁宁
文稿编辑／姜　瀚
责任印制／岳　阳

出　　版／社会科学文献出版社·群学分社（010）59367002
　　　　　　地址：北京市北三环中路甲29号院华龙大厦　邮编：100029
　　　　　　网址：www.ssap.com.cn
发　　行／社会科学文献出版社（010）59367028
印　　装／三河市龙林印务有限公司
规　　格／开　本：787mm×1092mm　1/16
　　　　　　印　张：17.75　字　数：281千字
版　　次／2025年6月第1版　2025年6月第1次印刷
书　　号／ISBN 978-7-5228-5532-5
定　　价／128.00元

读者服务电话：4008918866

▲ 版权所有 翻印必究